天

Borderless

下

天下，在乎正义和你

卓 泽 渊 法 学 文 论 系 列

法治在中国

卓泽渊 著

法 律 出 版 社 LAW PRESS·CHINA
北京

图书在版编目(CIP)数据

法治在中国 / 卓泽渊著. -- 北京 : 法律出版社,
2024
（卓泽渊法学文论系列）
ISBN 978-7-5197-9157-5

Ⅰ. ①法… Ⅱ. ①卓… Ⅲ. ①法治 - 研究 - 中国
Ⅳ. ①D920.4

中国国家版本馆CIP数据核字（2024）第098376号

法治在中国
FAZHI ZAI ZHONGGUO

作　　者：卓泽渊
责任编辑：王　珊　刘梦瑀
装帧设计：李　瞻
出版发行：法律出版社
编辑统筹：学术·对外出版分社
责任校对：王　丰　郭艳萍
责任印制：胡晓雅　宋万春
经　　销：新华书店
开　　本：A5
印　　张：9.125
字　　数：224千
版　　本：2024年11月第1版
印　　次：2024年11月第1次印刷
印　　刷：北京建宏印刷有限公司
书　　号：ISBN 978-7-5197-9157-5
定　　价：78.00元

销售电话：010-83938349　客服电话：010-83938350　咨询电话：010-63939796
地　　址：北京市丰台区莲花池西里7号(100073)
网　　址：www.lawpress.com.cn
投稿邮箱：info@lawpress.com.cn
举报盗版邮箱：jbwq@lawpress.com.cn
凡购买本社图书，如有印装错误，我社负责退换。电话：010-83938349

“卓泽渊法学文论系列”总序

时光飞驰，大江东去。匆匆岁月一去难返，但总有一些难忘的印记，如珍珠洒落在卑微的人生旅程。将其拾起，串联起来，作为自己平淡的记忆，存放在人生的包裹中作为学术旅程的收获，作为学术人的分享，奉献给读者，不能不说是一件有趣的事。

1984年7月，21岁的我在西南政法学院本科毕业、留校任教，其后一直从事教学与学术工作，其间虽有攻读学位、担任行政工作等因素介入，亦未曾间断。

在漫长而又短暂的学术历程中我做了些微努力。较早积累完成的有“卓泽渊法论系列”三卷，集中编辑的“卓泽渊法治文论系列”四卷。近年，我又开始了对“卓泽渊法学文论系列”的汇集工作。在收集整理这一文论系列时，不再纳入下列著作：

一是“卓泽渊法论系列”三卷。它们是法律出版社出版的《法的价值论》《法治国家论》《法政治学研究》。

二是“卓泽渊法治文论系列”四卷。它们是法律出版社出版的《法治期待》《法之言说》《法政讲堂》

《法眼园窥》。

三是个人独立写作的《法学导论》(含藏文版)、《法理学》等高校法学教科书。

四是《中国的法治之路》(包括外文出版社出版的英文版 *Rule of Law in China*)、《我们与世界》(商务印书馆)、《我们与法治》(商务印书馆)以及《法的价值总论》(人民出版社)。

五是作为主编、副主编、参编所撰写的一些文字。

六是由于种种原因导致出版物丢失,而又未能找到相应书刊的文章。

特别说明的是,一些纯粹基于工作职责或使命感而写作的文字,由于内容或形式等原因,也不予辑录。对此难免有敝帚之憾,但为了自己的原则,为了给后学一个不太令自己脸红的交代,必须如此。本次辑入的文字,原则上只作删削,除个别篇目因特殊原因而须作出最少修正与完善外,不作内容增补。本文论系列中的文章写作时间跨度近40年,有些注释中的文献信息不全或不准确,到现在已难以查证甚至无法查证,只好保留原有的文稿状态,请读者予以理解和谅解。

这次出版的这一系列,在编辑时尽管考虑了它对于自己学术成长的历史性和代表性意义,尽力删减了非学术成分,但也很难说多么具有学术性,依然只是一份学术及其相关记录。它们大多是出版或者发表过的文字,其中的时代局限是客观存在的,这次编辑时也没有过多消除,甚至还有意保留了许多时代印记。其中有一些文字因种种原因而予以删除。我当然期待着其他的、曾经给我心理满足又使我备受煎熬的关于中国改革的文稿等能在以后出版。那也是我对于自己和未来的期盼。

本丛书原本设计为三卷,后来出版社的编辑建议改为六卷,也颇有道理。实际上,其内容的卷别划分并不严格,只是根据自己的感觉分别罗列在六卷中而已,从不同角度当然可以作出不同的归类。另外还需要说明的是，本次辑录整理的文稿，有的采用的是相应书刊扫描的文稿，有的则是作者自己写作时的原稿（未经原出版物编辑们加工的文稿）。

2021年秋，根据有关人事文件规定，我主动请辞中央党校（国家行政学院）校内行政职务（在校外继续保留了具有一定学术意味的中国法学会和北京市社会科学界联合会的兼职），这一申请获得了校委支持。正因如此，我才有了更多时间着手收集和整理这一系列著作，这令我特别欣慰。从1999年12月出任西南政法大学副校长，至2021年辞去中央党校（国家行政学院）副教育长职务，我有近22年的行政兼教学经历。得知组织同意我的申请后，深感欣幸，以至于多次催促组织部门尽快下文。在美丽的2021年也即辛丑牛年，美好的金秋时节，我回归纯学者的梦想终于实现，这也让我重回了久违的精神家园，顿觉神清气爽、身心自由。高兴之余，刘禹锡先生那首《酬乐天扬州初逢席上见赠》言犹在耳，至于白居易（乐天）先生赠与刘禹锡先生的那首诗，我记不得了。自己倒是写了一首文采乏善，但欣喜之情溢于言表的小诗：

韶华最美是金秋，相继冬春逐水流。
勤勉无缺凭己力，智商有欠使心忧。
难言天下堪谁任，时恐家国因我羞。
白鹿名山久期盼，笑谈帆影过沉舟。

在此还需要特别说明的是，本系列也是“全国文化名家暨四个一批人才支持计划”的后续成果之一，我要深深感谢这一计划所给予我的帮助。

卓泽渊

2024年秋

代序　中国法治的过去、现在与未来

有人说,中国经历了数千年,到现在才提出法治。这实在是对中国法治发展历史的误解。实现法治,可以说是昔日中国有识之士的百年梦想。在百年的风云变幻中,中国社会历经沧桑,法治发展几经挫折,然而,中国人民的法治之梦却始终没有失落,而且正逐渐成真。立足现实,回顾过去,展望未来,是时代给我们提出的要求。让我们点动历史的鼠标去检索中国法治的历程,观测中国法治的未来吧!

一、过去:梦里千百度

中国法治,当然是指近现代意义上的法治,其起点,不同人可能有不同的见解:有人认为在 1895 年,有人认为在 1898 年,还有人认为在 1901 年。我认为,中国法治的起点最好确定在 19 世纪末 20 世纪初。作为一个重大而漫长的历史事件,中国法治的起点被确定为一个期间并不为过。其实,历史的真实也确实如此。在 1895 年,面对在甲午战争中惨败、民族危机日益严重的中国,以康有为为首的 1300 余名中国知识分子发动了“公车上书”，认为“使前此而能变法，则可以无今日之祸，使今日而能变法，犹可以免将来之祸。”他们提出了拒签和约、迁都抗战、变法图强的主张，而在三个主张中又尤重变法。文廷式在北京组织“强学会”，发行《中外纪闻》和《强学报》，号召“变法图强”，掀起了民众的变法维新运动。这实际上是中国民众法治之梦的开篇，是中国启动法治建设的准备。1898 年，光绪接受变法主张，颁《定国是诏》，重用变法维新人士，颁发了数十道维新法令，推行新政。变法内容涉及政治、经济、军事、文教等诸多方面。“康有为、梁启超把制定宪法作为变法维新的三要义之一，同时提出制定‘民法、民律、商法、市则、舶则、讼则、军律、国际公法’等。”〔1〕这就是历史上著名的“戊戌变法”。“戊戌变法”虽然仅有百日，在当时也是不得已而为之，远没有要在中国实现近现代“法治”的明确意识，但其确实应被视为中国政治当局（官方）谋求法治的朦胧开端。遗憾的是，它不幸失败了。1901 年，中国清政府发布了“变法自强”的上谕，拟制了宪法性文件、民律草案、商律草案、新刑律、刑事诉讼律、民事诉讼律，以及关于警务、新闻、教育、金融、税制，甚至商标、国籍等方面的行政法规，开创了与世界先发达国家类同的“六法体系”，开始了中国法制发展的重大改革，在法治化的漫漫征程上迈开了第一步。反观百年的法治之路，我认为，法治发展当时在我国的情况是：有制度移植，少社会根据；有机械模仿，无整体共进；有羡鱼织网，无迎头赶上。

（一）有制度移植，少社会根据

从清末的法律改革以来，中国的法治发展中都有一定程度的制度

---

〔1〕 张晋藩：《中国近代法观念的转变与法制变革》，载刘笃才执行主编：《走向法治之路——20 世纪的中国法治变革》，中国民主法制出版社 1996 年版，第 98 页。

移植。在20世纪前十年（1901—1911），清王朝所进行的制宪修律活动，基本上是对西方法治的制度移植。清政府不仅颁布或草拟了“取法西方”的六法框架（宪法、民法、刑法、民事诉讼法、刑事诉讼法、商法或行政法），甚至移植了在当时的中国似乎没有多大存在必要的《公司律》和《破产律》等，其中，《大清监狱律草案》基本照抄了日本的监狱法，但又抄得“犹豫不决”，乃至草案内部也“相互矛盾”。辛亥革命中的《中华民国临时约法》将中国法治发展推进到了一个新的高度。中华民国政府前十年（1912—1922）的立法，应当认为是有成效的。其《中华民国宪法草案》（“五五宪草”）、《中华民国民法典》、《中华民国刑法典》、《中华民国民事诉讼法》、《中华民国刑事诉讼法》的草拟和颁行，为中华民国政府的“法治”发展奠定了基础。其立法目的固然有维护国民党统治的一面，同时也有继承中国法律传统，吸收西方发达国家立法成果，实现中国“法治”（国民党政权所追求的“法治”）的另一面。其后，国民党政府“法治”的发展也大体如此。

从清末至1949年，应当说，中国向西方移植的法律法规已经不少了，而且经历了至少半个世纪，为什么在中国还未建立起真正的法治呢？

我认为，真正法治的建立，是社会经济、政治、文化等多方面综合发展的要求，是社会发展的顺理成章的结果，而不是靠简单的模仿、抄袭就能成功的。中国昔日之所以长期未能建立起真正的法治，关键就在于，当时的中国缺乏建设法治的社会根据。从经济上看，当时中国的经济一直是农业经济、自然经济，而不是作为法治基础的工业经济和市场经济；从政治上看，当时中国的政治长期是专制集权统治，而不是作为法治基础的民主政治；从文化上看，当时中国的文化，几乎一直是传统文化，集权、特权、宗法等传统观念没有被摧毁，民主、自由、平等的现代文化尚未形成，而现代法治却是以民主、自由、平等为文化、思想基础的。

(二)有机械模仿,无整体共进

在长达一个世纪的历史进程中,中国本着师夷自强、与万国同制等赶上先发达国家的理念,竭力学习西方国家。在此过程中,中国或是在法律规范上移植,或是在法治组织上模仿,不一而足,但终未能建立起中国先进分子所期望的那种法治。这又是为什么呢?

法治是一个整体,是一个由法治原则、法治制度、法治组织、法治观念、法治过程共同构成的整体;是一个由合乎法治要求的立法、执法、司法、守法、法的监督共同构成的整体,甚至是法治内部各元素及其机制与社会协调统一的整体。它需要各个要素的共同作用和有机协调。任何一个方面或几个方面的发展,都不可能带来真正的法治。法治发展过程应是其内在各要素的整合发展过程,是其内在各要素的一体化过程。法治是一个内在有机联系的系统,不是靠简单机械的模仿就可以建立的。通观当时的中国法治建设,不能不说缺乏整体共进是其法治未能达到理想目标的重要原因之一。

(三)有羡鱼织网,无迎头赶上

1949 年之前,中国法治建设启动的历史原因是多重的,或许是主动变法,或许是被动图存,但可以肯定其中包含着中国仁人志士对法治的向往,包含着他们谋求天下大同的理念。

事实上,他们不仅有临渊羡鱼,而且更有退而织网。他们苦心孤诣地学习西方法治,翻译西方法学著述,引进西方法律制度,构建中国法律体系。在中国建成法治,是许多人梦寐以求的学术目标和人生理想。然而他们一直未能成功,甚至往往是“出师未捷身先死,长使英雄泪满襟”。在他们的理想破灭的时候,当时中国的法治也形同泡影,被历史湮灭。

二、现在：蓦然回首时

依法治国，建设法治国家已成为我国社会的发展目标。建设法治是摆在我们面前的历史重任。赶上了这样一个前所未有的历史时代，我们没有任何理由止步不前。然而我们能否取得成功？与历史的遗憾相较，我们又何以能取得成功？这关键在于：我们现在的法治国家建设有无成功的基础与动力？其关键和核心何在？其目标与途径为何？

（一）中国法治建设的基础与动力

中国法治的基础和动力在于经济的市场化、政治的民主化以及意识的科学化。

从上面的分析也可以看到，昔日中国法治建设之所以如此迟滞，与当时中国经济的非市场化（自然经济）、政治的非民主化（专制集权）、意识的非科学化（教条主义、非理性化等）有着必然的联系。然而历史发展到现在，情况早已今非昔比。中国市场经济不断发展，市场经济体制逐步形成，经济的市场化已成为不可阻挡的历史潮流。目前中国的思想文化愈益解放，许多迷信都已经破除，教条主义、非理性的东西愈来愈没有市场，科学与文明更加受到重视。尤其是近十多年的全民普法宣传和普法教育为我国法治发展奠定了较好的社会意识基础。在这样的基础上建设法治，必将不同于以往的任何时代。经济的市场化、政治的民主化、意识的科学化，不仅是法治建设的基础，而且是法治建设的动力，必将推动中国法治以前所未有的速度和状况向前发展。

（二）法治国家建设的关键与核心

中国法治建设的关键在哪里，不同的学者也许有不同的看法。有的学者认为，中国法治的关键在司法。我认为，中国法治的关键并不在司法,而在政治的法治化。政治的法治化,包括政治体制的法治化,政治权力的法治化,政治组织的法治化和政治行为的法治化。政治的法治化关系中国法治的存亡。在政治组织的法治化中,最根本的是中国共产党及其领导下的政府的法治化。这是我国法治成败的关键所在。党和政府必须在法治上率先垂范。所以研究并解决好党和法的关系,政府和法的关系,是我国法治建设中的根本任务。

中国法治的核心是什么?学者们也有不同的看法,有的认为在立法,有的认为在法的监督。我认为,中国法治的核心在于司法的法治化。司法法治化至少包括司法体制的法治化和司法人员的法治化。改革我国目前的司法体制是法治建设的一大难题。它牵涉中国共产党对于司法机关的领导组织、方式的变化,牵涉政府与司法机关之间的关系的重新界定或设定,牵涉司法机关相互之间的组织变革与关系重组。司法体制改革是政治体制改革的重要组成部分,牵一发而动全身,要在政治体制改革中与政治体制改革同步进行。在司法法治化问题上的另一个难题,是司法干部队伍建设。司法干部队伍是中国法治建设的重要力量,“清源洁流”是整肃并优化司法干部队伍的必需途径。

(三)法治国家建设的目标与途径

中国法治的目标是实行法治,建成法治国家,进而建立法治社会。这种法治是立法、执法、守法、法的监督有机协调的法治;是法治原则、法治制度、法治组织、法治观念和法治过程一体共振的法治;是法治内在统一,并与社会政治、经济、文化等外在协调的法治;是一种呈社会总体态势的,以社会总体状态存在的法治。

中国法治建设的途径,可以从不同的角度予以描述。

我认为,它有一个“提倡依法办事—主张依法治国—实现理想法治”的过程。作为第一个阶段的“提倡依法办事”,它是泛义的:一是不管法是否是民主的良法；二是不强调对权力的特别约束。要说这是法治，这也仅仅是法律制度意义上的法制，是法治的初步阶段。作为第二个阶段的“主张依法治国”，它是不明晰的：一是这里的法依然有一个是否是民主之良法的问题；二是，“主张”的动机并非都意在法治。作为第三个阶段的法治，才进入真正的法治阶段，法治的真谛才为社会所理解并为社会所实行。

我认为，法治有一个“党治—国治—法治”的过程。第一个阶段即是在党的领导下依法办事，党直接领导立法、执法、司法、法的监督等各项法制建设工作。第二个阶段是将党的意志依法定程序变化为国家意志，由国家来负责立法、执法、司法、法的监督等各项法治建设事宜。第三个阶段，国家也得依法办事，而且必须首先依法办事。这个阶段不是不要党的领导，而是党的领导愈加成熟，愈加能运用法的手段管理国家和社会事务，更能反映人民的呼声，更能得到人民群众的拥护。这个阶段也不是不要国家，而是国家变得更加成熟，它在主导法治的同时，本身就是法治的楷模。

（四）中国法治发展的历史进程

我国正在进行的社会主义法治建设，它已经经历了怎样的历史阶段，还将怎样发展，现在我们处在怎样的历史环节，都是我国法学界正在思考的问题。我认为，我国新一轮法治建设已经经过了准备、起步阶段，正从起步走向形成阶段，必将由形成走向完善。

1. 准备—起步（1978—1999 年）

新中国法治建设开始准备的时间，也许可以定在 1949 年中华人民共和国成立时，也许可以定在 1976 年“文化大革命”结束，或 1978 年 12 月党的十一届三中全会。

我认为，应当确定在 1978 年 3 月我国 1978 年《宪法》公布之时。因为，法治准备的开始应当以足以代表法治萌动的根本大法的产生作为标志。1978年《宪法》明确了我国新时期的总任务是实现四个现代化，强调了必须发扬社会主义民主和加强社会主义法制。1978年《宪法》的这一特征，不能表明其已经开始了社会主义法治建设，但是它为社会主义法治作出了经济、政治、法制三个方面的准备。

随后到1978年12月，中国共产党第十一届三中全会召开，社会主义法治的准备得到了党的政策的升华。这次会议制定了以经济建设为中心的路线，作出了把工作重点转移到社会主义现代化建设上来的战略决策；提出了健全社会主义法制和加强社会主义民主的方针。中共党史誉之为“开创社会主义现代化建设新局面的伟大起点”。这次会议使社会主义法治的准备阶段被进一步确立。

1982年《宪法》及其1988年修正案就是这一准备阶段法治发展状况的标志。从经济制度的角度看，它为市场经济的提出及其法治建设进行着准备。1982年《宪法》从根本大法的角度确立了我国社会主义初级阶段的基本路线为“一个中心，两个基本点”，即以经济建设为中心，坚持四项基本原则，坚持改革开放；规定了我国社会主义经济制度的特征为，以生产资料公有制为主体，多种经济成分并存，以按劳分配为主体，多种分配形式并存。与此相适应，它还具体确认了城乡劳动者个体经济、私营经济和外资经济在我国经济体制中的地位和作用，规定国家要保护其合法权益。从政治制度的角度看，它也为市场经济的提出及其法治建设进行着准备。它扩大了全国人民代表大会常务委员会的职权，加强了人民代表大会制度；赋予了省级人大及其常设机构的地方性法规制定权；规定了国家领导人的任期制和限任制等。

1993年3月公布的宪法修正案将《宪法》原有第15条关于计划经济的规定（“国家在社会主义公有制基础上实行计划经济。国家通过经济计划的综合平衡和市场调节的辅助作用，保证国民经济按比例地协调发展。”“禁止任何组织或者个人扰乱社会经济秩序，破坏国家经济计划。”）修改为“国家实行社会主义市场经济”，“国家加强经济立法，完善宏观调控”，“国家依法禁止任何组织或者个人扰乱社会经济秩序”，从而启动了中国市场经济及其发展中的法治建设。

1993年11月，党的十四届三中全会通过的《关于建立社会主义市场经济体制若干问题的决定》从党的政策上进一步深化了上述宪法修正案。它明确提出要建设社会主义市场经济体制，要高度重视社会主义市场经济建设中的法制建设。它指出，“社会主义市场经济的建立与完善，必须有完备的法制来规范和保障。要高度重视法制建设，做到改革开放与法制建设的统一，学会运用法律手段管理经济。法制建设的目标是：遵循宪法规定的原则，加快经济立法，进一步完善民商法律、刑事法律、有关国家机构和行政管理方面的法律，本世纪末初步建立适应社会主义市场经济的法律体系；改革、完善司法制度和行政执法机制，提高司法和行政执法水平；建立健全执法监督机制和法服务机构，深入开展法制教育，提高全社会的法律意识和法制观念”。

在法治建设起步后的1996年，第八届全国人民代表大会第四次会议制定的国民经济和社会发展“九五计划”和2010年远景目标，明确指出，到21世纪初要初步建立社会主义法治国家。中国共产党的十四届六中全会通过的《中共中央关于加强社会主义精神文明建设若干重要问题的决议》又再一次肯定了依法治国，建设社会主义法制国家的社会理想。1999年3月全国人民代表大会又对1982年《宪法》进行了修改，将法治与法治国家予以了宪法确认。法治的目标意义更加突出。

从1978年3月开始准备，到1999年开始起步，中国社会主义法治的准备阶段历时21年整。

2. 起步—形成（1999年—2050年？）

中国社会主义法治，包括法治国家将于何时形成，这是中国法学和法律工作者乃至全社会都十分关心的重要问题之一。要确定其形成的时间表,并不是一件容易的事情。在这里,我所要论述的是以下几点:

第一,法治发展的进程要受多种因素的制约,一个偶然的重大事件甚至可以使法治发展受阻或搁浅。一国法治的发展要受制于一国所处的国际环境。国际和平是一国法治发展的外在条件。一个不断与他国发生纷争的国度是无法进行良好的法治建设的。国内的安定更是一国进行法治建设的基本要求。任何内乱对于正在进行法治建设的国家来说都不是一件幸事,而是一场灾难。法治会直接受阻于斯。一国的政治体制与政治制度也是一国法治建设能否成功的重要制约因素。在专制的背景下,国家是难以走向法治的。这些都可以说是比较重大的方面或者因素。其实,就是一些细小的因素,诸如国家领导人的改变、领导人注意力的转变,有时都会成为法治建设能否进行的决定性因素。对于各种变数,法治发展的进程和发展方向并不是坚定不移的。因此,中国法治建设能否按预期的时间表进行并不是绝对肯定的,对此,应当有一个清醒的认识。

第二,法治形成的时间节点要依据法治形成的标准来确定,而这一标准及其运用具有极大的可塑性。要预知法治形成的时间表,首先必须确立衡量法治形成的标准,该标准尚未拟订,具有不确定性。这个标准应当由谁来拟制?有无特定的拟制程序?法治的形成是以法治国家的形成作为标准,或是以法治社会的形成作为标志?法治国家与法治社会之间有无差别,有何差别?其次运用标准的主体具有不确定性。宣告法治形成必须运用确定标准来衡量法治形成的主体。衡量法治形成的主体尚无定论。一国法治形成与否,是由专家学者们认定,或是由当时的政治当权者宣布,或是由国际社会的公认,或是由那个时代人们的一致赞同或者内心确信等,不一而足。同一标准由不同的主体来使用,其结论也未必同一。尤其是难以量度化的社会状况更是如此。这些都使法治发展程度具有了一定的不确定性。

第三,法治形成不是一个时间点,而是一个时间段,是一个过程或者期间。法治形成,恰如法治的准备与起步一样,它不是一个绝对的时间点,而是一个社会过程,需要一段时间。法治建设是一个重大的社会工程,其运作过程的阶段划分得遵从社会发展的逻辑,得受若干意料之内或者意料之外因素的影响。在阶段划分中,如果一定要找出一个具体的时间节点,那也只是一个相对确定的时间节点而已。

三、未来:灯火阑珊处

(一)近期走向

1. 法治建设逐步成为中国政治体制改革的新途径

中国的经济体制改革已经取得了举世瞩目的巨大成就,并向纵深发展,而政治体制改革也在稳步推进。当前,人民的民主意识可以说已经发展到了有史以来的最高境界。经过这些年的思考,党和政府逐步发现只有法治才是政治体制改革的最佳突破口。

为什么说法治建设会逐步成为政治体制改革的突破口或现实道路呢?我以为主要的原因是:第一,法治本身也具有政治的意义,而且它涉及社会的方方面面,对于政治体制改革的广泛范围具有普遍的涉及。第二,依法治国,建设社会主义法治国家已经被作为政治体制改革的内容写进了党和国家的重要文件,并被作为我国国家和社会发展的重要目标。第三,党和国家领导人对法治建设给予了前所未有的关注。

2. 法治建设将成为反腐倡廉的重大措施

廉政建设是我国民主和法治建设的重要内容之一。一个时期以来,清除腐败、倡导廉政成为我国民主与法治建设的行动口号,并确实着力采取了一系列重大的法律措施。

从有关研究的进程来看,对于反腐倡廉,学者首先是对其进行理论探讨,以认清腐败的现象、原因,进而认识反腐倡廉的意义。实际上,我们对腐败现象的认识和原因的探讨已经足够深入。现在最现实的不应再是坐而论道,而是起而立行——为社会现实的反腐倡廉出谋划策、提出最实在的具体措施。这是反腐倡廉最需要的,也应是法学工作者的现实责任。

从社会对腐败的心理变化来看:最初,许多人尚不承认腐败的存在;后来发展到他们和整个社会都认识到了腐败存在的客观事实;再进一步,全社会都认识到了腐败的严重危害,并确立了坚决清除腐败的决心。在这种情形下,作为法学工作者的我们,不应再集中主要精力反复地论证已为社会认同——尽管不太全面——的理论,而应当成为社会的理论先导,为反腐倡廉提供可操作的切实措施。

从反腐倡廉社会实践的现实需要来看,反腐倡廉的现实提出了运用何种措施才能有效进行的问题。从这个意义上讲,法学工作者应当义无反顾地对此问题进行更加深入的探讨,为社会提供现实可行的具体方案。我无意反对对反腐倡廉进行理论探讨,它们是必须而很有意义的,我仅想向法学工作者提出倡议:更多地研究反腐倡廉实际措施。

反腐倡廉的着力点是权力,分为权力赋予、权力行使、权力剥夺三个环节或方面。如果反腐倡廉的措施未能得其要领,不能击中腐败的要害,以致延宕时日,那么我们的种种措施便难以奏效。腐败的根基与要害是什么?腐败的根基与要害都是权力。廉政或腐败的客观基础都是权力。没有权力,既无腐败之说,也无廉政可言。权力是腐败的前提条件,没有权力的人即使希望腐败,也无能为力;而拥有权力的人要腐败却易如反掌。具体地说,反腐倡廉首重权力赋予,着重权力行使,看重权力剥夺。只有在权力赋予上真正实现人民民主,由人民赋权,才可能从根本上保证权力的纯洁性和廉洁性。只有将权力行使作为监督重点，才可能有效地防止腐败。只有将权力剥夺作为基本的法律手段，才可能及时阻止腐败蔓延。这些都离不开法治作用的发挥。只有法治才能有效地控制权力并使权力在正当的范围内行使。

3. 法治建设的重点将从有法可依向有法必依转化

“文化大革命”之后，如何做到有法可依成为最为紧迫的问题。当时立法要求尽快制定出国家和社会最需要的法律制度。这是走向法制或者法治的必要准备，也是现实生活的迫切要求。

我国曾经经历过立法的快速发展阶段。经过 1976 年以后的快速发展，到 1998 年，我国全国人大常委会就已制定了 300 多部法律，国务院制定了近 800 部行政法规，地方立法机关颁布了约 4 万部地方性法规和地方规章。20 世纪末，全国人大常委会几乎每 13 天制定一部法律，国务院每 6 天制定一部行政法规。可以预计，随着立法的逐步完善，无法可依问题的逐步解决，有法不依的问题将日渐突出。

4. 法治建设中最强劲的社会要求是反司法腐败

一个时期以来，腐败成了重大的社会问题。对于司法腐败问题，人们也有不同的看法。我认为，的确存在司法腐败，或者说，司法中确实有腐败现象。说有司法腐败，也并不代表说没有行政腐败或其他腐败，或者司法腐败比行政腐败等更为严重。我以为，只是因为在一切腐败之中，司法腐败是最为人们所憎恨的腐败。只要司法公正，一切腐败都存在被遏止的可能，但一旦出现司法腐败，或者司法腐败发展到极为严重的地步，腐败则可能横行无忌。非但如此，司法腐败还将严重地损害社会公正。

司法处于社会矛盾的焦点上，处于利害冲突的当事人之间。稍有偏颇，就可能使当事人或社会公众得出司法不公的结论。将其与有关的社会现象相联系，就不难得出司法腐败的猜想。司法从来都被赋予了“公正”的含义,甚至一直被认为是“公正”的化身或者代名词。如果说全社会都憎恨腐败,那么人们最憎恨的是司法腐败。矛头会最先指向司法腐败。从目前反对司法腐败的势头来看,它必然会成为,事实上已经成为全社会最为关注的反腐败焦点。反对司法腐败已经成为强劲的社会要求。

5. 法治建设的社会化是法治建设的重要方向

很久以来,法治建设都被认为是与法直接相关的部门的事情,具体地说主要是法律部门或法律专业人士的事情。随着法治建设的发展,它愈来愈超出了传统的法律部门或法律人士的范围,而扩展至全社会。

一是立法机关作用的增强,使法律的社会化程度得到了极大的提高。从改革开放以来,我国立法机关的立法工作成绩卓著,中国特色社会主义法律体系逐步完善。立法活动大量增加。与之相伴随,立法机关的监督活动持续开展,各种执法检查不断推进。它们都使立法机关的作用凸显。也推动全社会法治意识得以普遍增强。

二是依法行政的推行,为法律的社会化作出了极大的努力。任何一个国家的行政系统都是最庞大的。即使那些对于社会干预度极低的政府,也是相当有权的政府,因此依法行政是最难的。现在有了良好的开端,逐步地依法行政就会为全社会所接受、所要求,为行政机关所推行。政府的依法办事将是一个社会对法治最强有力的推进,能够极大地强化整个社会的法治意识。

三是普法的推行,为公民法律知识的增强提供了最广泛的社会途径。经过了长时间的普法,全体公民的法律意识有了明显的增强。有的学者是反对普法的,似乎普法有违本土资源,是一种外在的强制灌输,难以甚至根本就无法内化为人们的自觉认识。这种认识是具有片面性的。根据我的观察和理解。普法对于民众法律意识的提高具有重要的意义。一些以前不知法律为何物的老百姓,通过普法知道或了解了法律，并在自己涉及法律问题时能将有关的知识加以运用，这就是普法的作用。在接触的咨询者中，他们有的人手上拿的就是“一五普法读物”“二五普法读物”“三五普法读物”，或农村普法读本等。我们当然不可也不必对普法的作用估计过高。但是普法有益于全社会法律意识的增强，确实是不可否认的客观事实。

四是诉讼的增加，为公民的法律意识的增强创造了最有动力的诱因。诉讼有时是无可奈何的结果。但诉讼一旦发生就必然地成为当事人所关心的重大事件。因为诉讼与其利益密切相关。几乎每个当事人都会尽可能地寻找与其案件相关的法律法规来学习和了解，并用以服务于自己的诉讼活动。久而久之，一场官司下来原本对于法律法规比较陌生的当事人，居然成了对于某方面法律知之甚多的公民。在别人发生类似诉讼时，还能说出个子丑寅卯来。特别是某些文化素养本身就很高的当事人俨然成了特定问题的法律专家。有的人官司打多了，对于法律法规的了解就多了，极优秀者似乎还成了某方面的行家里手。所谓“久病成良医”就是这个道理。

五是现实社会生活中法律作用的增强和发挥，使社会对法律的需求不断增加。法律作用的发挥，对于社会的意义是不容低估的。法律的实际效用的发挥，会给社会以更直观的感受，使人们更直接地观测到活生生的法律。

现实的困难是存在的。但我们也应当有足够的信心。“青山挡不住，毕竟水东流。”只要从以上几个方面继续推进，法治建设必将更加社会化，法治必将成为一种社会状态、社会体制、社会模式。

（二）法治国家的理想状态

建立法治国家已经成为我国社会发展的重要目标。我们为之努力的法治国家应当以民主完善、保障人权、法律至上、法制完备、司法公正、制约权力、依法行政、保障权利作为其基本特征并与其他的法治国家或非法治国家相区别。

1. 民主完善:法治国家的政治前提

民主是法治国家必备的政治基础,完善的民主是法治国家的重要标志。法治国家是以完善的民主作为基础和目标的。民主完善最首要的内容是完善政治民主,最直接的内容是完善立法民主。

政治民主和社会民主是民主的两个最基本的方面。如果说社会民主是政治民主的基础,那么政治民主就是社会民主的前提和保障。在整个民主中,政治民主具有特别重要的意义。政治民主本身就是法治国家的构成部分和重要表征。政治民主的内容由法律来制度化、定型化,以便于实际操作和运作。政治民主的保障由法律来提供,法律不仅对破坏民主的行为进行打击,而且也要对政治民主的运行进行引导和规范,防止政治民主出现偏差。

立法民主是法治国家在立法上的首要要求,是法治国家必不可少的重要方面。历史发展已经清楚地说明,现代的法治国家要求立法、执法、守法、法律监督的全面法治化。所有这些都是以立法的民主作为首要条件的。民主立法为法治国家奠定制度基础,它内含法治状态的制度框架或理论格局。从一定意义上讲,法治国家的立法是立法家们对一国法治状况的制度化预想,是一幅具有国家权威性的法治蓝图。执法、守法、法律监督无非是各尽其能地将其现实化而已。民主的立法被良好地实现了,这样的国家才可能是法治国家。民主的立法无法实现,法治国家就会成为泡影;如果根本就没有民主的立法,法治国家就毫无任何希望与可能。立法民主中既包括立法的目的民主、立法的内容民主,也包括立法的程序民主。立法目的的民主与否,直接关系着立法的民主与否。一个为专制、集权目的而制定的法律是绝无民主可言的。无论这个法律的名称、形式多么民主,其结果必然是反民主的。其内容有时也会表现得民主，但它往往都是在一方面赋予民主，在另一方面剥夺民主；在此处确认民主，在彼处否定民主；在总则中赋予民主，在分则中剥夺民主；在字面上确认民主，在行动中否定民主。其仅有的些许“民主”实际上是不民主。有了立法目的的民主，立法的民主才可能成为现实。立法内容的民主是立法民主的核心内容。立法民主在根本上还是就其内容而言的。立法内容的民主是在民主的立法目的指导之下的。没有立法内容的民主，立法的民主就会成为空谈。同时立法内容的民主是以立法程序的民主作为保障的。没有立法程序的民主就没有立法内容的民主。立法程序的民主实际上是立法民主的条件和保障。

2. 人权保障：法治国家的显著标志

人权是人所应当享有的权利，人权的权利范围与保护程度是一个国家进步与文明程度的重要表现，是不同类型国家的重要差别。国家的进步过程，其实也是人权内容不断丰富、发展的过程。国家由非法治国家向法治国家的转换，也是人权保护的一次飞跃。人权保障状况是区别法治国家与非法治国家的显著标志。

并非任何时候、任何人都能实实在在地享有人权。侵犯人权的事件时有发生，从未绝迹，保障人权几乎是所有国家都必须担负的社会责任。在所有国家中，法治国家是人权最有保障的国家，它本身就是以国家对于公民人权的充分保障作为标志的。

法治国家与非法治国家的区别，不是法治国家中没有侵犯人权的事件发生，而在于：法治国家侵犯人权的事件相对较少；侵犯人权的事件一旦发生，即能获得依法处理——侵权者必然受到应有制裁，受害者必能依法获得应有保护。也就是说，在法治国家中，人权能够获得较好的法律保障。

3. 法律至上：法治国家的理性原则

法律至上意在强调法律在整个社会规范体系中具有至高无上的地

位,其他任何社会规范都不能否定法的效力或与法相冲突。

有的人认为,法律至上就是对权力的否定。因此,有的人歌颂它,有的人否定它。其实,法律至上并不是对权力的简单否定。从一定意义上讲,法是权力的产物,没有权力,绝无法的产生和存在可言。法学理论和法的实践都说明,没有权力就没有法的产生、制定或认可,也没有法的存在和被贯彻实施。权力始终是法得以存在的依据。在法产生和存在的意义上,没有法律至上的问题。法既不可能超越社会物质生活条件,超越社会发展的历史进程和人类进步的实际状况,也不可能逾越或凌驾于一切权力之上。然而撇开这一意义,法与法律社会的各种权力之间的关系就不再简单地是一个权力高于法的问题。甚至恰恰相反,任何权力的获得和行使都应当具有法的依据。法相对于权力应当具有至高无上的权威。即使是法的制定和法的实施也概莫能外。因为,除一些通过革命而建立的新政权的最初立法外,任何立法都得遵守法的规定,即依法立法;任何国家强制力的取得和行使都得具有法的依据。即使是革命政权最初的立法,虽然不必遵守旧时代既有的法律规定,但是也还得遵守法的规律,遵照立法的原理乃至法的原理,而不能完全随心所欲。

有的人认为,法律至上会导致对道德作用的否定。这是对法与道德关系的误解。首先,法与道德是两个相互联系而又相互独立的社会规范体系。它们在并不完全的领域发挥着各自的作用,肯定法的作用并不等于否定道德的作用。其次,法律至上并不等于法是万能的。只能由道德调整的问题,也不能因法律至上而由法取而代之。最后,任何法都以一定的道德准则作为自己的社会基础并在一定程度上引导道德的发展,法律至上不仅不会否定道德,甚至可能在一定程度上有助于道德的完善和发展,所以切不可将法律至上与道德作用对立起来,以为法律至上会否定道德的意义。

有的人认为，法律至上会导致对经济决定作用的忽视或否定。法律至上与经济决定法是两个不同层面的问题。经济决定法是从法的本源意义上讲的。在终极意义上法始终是被经济所决定并为经济服务的。但是离开这一意义，法对具体的经济关系和经济活动来说，显然就不再是从属的。一切具体的经济关系和经济活动也都得遵守法的规定，并符合法的要求，否则就可能导致违法甚至犯罪行为的发生。法律至上是在经济决定法的基础上对法的地位的概括和期望，它与经济决定法并不矛盾。

4. 法制完备：法治国家的形式要件

法律制度的完备是法治国家得以建立的必要条件之一。在中国，法制完备对于法治国家的建立具有特别重要的意义。首先是因为中国是一个长期实行成文法并以成文法为主的国家，有着重视法的制度建设的历史传统，要建设法治国家必须注意到中国的这一历史传统，把法的制度建设摆到应有的位置。其次是因为古代中国是一个长期实行中央集权的国家，有着从上与崇上的文化传统。这种心态，对于强调法律制度具有重要意义，法制建设在整个法治国家的建设中的地位不容低估。再次是因为法律制度具有确定性、明确性的特点，便于人们掌握与运用，可以在一定范围内防止法治国家建设中因误解而发生偏差，有利于法治国家建设的有效进行。最后是因为法律制度是法制建设的首要环节，没有法律制度就不可能谈及执法、司法、守法和法的监督等。法治包含着立法、执法、司法、守法、法的监督，乃至更多的方面。法律制度是法治建设的最基本的方面与内容。

法制完备表现为法律制度的类别齐全、规范系统而无一遗漏。凡是法律制度所应调整的，均应有法律制度调整；凡是由法律制度调整的，均应有恰当的法律制度调整；调整不同领域的法律制度应当相互衔接，有机协调；法律制度在执行、遵守、监督中的任何问题，均能在法律制度中获得解决的途径;法制有一个调节机制,能作出适应客观需要的反应,能进行有效的自我修正。

5. 司法公正:法治国家的基本要求

司法历来都以公正作为自己的理想。在法治国家建设中,司法公正具有更重要的意义。首先,司法公正是司法的最本质要求。司法就是要公正地解决社会矛盾及其相应的法律冲突。它是国家这一公共权力因冲突着的各方无法自主地解决纠纷,而为其设定的由国家专门机关予以裁决的纠纷解决机制。冲突着的双方都存在利益的差异或分歧。如果依其任何一方单方面的意愿裁决,都可能导致裁决的不公正。如果裁决不公正,就不可能平息纠纷,甚至可能使矛盾更加激烈,司法的目的就不可能得以实现,也就违反了司法本质。其次,司法公正是司法赢得群众的最基本方面。司法权力是国家权力的构成部分,它的直接来源是国家的权力分配与赋予;它的最终来源则是人民。司法权力最终来自人民,一是从国家权力来自人民的意义上讲的,二是从司法机关由人民代表大会产生的意义上讲的。司法机关的设立在历史缘起上是人民愿意将他们所涉及的纠纷交由其裁决的结果,当然包含着人民对其的信赖。司法机关的继续存在,也离不开人民的信赖和支持。司法机关能够始终赢得群众,获得人民支持的关键在于司法公正。可以说司法公正是司法机关赢得人民的最基本、最主要的所在。最后,司法公正是社会发展的必然要求。现代社会的快速发展给司法工作提出了大幅度提高裁决效率的要求,而司法公正即能简省诉讼程序,许多案件都可以通过一审终结,较快地解决纠纷,否则就必然会导致二审甚至再审程序发生,不利于司法机关司法工作的顺利进行,更不利于人民群众的节奏日益加快的社会生活。再说,司法公正是一个随着时代而不断发展的概念,其内涵与外延在不同的时代或不同的历史时期会有所差异,因此司法机关的认识也应有一个随历史发展而进步的问题。现代中国正处于一个伟大的变革年代,除旧布新成为时代的进行曲,只有随着时代进步的司法公正才可能适应社会的发展要求。

然而公正却并非随处可见,轻易可得。司法公正一直受到两个方面的检验:一是司法是否合于法律制度的公正;二是司法是否合于社会意识的公正。前者我们可以将其称为"合于法律制度的公正",后者我们可以将其称为"合于社会意识的公正"。

"合于法律制度的公正"是司法公正的首要方面。公正之"正"不是"私正",少数人或者个别人所认为的"正"绝非"公正"之本意。司法公正的前提是"立法公正"。立法公正是指立法要能体现社会民众的意愿,要能体现绝大多数人的意志,即立法是人民意志的体现。多数人的意志的载体——法律制度也就包含了多数人的公正观念和公正要求。在这个前提成立的情况下,司法公正首先所强调的就是司法合法。在这里"合法"即合于多数人之"正"——法律制度。这种"正"具有"公"的确定性,是司法公正的最客观的衡量尺度。当然如果"法"不是"民意"(在这里或称"公意")的体现,司法公正以司法合法作为目标,是否能导致真正的公正又另当别论了。

司法的"合于社会意识的公正",是司法公正的主要内容。"正"不仅是法律制度意义上的,也是一定的社会意识意义上的。公正的司法要能获得公众的认可,还必须使大众信服。司法如果不具有这种力量,其社会影响是很难如愿以偿的。当然这里的"众"有一个"量"的问题;众人之"正"有一个正确与否的问题。法律制度的公正与社会意识的公正经常是一致的,但是二者之间也可能产生差别与冲突。社会意识中的公正观念,是很难把握的,但它又是客观存在的。一旦违反了它,违反者就会遭致社会的反对或否定。司法也同样如此。司法的公正不论在法律制度上的状况如何,如果遭到人们观念上的反对或否定,那么在实施上就难以如愿以偿。这种违反社会公正观念的司法不论在理论或制度上是否正确都会受到社会的抵触和反对。极端时,人们甚至会故意地挑衅它,以表示自己对自己所认定的公正准则的忠诚和维护。

合法公正与合民公正在大多数情况下是一致的。但也有不一致的时候。这种情况发生的原因之一是法确定的公正有问题,或许是这种法公正在其确定时就不公正,或许是随着时代的发展,原本公正的法已经变得不公正了。原因之二是社会民众的公正认识出了问题,把不公正当作了公正,把公正当作了不公正。在第一种情况发生时,我们就应修正法。这种修正包括对法进行修改,以便以后在类似情况下能得到真正的公正;也包括为法不公正的特例设定特别的个案修正程序,最大限度地防止不公正裁决的发生。在第二种情况发生时,我们首先得看民众的数量,这种民众如果占绝大多数,那么,就说明我们的法还未能反映民众的现时意愿,立法的民主就可能有问题,就应检省立法,并通过民主和法治的途径修正法;如果这种民众并不占绝大多数,那么法并不会迁就少数人的意见。这些都应取决于立法民主和民主立法。

6. 制约权力:法治国家的切实保证

权力的根据并不在权力本身。权力的根据在于民众对权力的赋予以及民众对权力行使的认可。所谓选举、推举,不过是权力获得的过程而已。由于权力获得的过程不可能让所有的人都直接参与,甚至绝大多数人都无法直接参与,因此,怎么保证权力的赋予是正当的就成了一个十分棘手的问题,于是就产生了一个对权力赋予过程的监督问题。人民将权力的一部分"让渡"于公共管理者的过程,站在民众的角度,是权力的赋予,站在管理者的角度,就是权力的获得。赋予与获得是权力移转过程的两个侧面。如果权力赋予与权力获得的过程没有制约,就无法保障这一过程是正当的,就无法保障权力赋予者和权力获得者在这一过程中的行为并未违反公众的意愿,甚至无法保障其一定是公众意志的反映。至于权力行使,更不可能由每一个人来完成。它必须由公众依靠一定的程序认可的人代为进行,那么这些由公众认可而行使管理社会权力的人,其行为是否是为公众利益的,如何保证他们永远为公众的利益而工作,这就使对权力获得者的监督或制约显得必不可少。

国家权力以民众的权力让渡与公共认可为前提。如果能够如此,我们即说该权力的获得与行使是正当的,否则该权力存在的合理性就有问题,该权力的任何行使都无法具有合理性。制约权力,在逻辑上主要的应当是制约权力的行使。然而仅仅依靠对权力的行使进行制约很难达到目的,于是制约权力的获得也就进一步为人们所重视。制约权力也就不仅是指对权力行使的制约,而且包括对权力获得的制约。

权力获得与权力行使,总是少数人的事情。独立存在的每一个个体都是有自己独立思维和相对利益的,他们在总体上都有一种背离集体或公众的倾向。对他们的制约就成为了必要。在制约机制中,最有效的制约手段当然是法律制度。这是由两个主要的因素决定的:一是任何权力的行使一般都是以法律制度作为根据的,并以法律制度作为权力行使的范式与轨迹;二是在制约权力的规范中唯法有国家强制力做保证,并具有公认公知的特点。

能否用法律制度有效而科学地制约权力,是一个社会管理状况的评价标准之一,也是一个社会制度优越程度的标志。对权力的依法制约在世界各国的法治化历程中的意义已经为历史发展所证明,在中国建设法治国家的征程中,它是我们不可忽略,且必须予以特别关注并为之努力的。

7. 依法行政:法治国家的重要标志

行政是政府行使权力的方式,是政府对社会进行管理的基本途径。依法行政可以说是运用法律制约权力的重要表现。但是,由于行政权力具有与其他权力不同的独特性质和依法行政与制约权力的视角差异,因此在强调制约权力的同时,还有必要对依法行政予以特别的重视。首先,行政具有立法和司法等都不具备的特点。它的工作内容最为丰富,涉及的社会范围最为广泛,与社会民众的联系最为普遍,而且具有连续性、主动性、及时性与灵活性等特点。行政能否依法进行直接关系着一个国家能否实现法治。任何法治国家都以依法行政作为自己最基本的特征从而与非法治国家相区别,依法行政是法治国家的重要标志。其次,制约权力是从权力之外考察权力正常行使的要求而得出的结论,侧重于对权力的外在约束。依法行政是着眼于行政权力本身而对行政权力所提出的要求。侧重于发挥行政权力的依法主动性。

依法行政是指行政行为应当具有法律上的根据。行政行为的内容、形式、程序都应当依照法律的规定或要求进行。凡是在法律上没有根据的行政行为就是违法行政行为,就应当承担法律上的责任。这与法律对公民行为的要求是截然不同的。公民的行为不必具有法律上的根据,只要不违反法律的规定,就不受法律的追究与制裁。但作为国家机关之一的行政机关的行政行为则不同,它的行为必须要有法律的根据,否则就是违法行政。在实际生活中,人们往往混淆了法律的不同要求,甚至把法律的不同要求完全倒置,这是根本错误的,根本就不是法治的要求,甚至走到了法治要求的反面。

依法行政一要保证国家行政权力的依法实现,使国家行政管理的职能被正确行使;二要防止非法行政,保护公民的合法权益。依法行政是行政机关和行政官员对国家和对社会负责的统一。国家利益和社会利益(包括社会成员的利益)并不都是一致的,行政机关和行政官员只有以法律作为自己行政的根据,才能在国家利益和社会利益中寻找到一个最佳的结合点。只有依法才能使行政符合其本意。

8. 权利本位:法治国家的明显特征

法律是权利和义务的载体,也是一定数量权利义务的总和。无论是强调权利还是强调义务，在逻辑上都具有同等的效果。在实践中，由于权利义务的不同属性和人们对于权利义务的不同心态，情形迥然有别。首重权利还是首重义务是法治国家与非法治国家的重要区别。首重权利是法治国家的明显特征。

要首重权利，必须考察权利保障的制约因素。权利的保障有两个方面的制约：一是权利受义务制约；二是权利受权力的制约。

保障权利要求首重权利，以权利的实现带动义务的履行。权利与义务是构成法的两大要素。在权利与义务之间作何种价值选择，是任何法律时代都存在的法的价值判断。在权利与义务的关系上有着一种错误的认识，似乎二者之间只有一种关系，即只有权利义务一致的理论和口号才是唯一正确的。实际上这是十分偏狭的。从不同的侧面认识权利与义务之间的关系，其结论自然就有所不同。在价值意义上，我们所应提倡的是权利先导。因为权利与义务在总量上是相等的。在理论上似乎强调义务或者权利都是一样的，都能达到二者实现的目的。然而强调义务和强调权利的实际后果是不同的，因为每个人都有关心自我的本能。权利对于大多数人来说，具有比义务更大的号召力。因此从保障权利出发带动义务的履行，比从义务出发更加有效。首重权利的意义远非仅限于此，它还有利于社会权利的扩大和良性发展。

保障权利要求制约权力。这里的权力，是指国家权力；这里的权利，主要是指民众个人或群体的权利。权力与权利有较大的区别。首先，在终极意义上，权利是权力的基础，权力不是权利的基础。其次，权利要由权力予以保护，权利本身往往难以自保，而权力本身却有充分的自我保护能力。最后，权利本身不具有国家强制性，其保护要依赖权力，而权力本身就具有一定的国家强制性。权力与权利的区别就决定了权力易于膨胀，而权利难以自保。在权利与权力之间，权利易于受到权力的侵犯。为了保障权利就必须制约权力,制约权力的重要目的就是保障权利。

【附记:现在根据演讲中的信息推断,这是笔者1998年给西南政法大学学生所作的学术讲座。其中一部分以“中国法治的过去与未来”为题曾发表于《法学》1997年第8期(总第189期)。有删改。】

目　录

上篇　法治理想

下篇　法治实践

上篇　法治理想

1. 中国现代法治的反思

中国现代法治随着现代化的启动而启动，并正在推进之中。我们是沿着怎样的路径，经历了怎样的抉择走到今天，还将怎么走向未来，是值得反思和思考的。从基点、区域、文化和性质四大方面来看，中国现代法治是中国的还是世界的，是城市的还是农村的，是传统的还是现代的，是革命的还是建设的？都难以一言以蔽之。“现代法治既不是历史上的无论中西方‘法治’理念的逻辑展开，也不是传统‘法治’在数量或规模上的扩大。”〔1〕中国现代法治是中国现代化过程中伟大的社会建设事业。但是，一百多年来，我们在有的时候，在有些方面，面对世界或西方却找不到自己的路；面对城乡二元结构却过度超前或者阻滞于后；面对传统与现代的选择却墨守成规或者数典忘祖；面对革命与建设却误判法治发展的性质而谬以应对。其实，目前的中国现代法治既是世界的更是中国的，必须立足中国并关注世界；中国现代法治既是城

〔1〕 苏力：《道路通向城市——转型中国的法治》，法律出版社2004年版，第6页。

市的,也是农村的,必须同时关注城市与农村的现状与发展;中国现代法治既以传统为基础,也以现代为目标,是传统在现代的更新和发展;中国现代法治不是革命的,而是建设的,应是以革命作为历史前提的现代化建设。

一、基点:中国与世界

要在法治问题上正确认识中国与世界的关系,包括中国与西方的关系,在宏观上似乎不存在任何问题。稍微具有理性的人都能明白中国现代法治建设必须立足中国、放眼世界的道理,但是我们真正的问题却可能出在,面对世界或西方的时候迷失了自己,找不到自己发展的道路。

(一)法治问题上的对外心态

一个国家与外部世界是什么样的关系,既是一个理论问题,更是一个实践问题。在法治问题上,对于中国与外部世界的关系包括与整个世界的关系,似乎一直都存在这样那样的误解。面对世界的法治,我们正常的现代法治心态理当既不妄自尊大,也不妄自菲薄,力争实现既卓然而立又与世界同步发展。

中国的封建制度曾经制造过灿烂的文明,包括作为封建文明构成部分的法制文明。在长期的封建时代,我们曾经是那么自信的"天朝大国",期待着"四方来朝、八方进贡",沉醉于过往的辉煌之中,不愿意承认落后的现实,但严酷的现实又使我们不能不面对。

自卑与自傲时常是一体两面地共生的。深度的自卑也会表现为过度的自傲,而过度的自傲往往导源于深度的自卑。当西方列强侵略中国的时候,我们不得不"师夷"以自强。法律制度的大规模西化与对传统的不适当批判所营造的过度自卑,又使我们在一定程度上失去了自我。面对西方和世界,我们转而缺乏足够的自信。有的人丧失了信心,有的人甚至提出了"全盘西化"的口号。"全盘西化"作为一种极端的主张,在理论和实践中都是不可能的,于是"全盘西化"就演变为邯郸学步后的灾难性后果。面对历史,有的人甚至陷入历史虚无主义的泥潭,对我们自己的历史传统文化一概排斥,视而不见。

过高的自我估价和过低的自我贬损,都使我们无法理性地正确处理中国与世界、中国与西方之间的关系。在当今中国,在西方法文化的影响之下,如果我们被迫放弃自我,或者公然放逐自我,都必然会导致灾难性的恶果。

(二)法治的世界共性与中国特色

法治应有其共同属性。法治尽管存在社会制度与意识形态的差异,但是它是人类共同的发展目标。人类社会从人治向法治的发展,是历史大势与法律发展的双重必然。世界各国发展的过程不同,但是走向法治则是各国共同的追求。法治既然是世界共同的目标,就应有世界共同的标准。尽管人们对于法治内涵与本质的认识存在分歧,有时甚至是极大差异。但,法治或者法治国家一定有共同的元素与标准。如果没有这些元素与标准,我们便无法区分法治与非法治、法治国家与非法治国家;如果没有这些元素与标准,我们既无法评价一个国家是否实行法治,也无法评价它是不是法治国家。法治的共同标准是由法治的共性所决定的。现代中国已逐步融入世界的法治潮流,改变了传统时代闭关锁国的国际形象。新世纪的中国积极参与国际政治事务,与世界各国一道推进着国际社会的法治化进程。中国在经济上加入世界贸易组织,接受世界组织贸易规则,并与有关国家一道完善和维护世界贸易组织规则,这在推动世界法治发展的同时,使中国逐步与世界法治化的进程同步。在国际人权事务中,中国积极参与国际人权的法治建设,用自己的努力与其他国家一道共建世界人权法治。

中国法治也应有自己的特色。法治与非法治、法治的不同类型,总是被人们进行这样或那样的区分。以国家作为视阈的法治认识总是最基本的,尤其是当论及法治国家的时候,国别的差异更进一步得到凸显。法治具有国别的独特性。这种独特性从来都不否定法治的共同性。同理,法治的共同性也从来都不否定各国法治的独特性。我们正在进行的法治建设当然是中国的,它必然具有中国特色。各国法治的特色并不是人为地设立或者建设的,它应该是法治在其本国土地上生长发育的必然结果,是由本国国情决定的。同理,中国法治应当是法治在中国土地上生长发育的必然结果,是中国国情的产物。中国法治应当具有自己的特色,而且这种特色应是建立在中国自身的社会现实、文化基础与历史传统之上的,而不是人为刻意地附加的。它应该是法治建设立足中国实际,符合逻辑地自主发展的结果。

"西方法制现代化和其他民族的法制现代化之间,共性多于个性,所以我们说后起现代化国家的法制现代化在主要方面是移植西方法律;但共性并不能否定个性,所以我们又说后起现代化国家的法制现代化又不是全盘西化。"[1]在中国法治的建设之中,我们在对待与世界的关系上必须克服这样的情形:一是以中国特色排拒世界法治共识,用特殊性对抗普遍性。二是以世界或西方的法治作为模本,以全盘照抄而不是借鉴吸收的方式,建构或要求中国法治。这两种倾向都是不良的倾向,对中国法治的发展必然是有害的。

(三)法治上的中国与世界的统一

中国不能拒绝世界。近代以来,中国从屈辱的开放走向自主的开

---

〔1〕 郝铁川:《儒家思想与当代中国法治》,河南大学出版社1994年版,第290页。

放,已经成为世界大家庭的重要成员。现代的中国已经在许多方面担当着大国的责任。这样的国家是无法拒绝世界的。世界是我们的背景和周遭,我们本身就在世界之中,中国法治必须尊重这一客观现实,并以此为条件,建构自己的法治国家。

立足脚下的土地,始终是中国法治的根本,法治是中国的,就必须也只能以中国作为自己的基点。以中国为基点,至少应该包括这样的含义:一是以国情作为法治的现实基础。不论法治的这个基础是好还是坏,都必须受到尊重,并以其为基础来进行决策和加以推进。国情是可以改变的,但是,是没有选择的,所以我们必须充分认识国情。二是根据国情确定法治目标。依法治国,建设法治国家,那只是一个总目标,其中还有一系列阶段性的、过程性的目标作为过程和环节。这些阶段性目标不能脱离中国的国情与实际。三是推进法治的手段不能脱离国情实际。如何提升法律意识,如何开展普法宣传,如何引导社会进入法治状态,这些具体的措施与方法必须立足于中国的国情实际,确保有效。

将中国与世界相统一,是法治的发展道路,忽视任何一个方面都会导致法治偏离方向,或者使法治遇到挫折。中国与世界的关系似乎是一个大而无当而又老生常谈的话题。法治现代化不可回避这一问题。中国的法治建设是在世界中进行的,如何推进中国的法治建设,它与世界的法治状态是什么关系,是中国法治建设中必须考虑并要妥善解决的问题。当代各国法治建设既有与其他国家法治发展相一致的问题,也有为本国社会状况所决定或制约的问题。中国现代法治可以说是中国现代化的产物,它与其他国家的法治是什么关系,尤其是它与自身的国情是什么关系,是我国在现代化的法治建设之中必须回答和解决的问题。对于这些问题的思考不能仅仅停留在哲学层面,更要将这种思考结论融入制度设计与规范拟制的法治实践中,否则,将中国与世界相统一就只能是空谈。

二、区域:农村与城市

城乡二元结构是中国的现实,中国法治遇到的一个极为重大的问题就是:面对城市与农村,我们应该怎样推进法治。如何使法治既尊重城乡二元结构的现实,又统一于中国现代法治之一体。

(一)中国农村制约着中国法治

在中国传统社会之中,农业一直是经济的主要形式。自然经济是中国社会的基本经济形态。在自然经济之下,缺乏商品流通和人口流动,通过族规、地方习惯规则和国家法律,社会能得到有效的调控。在传统的中国社会之中,尤其是在广大农村,严密有效的家族自治、地方自治发挥着极为重要的作用。国家是否法治,对于许多社会成员来说,是不予关注也难以关注的。从近代开始的这一百多年来,中国工业化和城市化的进程不断加快,尤其是改革开放以来中国农村以前所未有的步伐开始了自己的现代化和城市化(包括城镇化)进程。但是农村、农业对于中国社会依然具有举足轻重的影响,甚至在最终的意义上制约着中国的社会发展。

农业大国的特点决定了中国是农村大国。农村经济与社会发展水平远远落后于城市。农业经济的现状是无法回避也不容回避的现实。对于客观现实的任何视而不见都是自欺欺人,必然会遭受现实的报复。中国的现代法治建设是在农业社会的基础上启动并推进的,对此,我们没有理由加以否定或者置若罔闻。农村的法治需求与法治状况显然不同于城市。但是我们在城乡建立的法治机构与组织却是高度统一的,他们的执法活动与机制也是高度统一的。统一的法治,在逻辑上,既可能统一于农村也可能统一于城市,但实际的情况总是农村被城市所统一。我们的法治一直由城市所主导并且是按照城市的标准与方法来建设的。这有它的必然性和有益性，但是问题也就隐藏在其中。

农业大国特点必然意味着中国是农民大国。中国农村人口占了中国人口的大多数，如何在农村推行法治，必须考虑中国农民的现实文化状况与法律意识水平。我们既不能迁就农民意识水平的现实，但又不能脱离农民文化意识的实际状况而不切实际。

（二）中国法治要充分注意农村实际

相对于中国农村的实际，中国的现代法治的确是城市化的。对于中国法治过于城市化的批评，不是说要使中国的法治远离城市，或者成为农村法治，而是说中国现有的法治措施都是以城市为基础来拟制的，我们对促进农村社会建设、农村利益保护、农村经济发展的法治措施还要进一步健全。

法律制度要充分尊重农村社会。中国农村社会虽然也在现代化，但是在许多地方，还是亲属、家族结邻而居的现状。农村的婚姻还是相对近距离男女之间的婚姻，各种姻亲关系必然呈网络状格局。儿女与父母相距不远。尤其是父母子女、兄弟姐妹往往邻近居住。这种人际关系的持续化必然会导致邻里关系或农村村落的亲属化与家族化。在此基础上建立的农村社会组织与土地制度又不可避免地在一定程度上固化和强化了这种社会关系。现代中国农村的家族主义问题是以亲缘结构、邻里结构、行政结构和土地制度作为支撑的，因此，中国农村的亲属、家族因素一直是不可忽略的因素。个人、家庭、亲属、家族之间的利害牵连与矛盾冲突，错综复杂。他们之间的关系远远不同于城市中的“陌生人关系”。农村纠纷易于发生，也易于化解。许多纠纷如果通过协商、调解得以解决了，就不会有大的“后遗症”。但一旦通过国家机构的强制执行或刑事上的刑罚制裁，在当事人及其亲属之间就会形成难以愈合的伤痕，成为农村社会矛盾冲突的隐患。我国目前的农村纠纷解决制度都是根据城市居民的生活状态与人际关系来设计的。在城市里，当事人之间很难有世代聚居的历史渊源，更没有土地和土地制度将他们约束在一起。农村村组是由历史上的自然村落，或人民公社的大队、生产小队演变而来的，组织关系远比街道和居委会严密。城市中同一街道与居委会的成员之间并不一定属于同一个工作单位。城市里的当事人之间有了矛盾，可以通过改变居住区域或改变工作单位的方式来缓解甚至消除，但是在农村不行。农民基本上还是以乡村作为自己的生活和工作区域的。即使他们外出打工，他们的根也还在农村。

法律制度要充分考虑农民利益。21 世纪初的我国农村，人均耕地不到 1.5 亩，东部 9 个省区人均耕地仅有 0.87 亩。如果以人均耕地 1 亩计算，我国每年向农村征用耕地 250 万—500 万亩，[1] 以此计算，每年至少使 250 万—500 万个农民失去土地，成为失地农民。由于当时在法律制度上，农民个人并不享有土地的所有权，集体所有的土地也没有任何法律制度认可其可以通过土地市场获得对价，因此，通过行政命令方式使这些农民的土地被征用，政府在给予价格不等的补偿后，农民就没有了劳动对象——土地。城市就业指导与服务，实际上主要是服务于城市人口的。农民即使就业也是被作为农民工对待，多数都从事的是体力劳动。社会保障主要还在城市，农村贫困人口缺乏完善的社会保障。现在需要制定相应的法律法规对农村社会保障进行专门的法律调整。

法律制度要充分考虑农村经济。法治总是以一定经济形式作为基础的。古罗马的法治，虽然不是现代法治，但是它也是以古罗马发达的商品

---

〔1〕 连玉明、武建忠主编:《中国国力报告》，中国时代经济出版社 2006 年版，第 401 页。该报告表明，2004 年新增建设用地 641.7 万亩，占用耕地为 343.6 万亩；2005 年新增建设用地 401.7 万亩，占用耕地为 217.6 万亩。这些耕地数据之中应不包括以荒地为名而违法占用的耕地。

经济作为基础的。没有古罗马商品经济的发达,古罗马法治就无法建立。在西欧的中世纪为什么没有法治,其中一个重要的原因就是它的经济是领主经济而不是商品经济,缺乏建立法治的经济基础与经济要求。西方资产阶级法治的兴起,是与西欧社会资本主义经济关系的萌芽分不开的,是与西方海上贸易的兴起与发展分不开的。正是有了这样的经济基础作为前提,罗马法才得以复兴,才有了所谓的罗马法复兴运动。复兴罗马法的运动正是适应前两者需要的产物,它们又共同构成了资产阶级法治建立的前提。中国当下的农村经济,还不是完全的市场经济,它兼具有自然经济和市场经济的某些成分,是二者的混合状态,如何在二考基础上建设现代法治,是值得我们思考的重大问题。

三、文化:传统与现代

认识中国现代法治,不要仅从改革开放重新开始法治建设来考察,而应该放眼我们从清末以来的这 100 多年的法治实践,应该着眼中国数千年的历史演变。如果在中国法治发展的过程中我们忽略了传统文化,法治建设就必然会遭受严重的阻碍。

"我国的传统法律文化,是以自给自足的自然经济为基础,以巩固皇权神圣不受侵犯为宗旨。这与市场经济为基础、以发展社会生产力为根本宗旨的法制现代化相对立。这就决定了传统法律文化总体上是无法和法制现代化沟通的。"[1]对此,我们必须有深刻而清醒的认识。

但是传统文化始终是十分重要的,它甚至是一个国家或民族发展的起点与基础。中国法治是现代的,但是它又是以传统文化作为历史基础和前提的。"虽然我们认为传统法律文化的主要内容与法制现代化水火

---

〔1〕 郝铁川:《儒家思想与当代中国法治》,河南大学出版社 1994 年版,第 291 页。

不容，但决不意味着要全盘否定传统。”[1]传统文化是由古及今持续发展演变而来的文化、习惯、道德、思维方式、价值观念等的总称，它是中国自古以来就一脉相承并变革发展到现代社会的文化总体状态。法文化传统也是如此。“不同文明国度在其社会历史演变中产生了各具特色的不同法律文化传统。它们构成了民族精神的载体，体现了民主的价值准则与价值追求，蕴含着民族法律调整的丰富历史经验，也成为民族观照和反思自身的一面镜子。”[2]中国传统文化博大精深，源远流长。它是以儒家文化为主轴，以道家文化和法家文化等众多思想为补充的思想体系、价值体系。中国传统文化的确是良莠并存的，有的应当继承，有的应当抛弃。不论对中国传统文化如何评价，它都客观、历史而又现实地存在着，并发挥着效用。中国法律是由传统而现代化的，并成为现代法治的基石。“法律发展的本质性意义，就在于伴随着社会由传统向现代的转变，法律也同样面临着一个从传统型向现代型的历史更替。法律的这一转型与变革过程，就是法制现代化的过程。”[3]

（一）传统文化被现代法治所忽略

在文化的意义上，中国法文化历史悠久，根深蒂固。中国法制起步很早，已有数千年的传承。“伏羲神农教而不诛，黄帝尧舜诛而不怒，及至文武，各当时而立法”[4]，“圣人制礼作教，立法设刑”[5]。中国法学作为一个现代学科起步并不早，但是将法或者法律作为一种知识或者学问来加以研究则是古已有之。据史家考证，早在春秋战国时期中国就有了职业

---

[1] 郝铁川：《儒家思想与当代中国法治》，河南大学出版社 1994 年版，第 297 页。

[2] 公丕祥：《东方法律文化的历史逻辑》，法律出版社 2002 年版，第 9 页。

[3] 公丕祥：《法制现代化的理论逻辑》，中国政法大学出版社 1999 年版，第 21 页。

[4] 《商君书》。

[5] 《汉书・刑法志》。

的法学家，即以"律学"研究为职业的人。"古代中国人在这个领域创造的如此丰富的思想文化成就，使我们无论如何也无法否认中国古代法学的存在。因此，中国古代不仅存在法学，而且还是一种比较发达的法学形态。"[1]"我国自西汉中期以后，形成了以儒学为母体，吸取诸子百家的主体思想文化。与此同时，在法的领域出现了奉儒家经典为最高法典，引经决狱，以经代律，以经注律，纳经入律的法文化思潮。"[2]中国的法学便由此产生发展起来。从此之后，中国法学经过日积月累，出现了浩如烟海、汗牛充栋的相关论著。传统的法律文化中蕴涵着丰富的思想资源，并且与整个中华民族和中华文化具有内在的联系，积淀和内化在民族的心灵深处与意识之中。然而，中华法文化如同整个中华文化一样，在近现代就没有被认真理性地对待过，被刻意批判的多，被理性继承的少。传统文化包括法文化难以在制度的层面保留，而更多地以内化的残缺状态存在于社会与观念之中。

鸦片战争时，西方以船坚炮利打开了中国的大门，中国人看到了外面世界的精彩，发现自己远离了世界的先进行列，于是自我批判性质的反思就自然而然地成为文化的主流。在这种批判之中，出于爱之愈深，责之愈切的自然心理，许多学者对中国的传统文化包括传统法文化进行了最彻底的否定，先后产生了许多反传统文化的先锋。他们的出发点是为了民族自救、发愤图强，激励国人的自尊心。但是他们的批判也不可避免地产生了极为严重的低贬历史、轻慢传统、废典谤祖的恶果。

在这种背景下启动和推进的中国法治就难免成为忽略传统文化的西化产物。从中国现代法治启动时开始，传统文化包括传统法文化基本是处于被排斥状态的。中国法治建设很难立足于自身的传统文化之上。随

[1] 何勤华：《中国法学史》，法律出版社 2006 年版，第 44 页。
[2] 俞荣根：《道统与法统》，法律出版社 1999 年版，第 419 页。

着时间的推移,到了当代,论述法治的著述,引证古代的总是柏拉图、亚里士多德、西塞罗,引证近代的总是卢梭、洛克、孟德斯鸠、康德、黑格尔,引证当代的总是庞德、凯尔森、德沃金、罗尔斯、波斯纳。如果统计一下中国最有影响力的法学期刊,不难发现,除了法史学的论文之外,引证中国古典文献的论文即使是批判性引证的都是凤毛麟角。一些近代法律著作也"长期尘封蛛网,很少有人记起"。[1]

(二)传统文化被忽略的必然性

在中国法治建设的前期,传统法文化被忽略,并不是无缘无故的,而是有特定的历史原因。

一是中国传统社会中从来就没有现代法治的传统。中国传统社会中从来都没有过法治的概念,即使偶然提及,也根本就不是现代法治的含义。中国历史上,法家眼中的"以法治国"不过是"一断于律""王子犯法与庶民同罪"罢了,它并没有以民主为基础和目标,也没有对于权力的全面而有效的制约。既然中国传统社会中没有现代法治,中国古代学者也从来没有论证过现代法治,在论述现代法治的著作中不会提及它们,自然是情理之中的事情。

二是中国传统法文化著作甚至比外国名著还难读懂。中国传统的法文化著作都是文言的,对于少有文言功力的中青年来说,了解和阅读的难度是可以想见的。中国传统的经典著作《礼记》《论语》《中庸》《孟子》等之中有许多关于法律的论述。但是这些著作的难度远高于西方的经典。对于外国法学名著,即使是外文的,对于新生的法学后继者们,也比中国古文好懂,更何况外文著作还有大量的中文译本可以阅读。

---

[1] 谢振民编著:《中华民国立法史》,张知本校订,中国政法大学出版社 2000 年版,"总序"。

（三）忽略传统文化的危害性

在现实制度上，我国的现行制度和规范，都是在西方近现代法律文化的影响之下建立的。近代由于中国国力的衰微，基于自我反省与批评、西方的压力，加之中国急于现代化的需要，祖宗之制被迫进行着西化的改革。虽然近代以来中国的政权不断更迭，但是法律西化的脚步却断断续续地一路向前。改革开放以后，中国的法律制度又继续着既有的历史路径向前延伸。应该说中国目前的法律制度还主要是以西方的法律制度作为重要的参照范式来建立的，毕竟现代法治肇始于西方。

中国作为发展中国家和后现代化国家，其法律制度要以发达国家和先现代化国家的法律制度作为参考，当然是无可厚非的。甚至可以说，作为发展中国家的中国要借鉴西方的法律制度，势在必行，理所当然。“由于西方的法治理论历史悠久，内容丰富，条理清楚，因而，在我们建设中国式的法治国家的过程中，西方的法治理论是一种非常重要的参考经验。”〔1〕但是如果忽视传统，则是令人忧虑的，久而久之，我们将失去自己的历史依据和文化根基。“20 世纪中国法律文化现代化的历史进程中，无时无刻不受到中国传统法律文化的影响和制约。中国法律文化现代化与中国传统法律文化之间的关系，是每一个研究者都无法回避的问题”〔2〕。不能说中国传统的法文化都是精华，甚至还必须承认其中存在很多糟粕。中国的现代法治绝对不能是传统法文化的自然延续与简单翻版，这是我们不能不正视的。当然，也不能认为中国现实法律就有多么严重的问题。在法律制度和显性文化上割断传统的

〔1〕 吴玉章：《法治的层次》，清华大学出版社 2002 年版，第 3 页。
〔2〕 刘作翔：《法律文化理论》，商务印书馆 1999 年版，第 303 页。

做法,实在是中华法文化的悲哀,更重要的是,它使我们出现了灵魂的分裂。一方面,在文化的底层,中华法文化的某些因素内在地发挥着作用。另一方面,我们又在法律制度、司法实践的层面上效法着西方的法律理论和法律制度。传统法文化作为隐性文化发挥着作用,而又缺乏显性制度与司法实践的支持。现代西化的法律制度的确是显性的,又时不时受到作为隐形文化的传统法律思想与观念的制约甚至左右。

中国传统法律文化的被忽略,所产生的是我们预想不到的恶果。它可能使现代法治失去中国根据,历史基础和文化前提,最终远离中国这块土地而成为空中楼阁。长此以往,中国法学家也许将会成为既不精通西方,又很少了解中国,甚至根本就不了解中国传统的“半吊子”法学家。中国法治如果完全由这样的法学家来研究和推动,实在匪夷所思。这样一来,我们对于中国法律现象包括法律现实的认识难免会脱离中国实际。如果我们培养的法律实践人才,完全接受西方法学思想,而对中国历史、文化和国情包括中国的社会关系的独特性质等缺乏认识,就必然使其立法和执法活动背离中国实际。在他们满以为可以圆满成功的时候却遭到现实无情的否定。

(四)传统—未来—现实

在法治发展之中,对于传统的关注是非常重要的。它是我们的出发地,是我们开始新的法治建设的起点之所在。“传统决不意味着腐朽、保守;民族性也不是劣根性。传统是历史和文化的积淀,只能更新,不能铲除,失去传统就丧失了民族文化的特点,就失去了前进的历史与文化基础。我们需要从固有的法律传统中,引出滋润了五千年中国的源头活水,需要科学地总结和吸收有价值的因素。”[1]因此,有学者针

---

[1] 张晋藩:《中国法律的传统与近代转型》,法律出版社 1997 年版。

对我国法律体系对传统的疏离指出，现在我们要赶紧做的，是往法律体系里掺进一些体现亲属法伦理的制度因素，以矫其偏，以合国情，以使法治能更被人诚悦地接受而更好地发生效力。[1] 如同对传统的关注一样，对于现实的良好把握同样是智者的共同特征，但是我们经常在过去与未来的时间上错位，导致对于现实的误读。有的人误将现代等同于过去。最突出的表现有以下几个方面：其一是将我们现代社会混同于中国历史上的传统社会。中国传统社会是自然经济和农业经济的社会，也是家族主义和专制主义的社会，与今天相比较实在是相去甚远。然而在现实中，我们还存在着这样的倾向，即崇尚专制反对民主，崇尚人治反对法治，看不到世界的发展，看不到中国改革开放的历史性进步，看不到中国社会转型性的跨时代飞跃，仿佛中国法制与法治的基础就是那个遥远的旧时代。其二是误将我们现阶段等同于未来社会，拔高中国法治所处的历史阶段，对法治提出不切实际的要求。我国正在现代化的过程之中，一直在进行着现代化的变革，这场变革就是一场接力赛。我们还没有完成现代化。从体制、观念、理论到文化，现代化都还需要不断努力并假以时日。我们离现代化都还有距离，后现代是在现代之后产生的，中国还不具有“后现代”的社会条件。我们所做的，最多是用“后现代”的眼光来审视现代化和现代，利用前车之鉴，努力防止现代化的某些问题发生。如果我们在还没有完成现代化的现在，盲目地批判现代，崇尚“后现代”，就可能阻碍法治现代化的步伐，导致严重的时光倒错。

四、性质：建设与革命

中国法治的历史发展，到今天的法治实践其性质是建设还是革命，

---

[1] 范忠信：《中西法文化的暗合与差异》，中国政法大学出版社 2001 年版，第 345 页。

这也同样是一个重要的问题。有的学者认为,“在20世纪中国法律发展的历史进程中,伴随着三次历史性巨变,产生了三次法律革命,即1911年辛亥革命所引发的第一次法律革命,1949年中国人民大革命胜利所形成的第二次法律革命,以及与1978年改革开放相伴而生的第三次法律革命。”[1]他们所认为的三次法律革命,引发的原因是不同的,前两次法律革命是由革命(包括社会革命和政治革命)所引发的,后一次法律革命则是由社会改革所引发的。第三次法律革命从其变化之巨来说,称之为革命并无不妥。但我们经常认为不加特别说明的革命并不指改革,而是指社会革命和政治革命。再说,法律革命也不同于社会革命和政治革命。这里所说的“第三次法律革命”确实是以法律改革的方式表现出来的,它更是社会改革(而不是激烈的社会革命)的直接产物,而不是社会革命与政治革命的直接成果,它是法治建设的一种特殊形式与状态。在这一点上,第三次法律革命与前两次法律革命是截然不同的。第三次法律革命实际上是中国法治建设中的巨大变化,是法治建设的独特环节和阶段。中国正在进行的法治建设是在完成了社会革命和政治革命的基础上,正在进行的社会建设事业。在社会和法治发展中错把建设当革命,错用革命代建设都会导致严重的失误。

(一)以革命建立法治的政治前提

人类社会一进入法律社会,首先并不是法治,而是人治。只是,这种人治可能是开明的也可能是专制的。但即使是开明的人治,也还不是民主,也还不是法治。法治都是从人治的基础上发展形成的,是人类总结社会管理经验,总结人治教训的理性成果。在法律产生以后的社会发展之中,特别是在从人治向法治的转换之中,都是通过革命性的变

[1] 公丕祥主编:《当代中国的法律革命》,法律出版社1999年版,第38~39页。

革来完成这一质变的。中国现代法治也是以革命性的变革甚至是直接以革命作为动力来建立政治前提的。为什么这样认为，可以从这样几个方面来思考：

第一，中国传统社会的专制制度，决定了法治的政治前提必须依赖革命才能得以建立。封建统治时期的中国是一个政治专制的国家。"中国封建社会君主专制的集权程度，总趋势是愈益强化，皇帝本人集立法、司法、行政、军事指挥大权于一身，将中央集权推至极端。"[1]"皇帝集权的法律形式是'口含天宪'，言出法行。一言兴邦，一言丧邦，全在帝王意志的须臾闪念之中。"[2]高度集权，皇权至上，是中国封建社会的政治状况。封建社会的法制不过是封建专制的附庸和工具。法治与专制是根本对立的。法治强调的是对权力的约束，而专制的特性就是不受约束。在专制与法治之间，天然地存在不可调和的矛盾，存在本质冲突，在专制之下绝对没有法治可言。法治反对专制，同样专制也会反对法治。法治是无法与专制相共融的。要推行法治就必须推翻专制，而任何专制都不会自动地退出历史舞台。即使到了行将就木的时候，也还会垂死挣扎。任何专制权力都不可能自动地退出历史舞台，或者自动地让位于民主与法治，要推翻专制常常只能依赖革命。因此，要使法治得以建立，就必须采用革命的手段推翻专制制度。

第二，传统社会的人治体制必须依靠革命才能打破。传统社会的人治体制经历了数千年的发展，到了清末已经十分僵化而固定。它依靠的是政治领袖少数人甚至是个人的智慧，是与专制相联系而并存的。中国的人治经过历史的发展，早已是体制性和制度性的人治。它是在中国几千年的社会发展与流变中培育起来的，到了清末已经是固定的

---

[1] 冯天瑜、何晓明、周积明：《中华文化史》，上海人民出版社 1990 年版，第 218 页。

[2] 冯天瑜、何晓明、周积明：《中华文化史》，上海人民出版社 1990 年版，第 218 页。

体制和制度了。对于这种体制性和制度性的人治,是不能依靠法治来消除的。法治是对人治的反动,是对人治的否定,但是法治本身并不具有摧毁人治的革命力量。法治的建立必须以民主的政治为前提,这个政治前提只有依赖革命才能得以建立。没有革命的发生和质变,社会与法治必将在既有的轨道上滑行。“法治与人治之间存在着根本的对立,是不能相互‘结合’的。”〔1〕因此,摧毁人治体制和制度的重任必然落在革命的身上。

中国法治正是在革命的基础上全面启动的。在清末,我们的改制是在维护皇权之下进行的,是皇权在上的法治。它必然具有不彻底性。清末改制的历史贡献是巨大的,但是终究是在皇权之下展开的,当然是非现代非民主的。辛亥革命正是否定专制和人治的十分坚决的革命手段。在这一革命中,封建专制与人治的堡垒——封建帝制被推翻了。中华民国时期的法治就是革命性变革的产物。人治随着封建制度的形式上的被推翻而隐形。由于中国社会的资本主义发展遭遇了帝国主义入侵的干扰,它对封建的革命并不具有彻底的性质。所以中国封建社会之后是半殖民地半封建社会。在那个社会中,有着对封建制度的妥协。后来的革命在以革命力量推翻半殖民地半封建统治之后,对中国法律与法治予以了唯物史观的审视,开始了新型法治的建构。20 世纪中叶,中国的法治建设揭开了新的篇章。

(二)以建设推进法治的发展完善

“晚清修律是中国法律近代转型的开端,此后经过中华民国,至新中国成立,再到今天的改革开放是中国法律向现代化的目标前进所经

〔1〕 李步云:《走向法治》,湖南人民出版社 1998 年版,第 107 页。

历的几个阶段。”[1]清末,中国现代法治开始萌生。如果认为清末改制还只是社会改革的话,中国共产党领导的无产阶级革命则是严格意义的真正革命。通过革命的洗礼,人治在体制性和制度性上遭到了致命打击,法治伴随着革命的成功而起步,随着社会的发展而不断推进。法治建设成为了新时代的旋律。为什么社会发展及其法治在经历革命之后还需要建设呢?

政治专制与人治统治被推翻后,需要以法治建设作为后续措施。刚刚经历了社会巨变之后,尤其需要社会的快速发展建设新的社会。建设就成为新时代的主题。从制度的意义上讲,对人治的体制和制度进行革命后,人治体制和制度被推翻了,新的法治体制与制度必须建立,以取代旧的体制和制度。没有新的体制和制度,旧的体制和制度就会继续发挥作用,甚至死灰复燃。这是一件除旧布新的工作,没有它就无法使社会有序发展。建设法治也就是除旧之后的布新。从思想文化的意义上讲,传统专制和人治的国家即使发生和经历了革命,专制与人治的余毒也不可能在短期内肃清。作为一种文化,它不仅是以体制和制度状态存在的,它更以文化和心理的状态存在。这就使得我们在摧毁了体制和制度性的专制与人治之后,在思想、文化、意识、心理层面都还有一个重新建设问题。没有新的法治文化建设,旧的制度及其思想文化就有立足之地,社会就难以彻底清除专制与人治的影响。因此,对法治进行不断的建设式的推进,是革命之后新型法治体制建构与文化发展的必然。

法治所依赖的社会发展是渐进的过程。法治的完善是一个渐进的过程,是由社会发展的渐进性所决定的。社会发展总是渐进的,社会政治、经济、文化都需要建设。新型政治制度的确立并不等于新型制度的

---

〔1〕 张晋藩:《中国法律的传统与近代转型》,法律出版社 1997 年版。

完善。制度从确立到完善还有一个历史发展过程。经济和经济基础的发展,也是渐进的。法制现代化必须以市场经济为基础,市场经济也需要在历史中发展完善。“所谓法制现代化,就是要建立起一套与现代化市场经济相适应的法律制度,以取代过去建立在自然经济和计划经济基础上的传统法律制度。市场经济是法制现代化的根本动力,是我们研究法制现代化的逻辑起点。”〔1〕没有市场经济就没有现代法治。现代法治所依赖的市场经济是逐步发展形成的,这也同样决定了法治本身必须依赖与经济发展同步的建设过程。社会文化的建构也是一个历史发展过程。社会的文化建设是社会法治建设的基础与条件。文化发展的渐进性也制约着法治发展的渐进性。法治也许会有超前发展,但是在总体上,社会政治、经济、文化的发展总是法治发展的前提与基础,甚至是法治发展的动力之所在。“现代社会与传统社会尽管可能同样使用了法治这个语词,但它们的社会实践的内容却有一个巨大的质的变化,引发这一变化的是社会变迁,是现代化这个巨大的工程。”〔2〕社会现代化需要我们努力地建设。

法治发展是一个以建设作为动力的渐进过程。法治制度的建构,体制的完善,机制的完备都不是短期可以完成的,它需要的是一个历史的过程。而且这一过程是随着时间的推演而不断推演的,更是随着体制、制度、措施的科学累加而完备的。就是发展到完备状态的法治也还会在社会发展之中出现不完备。在某一个时期相对完备的法治,随着时代的发展也会变得不那么完备而需要进一步发展。法治本身的渐进性质,决定了法治发展是一个渐进过程。

以建设推进法治与以革命推进法治有着重大的差异。以革命推进

〔1〕 郝铁川:《儒家思想与当代中国法治》,河南大学出版社1994年版,第284页。

〔2〕 苏力:《道路通向城市——转型中国的法治》,法律出版社2004年版,第6页。

的法治变革,是法治的突变,带来的是法和法治的本质性转化。社会因革命而获得巨大的进步,社会也因革命而付出巨大的代价。革命可以分为暴力革命与非暴力革命两类。越是在生产力高度发达的阶段,革命尤其是暴力革命的代价会越沉重。在现代化的背景之下,暴力革命的损失和代价会更加巨大。革命实在是社会需要突变的产物,也可以说是社会不得已而为之的选择。随意地用革命的方式以解决社会冲突并不是负责的态度。尤其是在社会性质并不发生质变的情况下,革命的代价实在是不必要的。因为,这些代价最终都是由人民来承担的,任何人都必须对人民负责。社会或者法治若能通过改革而获得进步,就不必也不能使用革命的手段,否则冲动的结果是由人民承受不该承受的代价、蒙受不该蒙受的损失,阻碍社会的正常发展。对此,必须以对人民高度负责的精神来认识和决策。

以建设推进法治就需要我们从革命的心态调整为建设的心态,以建设的方式与方法来推进法治的发展。法治建设必须处理好建设与破坏、愿望与行动的关系。破坏仅仅是手段,建设才是目的。没有建设的破坏,只能是灾难和混乱,绝对不是人民和社会的福音。为建设而破坏,是以建设作为目标的破坏,其破坏的对象本身就是应该被破坏的,因为它已经成为建设的阻碍。为建设而进行的破坏可以认为是建设的构成部分。如果破坏的目的不是为着建设,仅仅是以破坏自身作为目的,那样的破坏将是灾难。以建设推进法治坚决反对为破坏而破坏的不负责任的心理态度与客观行为。法治建设,必须处理好愿望与行动的关系。我们在主观上期望法治能够突飞猛进,但是建设中的法治总是缓慢的,而且总需要我们持之以恒地不懈努力。这种建设应该包括很多方面,但是实实在在地增强法律权威性和有效性,是法治建设中最基本的任务,也是社会领域法治建设的核心主题。增强法律权威性和有效性就是要实现法律至上。法律至上的境界不是一时达成的。它需要一个漫长的过程,这个过程必须靠逐步增强法律的权威性和有效性来充实。

以建设推进法治的过程中,改革总是与法治建设相伴随的。以建设推进法治意味着以下几点:其一,法治建设是不断推进的。建设中的法治总是阶段性的。最终的法治结果状态乃至中间的任何一个结点,都是若干个阶段的总和,或者是不断推进的改革的阶段性情形。其二,改革是法治建设的动力。改革为法治建设,尤其是为法律量的巨大变化提供了手段和途径。改革是一种强大的推动力,是建设过程中的重大变革。其三,改革是法治建设的记录。法治的进步是全方位的,每个方面的进步都是对既有体制包括制度和机制的改革。改革是法治进步的动力,也是对法治进步的确认。每一次、每一个改革措施都是法治进步的足迹。改革本身也是渐进的,它意味着是一个递进的发展过程。在社会的发展中,法治也许逐步地不适应社会发展的需要,经过一个阶段的法治改革,它又适应了社会发展。但是这种适应总是暂时的,随着社会的进一步发展,法治还会出现不适应社会发展的情形,改革又将再次成为必要。不适应的情形不断重复地发生,牵动着改革的不断重复进行。改革不断地推动社会发展,也不断地推动法治发展和社会发展相适应。改革推动着法治建设的发展。有了对于法治建设与改革发展关系的认识。我们就应该将法治建设与改革发展结合起来,始终将改革作为建设的动力。有了这样的认识,就应该将法治建设与整个改革结合起来,将整个社会改革作为法治建设的时代背景和内在动力,使法治建设与社会改革相协调,并通过改革而进步、完善。

【附记:本文发表于《政法论坛》2007年第5期,有删改】

2. 中国法治建设的模式

行为模式与行为目标具有内在的联系，对于行为结果具有决定性的意义。任何一个后法治国家启动法治时都必然存在关于法治的行为模式的选择问题。中国社会和法学家们也对中国法治建设的行为模式进行了十分有益的探索，提出了各种主张。我认为中国的法治建设的模式应当选择以国家推进为外在动力，民众推进为内在根据；以国家推进为主导，民众推进为主体的国家推进与民众推进相结合的合力推进模式。

一、中国法治建设的行为模式选择

中国法治建设的模式选择的问题，是从中国法治建设的道路选择的角度被提出来的。

有的学者认为，可供选择的中国法治建设的道路为政府推进型的法治和社会演进型的法治。[1] 据此进行道路设计，其行为模式中行为主体不同（一是政

〔1〕 参见蒋立山：《中国法制现代化建设特征分析》，载《中外法学》1995 年第 4 期。

府,二是社会),行为方式也不同(一是推进,二是演进)。有的学者认为,中国法治的道路为政府推进和社会推进。[1] 据此进行道路设计,其行为方式是相同的,其主体则不同(一为政府,二为社会)。

有的学者认为,中国法治只能依靠政府推进,“选择强制的法治模式,即国家强行实施法治”。“中国只有选择在社会各个领域全面、强制推行法治,才可望在短时期内改变中国法治的落后面貌。”[2]有的学者认为,法治建设只能依靠社会的演进。其理由主要是“人的理性认识和判断能力的局限性,决定了人们不可能按预先设定的计划去构建完备的法治秩序。法治和整个进程一样,在相当程度上是一个自发演进的过程。”[3]也有学者认为“中国法治应该走政府推进型与社会推进型相结合的道路,以政府推进法制的改革为主导,辅之以社会民间自然生存的具有现代法制精神的制度、规范和力量。”[4]

针对中国法学界对于法治理论的有关研究,有的学者将其概括为改良主义法治论方案、历史主义法治论方案和折中主义法治论方案。改良主义法治论方案强调国家在法治建构中的主导地位,认为中国目前还处在向法治转变的历史过程中,法制建设主要还是一种政府推进型的法制,其前景在很大程度上,取决于政府对法制目标和实现步骤的战略设计与思考,取决于国家对近期行动计划与长远目标行动的统筹谋划和适时合理推进的结果。历史主义法治论方案认为中国依法治国、法治现代化的实现是一个渐进的历史过程,作为一种制度的现代化

---

〔1〕 参见舒国滢:《中国法治建构的历史语境及其面临的问题》,载《社会科学战线》1996年第6期。

〔2〕 汪太贤:《跨世纪的中国法治建设》,载卓泽渊主编:《法理学》,法律出版社1998年版,第434页。

〔3〕 叶传星:《论法治的人性基础》,载《天津社会科学》1997年第2期。

〔4〕 舒国滢:《中国法治建构的历史语境及其面临的问题》,载《社会科学战线》1996年第6期。

法治不可能靠“变法”或移植来建立，而必须依靠中国人民的实践，利用本土资源，重视社会活动中形成的习惯、惯例和传统。折中主义法治论方案，主张中国的法治化应当走政府推进型与社会推进型相结合的道路，以政府推进依法治国、进行法制改革为主导，辅之以社会自然生成的具有现代法治精神的制度规范和力量。〔1〕

综观有关观点，对于法治建设的模式，各观点普遍将国家强力推行法治的模式称为政府推进。这种被称为“政府推进”的推进模式，实际上是国家推进模式。对此模式，我以为称为“国家推进”更为恰当。因为政府一词可能被理解为政治权力，也可能被理解为与议会、法院相对应的政权组织。而“国家”可以比“政府”更准确地表达政治权力机构的意思。

与国家推进相并行的，可能是社会演进，也可能是社会推进、民众推进。社会演进、社会推进、民众推进是在不完全相同的意义上，与国家推进相对应的另一种模式。我以为，就行为主体而言，民众是一个比社会更为具体，更具有生动性与活动力的主体，而他们才是国家最终的基础。再说，社会在广义上包括国家。如果从这个层面来理解，还可能因“社会”一词而导致其与国家的无法分别或存在认识上的误解。因此，我认为，与国家推进相并存的另一个主要推进力量，最好称为“民众推进”。

我们应选择的模式应当是建设以国家推进为主导的，国家推进与民众推进相统一的模式。

二、国家推进是法治建设模式中的主导因素

法治建设的模式是一个整体。它由多种因素构成。其中最主要的

---

〔1〕 参见刘瀚、李林：《依法治国问题研究概览》，载《人民日报》1998年5月9日，第5版。

力量,一个是国家推进力量,另一个是民众推进力量。在这两个力量因素中,国家推进的因素起着主导作用。

中国法治建设之所以需要国家推进作为主导力量,是因为中国社会过去缺乏法治传统。没有法治传统的国家要进行法治建设,国家推进是最基本和最必要的模式。传统对于任何国家和民族的发展都具有某种倾向和定式的意义。在没有足够外力的作用下,任何一个国家或民族都会沿着其传统所固化的方向继续向前发展或者自发流变。中国传统社会中所拥有的是人治传统。人治与法治是根本对立的。在中国推行法治,如果没有国家的强力推行,是不可能取得成功的。中国法治建设之所以需要国家推进作为主导,是因为中国传统社会缺乏足够的法治基础。一国的法治建设需要必要的、与法治建设相适应的经济基础、政治基础、文化基础、道德基础等。它们都是一国法治建设得以成功的基本依据和客观保障。法治的建立要依赖社会的政治、经济、文化、道德、意识等各个方面的现实基础及其相互配合,它是一种整体状态。走向法治已经是坚定不移的目标,那么,作为主导力量的国家推进就成为法治建设的必然选择。

中国法治建设之所以需要国家推进作主导,是因为中国有崇尚政治权力的传统文化。这种传统,会在一定程度上成为法治建设的障碍,也会在一定程度上成为法治的启动力量和推进力量。在没有法治传统的国家,启动法治建设的时候,权力对于法治的倡导,无疑具有重要的,甚至不可缺少的意义。在这种情形之下,不是我们是否选择国家推进的问题,而是不得不依靠国家推进。完全可以说,没有国家的引导,中国法治建设根本就无法进行。因为,非国家推进的法治,在民众心目中会因缺乏足够的权威而难以推行。

中国法治建设之所以需要国家推进作主导,是因为中国有服从权力的社会心理。简单地服从权力,必然会影响民主,甚至也可能破坏法治,然而在一个崇尚权力的社会中,要实现法治,又必须依靠权力的引导。在中国民众普遍的意识或者观念之中,权力始终具有崇高的地位。反对权力往往都是在权力出现严重异化,以至于会影响民众生存的时候,才不得已而为之。在这种心理状态无法彻底改变情况下进行法治建设,就必须考虑到它的存在与性质,以使我们的法治建设在这种客观的心理条件下得以顺利进行。作为一种社会心理,它有受传统影响的一面,是传统发展到现代的结果。社会心理更有在现实社会中生成、延展和发挥作用的一面。它是现实社会发展所必须考虑而不可回避的因素。在权力服从构成普遍心理的社会中,法治作为一种治国方略不依靠权力的启动是根本不可能建立的。

三、民众推进是法治建设模式中的必要力量

民众是任何社会法治建设的最深刻的社会基础。没有全社会民众的参与,法治至多只是社会管理者的理想或社会先进分子的期望,而无法成为客观的社会现实。一个社会的法治化最根本的还在于其社会成员思想意识、社会行为的法治化。中国的法治建设也概莫能外。

民众是法治建设的最终推动力量。真正的法治必然要求民主和推进民主。法治和民主都必然包含着对于权力的制约。任何政治权力要自始至终自觉接受法律的约束,坚持法律至上,是难以做到的。尤其是在法律要直接制约政治权力的时候,更难保证法治建设的顺利进行。这时,人民对于国家权力的决定与监督就成为法治建设的要求与内容。人民享有对国家权力实行监督与制约的权利,人民大众当然是法治建设中最不可忽视的、根本性的决定力量。

中国法制和法治的历史事实充分说明,没有民众的参与是不可能成功地进行法治建设的。中国 20 世纪之初的戊戌变法,就是由一批具有先进意识和革新精神的知识分子所发动的政治运动。他们满腔热忱

地期望能够通过自己的奋斗实现包括法治在内的政治理想,但他们失败了。从一定意义上说,戊戌变法之后,中国的优秀分子一直在寻找走向法治的道路,并身体力行地进行着法治建设。没有民众的参与,任何先知先觉都无能为力。历史发展到当代,民主已经成为普遍的世界潮流。现代世界各国的民主化浪潮不断高涨。在当代中国的发展中,民众发挥了极为重要的作用。民众的当家作主意识明显增强,逐步获得了普遍的社会认同,形成了社会共识。法治建设事关中国社会的未来走向和兴衰荣辱,是对传统社会的革命性变革。这一伟大的社会实践如果没有民众的参与,根本就不可能被切实发动和顺利推进。

四、国家推进与民众推进相结合的合力推进模式,是中国法治建设的最佳选择

反对国家推进的观点,是失之偏颇的。有的学者反对法治建设的国家推进。我以为,这是对国家推进型法治道路的误解。因为,国家推进并不必然要把民众推到被动的、被管理的位置。国家推进仅仅是指在法治建设中政治权力发挥着主导性的作用,是法治建设最直接的主导力量。其最深刻的社会基础还在于人民大众。民众在其中并不是无能为力或无足轻重的。以为强调国家推进就会忽视民众意义的观点,显然是失之偏颇的。

忽视民众力量的观点,也是失之偏颇的。民众对于任何社会的发展都具有最终决定者的意义,法治建设也不例外。具体地说,有以下几点:其一,民众是国家的基础,是一切政治权力的终极来源,对于一切权利属于人民的中华人民共和国尤其应当如此。其二,国家推进的法治建设只有得到民众的理解、支持与参与,才可能获得最强大的支持力量。其三,国家推进的法治建设只有依靠民众的合力,才可能演化成社

会客观的法治实践。

国家推进与民众推进二者之间,以国家推进为外在动力,以民众推进为内在根据,以国家推进为主导,以民众推进为主体。两种力量从不同角度共同作用于法治建设,形成推动法治发展的强大合力,更好地推进法治建设,使法治得到更大的发展。

【附记:本文原题为“略论中国法治建设的模式——国家推进与民众推进的合力推进模式”,发表于《重庆行政》2000 年第 2 期】

3. 影响中国法治建设的外在因素

21 世纪,中国法治建设将受到哪些外在因素的影响,这是人们关注的重要问题之一。笔者以为改革与发展、冲突与互动、和平与稳定将是影响中国法治乃至整个社会发展重要的外在因素。在此仅就其中主要的外在因素以及它们对法治建设可能产生的影响做一个简要的论述。

一、改革与发展

当前,中国市场经济体制在配置资源中日益明显地发挥基础性和决定性作用,我们还要突破影响生产力发展的体制性障碍,逐步完善市场经济体制。市场经济体制的完善程度制约着经济发展的速度。市场经济体制与经济发展状况分别或共同地决定着法治发展的速度与进程。中国经济和经济体制对于法治的影响,在 21 世纪可能得到更大的显现。

如果认为经济对于法治的决定作用主要是最终意义上的,那么政治对于法治的制约却是十分直接的。法治总是与民主政治相伴随,不民主的政治之树断然开不出法治之花，也结不出法治之果。法治对于政治生活的规范，都得以政治民主作为基点。法治对于政治生活的规范程度和水平是一个国家法治状态的表征。中国政治体制改革的任务还十分艰巨。与经济体制改革的推进相比较，可以肯定地说，政治体制改革的推进要困难得多。推进得过快，容易引起不良的社会后果；如果过慢，经济体制改革和其他方面的改革也会因此而受阻，延缓改革发展的速度，影响改革发展的进程。

改革与发展是一项涉及全社会的伟大事业，不仅限于经济和政治这两个方面。在文化、科技、教育等各个方面都有改革和发展的问题，它们在不同程度和不同方面影响着法治发展。如果要大力推进法治，整个改革和发展事业的推进都是法治发展不可缺少的重要基础和条件。法治的状况与整个改革和发展的进程都息息相关。

二、冲突与互动

世界经济一体化的进程愈来愈快，各国经济体制与相关法律规则上的协调日益成为必须和现实。中国自改革开放以来就有了自己的经济体制与相应法制怎么与国际社会的普遍规则相协调的问题。新世纪这个问题会更加凸显。因为，新世纪是在中国即将加入世界贸易组织的时候到来的，中国的市场经济体制与世界贸易组织规则的冲突必然会现实化和表面化。其冲突与协调都会客观存在，法治建设就会出现与之相应的外在表现。这些冲突能够顺利地解决，法治就可能得到顺利发展；这些冲突的解决受阻，法治就可能出现停滞。中国与世界的互动与冲突并不仅仅表现在经济层面，政治、文化的相互影响会逐步加大，彼此的冲突也会凸显出来。意识形态的差异是构成冲突的首要原因，也是最为敏感的原因。社会制度与意识形态的冲突并没有消除，而且还在更加广泛的范围中表现出来。既有的文化是民族与民族之间的区别所在,也是冲突所在。中国累积了数千年的文明,显然具有自己的特色。文化上的冲突并不亚于其他方面的冲突,甚至会成为其他冲突的诱因。中国与世界在各个层面或者方面的冲突与互动情形将直接影响中国法治的发展。

有冲突就有互动。互动有恶性和良性之分。冲突发生后,各国能理智地对待,用良性互动加以解决,世界就可以得到安宁,经济、政治、文化就会以最小的损耗获得发展的机遇,法治也不会受到或者很少受到冲突的影响而继续发展。否则,以恶性互动来对待冲突,各国都可能为此付出沉重的代价,最终导致各国都得不偿失,相关各国也许会付出法治迟延发展的代价。作为正在进行法治建设的中国,尤其需要安全稳定的国际环境。面对冲突力求以良性互动的方式加以解决,为法治的发展提供一个有利的国际环境。

冲突与互动并不仅仅体现在国际方面,就国内的各个方面来说,也有出现冲突的可能。改革与发展本身就有许多冲突存在。在国内冲突的各个问题上,如果冲突着的各个方面都能够以良性的互动态度相待,冲突就可以得到很好的解决,法治也将获得较好的生成与发展空间。法治不仅不会因为冲突而受到阻碍,还可能因冲突的解决而进步与完善。

三、和平与稳定

现代世界,政治、经济、文化的联系愈来愈紧密。国际环境和平与否直接影响着一个国家的发展速度。任何时候,战争带给人民的都只是灾难。一旦本国或者邻国卷入战争,中国就会受到牵制,经济发展和政治民主化进程就会受到影响,法治的发展同样会受到影响。维护世界和平是中国的基本国策。中国尤其需要一个安全稳定的国际环境来发展自己的经济,推进自己的民主,完善自己的法治。

如果认为国际环境对于一国的法治化具有重要影响,一国自己国内的秩序状况更是与其法治发展息息相关。一个动荡的国家,是不可能进行法治建设的。任何国家一旦陷入混乱与动乱之中,国家和社会的注意力都会转向混乱或动乱本身。经济建设、民主政治、法治发展都无一例外地会被搁置起来;等到国内的秩序恢复,才可能被重新提起,那些因混乱或动乱而破坏的法治则必须加以重建。中国要推进法治,国际社会乱不得,国内秩序更乱不得。国内混乱或者动乱必将极大程度地妨碍法治化进程,阻碍法治发展。

中国法治发展的情形与所处的国际环境和国内秩序状态具有十分密切的联系。21 世纪的中国不仅要谋求国际和平,而且要谋求国内稳定。国际和平与国内稳定的有机结合,构成了中国法治发展最好的时代场景。我们应抓住历史机遇,将法治不断推进,使中国各项事业都因法治的发展而发展,因法治的完备而得到更加顺利的推进。

【附记:本文发表于《学习与探索》2001 年 8 月,并为新华文摘《新华文摘》2001 年第 10 期转载】

4. 中国特色社会主义法治理论

中国特色社会主义法治理论是在中国特色社会主义法治建设中提出并不断完善的。中国特色社会主义法治理论内容极为丰富。法治道路、法治体系乃至法治原则等重大问题构成了社会主义法治理论的主要内容。

一、中国特色社会主义的法治理论

中国特色社会主义法治理论具有极为重要的意义。它是中国特色社会主义法治体系的理论指导和学理支撑,是全面推进依法治国的行动指南。我们必须从基本国情出发,同改革开放不断深化相适应,总结和运用中国特色社会主义法治建设的成功经验,围绕社会主义法治建设重大理论和实践问题,推动中国特色社会主义法治理论的建设与创新,加快建设社会主义法治理论,推进全面依法治国的法治事业。

(一)中国特色社会主义法治理论的重大意义

从总体上看,中国特色社会主义法治理论对于法治建设来说具有理论指导与学理支撑的双重意义。

中国特色社会主义法治理论是全面依法治国的理论指导。全面依法治国是一个庞大的社会工程。在这个伟大工程的建设中,必须要有应有的理论指导。没有理论的社会行为必然是相关主体的盲动。我们必须强调理论指导的重要意义。我国正在推进的法治建设事业,在世界上是绝无仅有的,在中国是前无古人的。理论指导可以使我们明确方向、确定路径、选择措施、修正错误,沿着正确的道路不断前行。我们正在推进的依法治国事业离不开科学的法治理论。

中国特色社会主义法治理论是全面依法治国的学理支撑。如果说理论指导是理论引导作用的体现,那么理论支撑则是理论的基础作用的实现。如果把法治看作一个社会建设过程,法治建设就不能是随意进行的,它必须要有足够的学理依据。如果把法治看作一个社会建设的大厦,法治同样必须具备应有的基石。这些基石有社会的,也有学理的。既有现实的基础又有理论的基础,法治就可以因此而基础牢固,坚若磐石。没有学理支撑的法治建设,就可能因为理论的欠缺遭遇挫折,遭致失败;法治的大厦也可能因为基础不牢而坍塌。

(二)我们需要什么样的法治理论

我们必须明确创新法治理论的目的,必须明确我们需要什么样的法治理论。我们的创新不是要去违背人类共同的、一般的法治认知与法治理论,而是要在其基础上创造出与国情、与时代、与使命相适应的理论学说。要使我们的法治既是人类共同的、一般的,也是中国特色的、具体的,我们需要的是立足国情、适应时代、着眼使命的法治理论。

一是立足国情的法治理论。中国的法治建设必须植根现实国情,从实际出发。我们既要仰望星空,更要脚踏实地。中国特色社会主义法治理论,首先就要从中国国情出发。这是我们政治、法律等一切重大决定的出发点。国情的内容异常丰富,包括我国处于社会主义初级阶段的客观现实;包括地理区位、国际环境、资源分布、气候条件;包括经济、政治、文化、社会及其发展的实际状况;包括各种社会关系和社会矛盾;包括历史文化、传统习俗、民族心理等。

二是与时俱进的法治理论。人类的法治是一个不断发展的过程。不同时代有不同的法治需求,法治理论必须与时俱进。从中国自身来说,我们处于一个改革开放的时代。必须从现实的改革开放的实际需要出发来构建我们的法治理论。这一理论必须能阐释我们为什么要改革开放,为什么要深化改革、扩大开放,应该如何深化改革、扩大开放,法治应该如何推动改革深化与开放发展等。从国际上来看,我们正处于一个全球化的时代。这个时代必须具有世界眼光、战略思维,必须置于国际大背景之下来考虑中国的法治建设。要坚持并继续推动对外开放,首先要明白为什么必须对外开放,厘清一个开放的中国具有什么样的意义,其中当然包含着对我们自己,对国际社会,乃至对人类发展的意义。要厘清一个开放的中国对于国际和平发展有什么依赖,有什么贡献,要如何运用法治的手段促进国际和平与发展等。法治在国际社会中具有什么样的意义,要运用法治的武器来维护自己的合法权益,制裁国际不法行为,推动国际社会朝着和谐世界的目标前行。必须正确认识国际冲突,及时应对国际冲突,化解国际矛盾,推动国际社会朝着有利于我国现代化建设的方向发展,朝着有利于世界和平发展的方向进步。

三是着眼使命的法治理论。法治建设是为了谁,为了什么,这是必须弄明白的问题。我们的法治是为了人民,为了人民的当家作主,为了人民的合法权益,为了人民的和谐幸福。离开这些去谈法治,都是对法治本质的背叛,也是对法治的严重误读。全面建成小康社会,建设社会主义现代化强国,实现中华民族伟大复兴的中国梦,都会对法治提出新的要求。不断满足这些法治要求,法治发展了,我们的事业也进步了。法治不仅是我们的一种事业,而且关乎整个社会主义事业,它具有全局性、整体性。因此,对于法治与我们中国特色社会主义建设事业的关系,要有全面的认识。

依法治国并不是简单的社会实践,它必须以一系列基本而重大的理论为指导。这些理论既是法治理论又是政治理论,我们要改革治国理政的方式,就必须对既有的法治理论乃至政治理论作出坚决的更新。必须从理论上回答一系列现实问题,并以此为契机,创新法学理论,建构中国特色社会主义法治理论。我们需要依法治国时代的新理论。太多太多的理论问题需要研究,太多太多的现实问题需要解决。现实中国需要的是理论创新和创新理论,而绝不是到历史失误中搜寻错误理论并将其起死回生。我们必须从中国的实际出发,从中国改革发展的实际需要出发,从中国依法治国的实践需要出发,来创新我们的理论。

二、中国特色社会主义法治的道路

中国特色社会主义法治道路是在中国进行法治建设的成就和经验的集中体现,是我国建设社会主义法治国家的正确道路,是中国唯一正确的法治之路。中国特色社会主义法治道路是在社会主义建设中不懈探索、不断试错、不断取得重大成就的历史过程中找到的。

(一)中国特色社会主义法治道路的内涵

中国特色社会主义法治道路是一条独特的法治道路。它既尊重社会发展的一般规律、法治规律,但是其具体的实践,又不司于历史上和现实中其他的法治道路。

首先,它不同于西方资本主义的法治道路。资本主义法治道路是与资产阶级的诉求和资本主义社会相适应的上层建筑。作为资本主义的上层建筑的构成部分,必然受制于资本主义的社会制度和政治制度。中国特色的社会主义法治理论是与社会主义社会制度相适应的,它是社会主义理论的重要构成部分。社会主义是对法治的政治定性也是本质规定,确定了社会主义法治的方向与目标。

其次,它不同于其他社会主义国家的法治道路。由于各个社会主义国家的国情不同,我们不可能抄袭或者照搬任何社会主义法治国家的模式。我们在自己的发展历程中经历了无数的挫折,也获得了巨大的成功。这些失败的教训和成功的经验都是宝贵的财富。它们得出了必须依法治国的结论,也开始了依法治国的伟大实践。但是各国的国情不同,包括经济、政治、历史、文化、民族结构等方面的不同,必然有自己的具体路径和方式。因此,即使是社会主义国家,其法治建设也不会完全相同。中国的法治道路也只能是中国特色的社会主义法治道路。

最后,它也不同于历史上清王朝和国民党的法治道路。中国的现代法治建设肇始于清末,国民党在清王朝的基础上将中国法治推向了前进。这些都是在时间意义上的基础,我们理当予以理性的对待。他们对于现代法律体系的探索,对于现代法律制度的尝试,都是有益的,但是他们都没有能够将中国建成一个法治国家。现在,我们开启了依法治国事业,为社会主义法治在中国的建立开辟了新的道路。立足于既有的历史基础,又创新发展,开辟新的道路,是中国法治发展的必然选择。

这条道路的中国特色是显而易见和不言而喻的。这条道路是尊重人类社会发展规律、法治发展规律,立足中国国情,借鉴其他国家法治经验教训而摸索出来的。这条道路,是中国特色社会主义法治国家建设的必由之路。

(二)体现规律与符合实际的独特的法治之路

中国特色社会主义法治道路从应然来看,是体现社会发展规律、符合中国实际、具有中国特色的崭新的法治之路。

它应该是一条体现社会发展规律的道路。人类社会总是不断向前发展的,不断发展的人类社会有其基本的历史规律。从人治向法治的转变,是人类在国家与社会治理方式上的共同走向,也是当今世界的时代潮流。它体现了人类社会的发展规律,是人类进行国家和社会治理的经验总结。人治的产生有其经济基础、政治前提和文化条件。当这些都发生了变化的时候,人治的治国理政方式就必然为新的方式所取代。正如专制必然为民主所代替一样,人治必然为法治所代替。从人治向法治的转变,是人类发展进步的必然,也是其发展进步的重要标志。治国理政的方式必须始终尊重和顺应社会发展规律,与时俱进。我国是社会主义法治的努力实践者,对国家治理与社会治理,一直进行着艰苦的探索、既遭受了许多失败,也赢得了无数成功。这些失败的教训和成功的经验都熔铸成了相应的历史结论、发展目标,都有助于我们做出科学的道路选择。这条道路它符合人类社会的发展,因而它也尊重人类对于法治的一般认知和共同认知,并以相关的法治发展情形作为自己的参照和比较样本。

它应该是一条符合中国实际的道路。实现好、维护好、发展好最广大人民的根本利益是我们一切工作的出发点和立足点,也是我们法治建设的出发点和立足点。全面推进依法治国就是要建设中国特色的社会主义法治体系,建设社会主义法治国家。我们所选择的法治道路就是达成这一总目标的道路,它有其自身的特点,其中一个显著的特点就是:它必须以中国的客观现实为基础,从中国实际出发,符合中国实际。就历史上的法律实践来说,中国古已有之,远可追溯到夏商周;就近代意义的法治来说,亦可在一百年前的中国找到它最初的萌芽。中国近现代的法治实践,历经清末、中华民国时期,一路走来,历史的经验教训都应该吸取,都可以吸取,都需要吸取。中国特色社会主义法治道路并不是对既有法治实践的重复,而是法治发展的全新里程。它以中国现实的经济、政治、文化、生态等为客观基础和时空环境。它要立足中国实际,从现实走向未来。中国特色社会主义法治道路是一条符合中国实际的道路。

它应该是一条具有中国特色的道路。中国特色社会主义法治道路,有别于西方国家的法治道路。如果说西方国家的法治大多数是在历史发展中自发生成的话,中国的法治则是悉心建构的。推进法治建设,是一个有组织、有计划、有步骤的过程。执政党要发挥统一领导、组织协调、积极推进的重大作用。全国人民作为依法治国的最终主体必须积极参与,成为法治发展的深厚基础和根本力量。我们的这条法治道路,是既不同于西方任何资本主义国家,也不同于其他社会主义国家的法治道路,是法治新路,它是既借鉴国外而又扎根本土的法治之路。中国的历史、经济、政治、文化、伦理,以及社会制度、政治制度、经济制度、文化制度等都构成了其中国特色的现实基础。

(三)推进法治中国建设的正确选择

中国特色社会主义法治道路是历史发展的必然选择。历史把这一重任交给了我们,我们没有理由不为了国家和人民去开创法治化的新路,去完成这个民族尚未完成的使命。中国共产党在建立新中国之前就为新中国的法治作出了重要的准备。新中国成立之后,我们的法制建设在短短的数年间就取得了辉煌的成就。从党的十一届三中全会以来,我们党就没有停止过推进法治的步伐。1978 年党的十一届三中全会提出了“发展社会主义民主,健全社会主义法制”的方针。1997 年,党的十五大确定了“依法治国,建设社会主义法治国家”的治国基本方略。1999年全国人民代表大会又将这一治国基本方略写入宪法,使之成为宪法原则。党的十八大要求全面推进依法治国,党的十八届三中全会确认了“法治中国”的目标。我们正在开辟一条符合历史发展趋势的中国法治之路。

这条道路是立足现实的科学选择。中国特色社会主义法治道路的提出,是以国内国际形势这一客观现实作为依据的。就国内来说,首先,其是以我国社会主义初级阶段为基础的。社会主义初级阶段这一历史前提,是我们推动发展、深化改革、实行法治的现实基础。其次,其是以小康社会的进程作为基础的。现在,我国全面建成小康社会的伟大事业进入了决定性阶段,我们必须适应这一时段的要求,推动法治发展。最后,其是以改革发展的阶段作为基础的。改革进入攻坚期和深水区。在国内,我们必须更好地统筹社会力量、平衡社会利益、调节社会关系、规范社会行为。就国际来说,我们必须因应复杂多变的国际局势,坚持和平发展的时代主题。总之,必须充分利用国际形势中对我国有利的局面和因素,紧紧抓住国内发展的战略机遇期。推动包括法治在内的各项社会主义建设事业。基于现实的国内国际情况,面对的改革发展稳定任务之重前所未有,矛盾风险挑战之多前所未有,因而依法治国的地位更加突出、作用更加重大。面对新形势新任务,我们要更好地统筹国内国际两个大局,更好地维护和运用我国发展的重要战略机遇期。要实现经济发展、政治清明、文明昌明、社会公正、生态良好,实现我国和平发展的战略目标,必须更好发挥法治的引领和规范作用。要使我国社会在深刻变革中既生机勃勃又井然有序,就必须走立足中国现实的法治之路。

这条道路是走向未来的理想选择。中国特色社会主义法治道路,是全面建成小康社会、实现中华民族伟大复兴中国梦的必由之路。中国梦内含着中国人民“两个一百年”奋斗目标：一是在中国共产党成立一百年时，我国全面建成小康社会；二是在中华人民共和国成立一百年时，将我国建设成为社会主义现代化强国。在全面建成小康社会的时候，依法治国基本方略全面落实，法治政府基本建成，司法公信力不断提高，人权得到切实尊重和保障。在新中国成立一百年时，我们将建成现代化强国，一个现代化的强国必须是一个现代化的法治国家。我们要为实现“两个一百年”奋斗目标、实现中华民族伟大复兴的中国梦提供有力法治保障。中国特色社会主义法治道路，是全面深化改革、完善和发展中国特色社会主义制度的必由之路。依法治国与中国特色社会主义具有紧密的内在联系，依法治国是中国特色社会主义内在的本质要求和外在的重要保障。我们要走出一条全面深化改革之路，就必须走出一条中国特色的社会主义法治建设之路。中国特色社会主义法治道路，是提高党的执政能力和执政水平的必由之路。中国共产党的执政能力和执政水平是紧密相连的。执政能力是执政水平的基础和保障，执政水平是执政能力的外化和表现。

三、中国特色社会主义法治的原则

建设社会主义法治体系，建成社会主义法治国家，必须坚持一系列重要原则。这些重要原则也就是达成这一总目标的法治之路的总遵循。坚持中国特色社会主义法治原则，也就是坚持中国法治建设的社会主义方向。法治原则是法治建设指导思想的直接体现，是建设法治必须坚持的根本指针，它对于整个法治建设具有决定方向的重大意义。中国特色社会主义法治建设，选择的是一条独特的法治道路，它在历史上前无古人，在现实中缺乏范本。中国要去开创自己的道路，建设社会主义法治体系，建成社会主义法治国家就必须依赖一系列重要原则的指引。因此，我们必须有一系列基本的原则，以确保法治建设的正确推进和顺利推进。中国特色社会主义法治原则是法治建设中极为重要的指导思想和行动指南。

第一,坚持党的领导,坚持依法执政。坚持党的领导,是社会主义法治的根本要求。党的领导与依法治国本来就应当是高度统一的。只有坚持党的领导,才能顺利推进依法治国。只有依法治国,党的领导才能得到科学实现。在依法治国中,坚持党的领导的最好方式和基本方式,就是党的依法执政。依法执政对中国共产党提出了明确的要求:一是党要依据宪法法律治国理政;二是要依据党内法规管党治党。首先,党作为执政党,治国理政是其必须担负的重任。如何治国理政,回答是明确而肯定的,依据宪法法律进行。其次,党自身有一个建设问题,也就是我们所说的党建问题。那就是要依据党内的法规管党治党。中国共产党应当成为一个既遵守宪法法律,又遵守党规党纪的党,一个真正依法执政,努力推进法治、实行法治的党。

第二,坚持人民主体地位,保障人民合法权益。我们必须坚持人民主体地位,切实保障公民享有权利和履行义务。人民既是国家和社会的主人,也是依法治国的主体和力量源泉。人民代表大会制度确立了人民当家作主的主人地位。作为主人的人民,他们行使当家作主权利的方式,就是依照宪法法律规定,通过各种途径和方式管理国家事务,管理经济文化事业,管理社会事务。人民不仅具有国家的主权权利,而且还有各种法定权利。法治建设必须坚持为了人民、依靠人民、造福人民,以保障人民根本利益为出发点和落脚点,保证人民依法享有广泛的权利和自由、承担应尽的义务,维护社会公平正义,促进共同富裕。要让人民掌握、遵守、运用法律,使宪法法律成为保障其自身合法权益的有力武器。

第三,坚持法律面前人人平等,保证宪法法律有效实施。保证公民在法律面前一律平等,尊重和保障人权,保证人民依法享有广泛的权利和自由,守法才能成为全体人民的自觉行动。法律面前人人平等,曾经是历史的梦想。在资产阶级掌握政权之后,法律面前人人平等作为一项法律原则被确立起来,但是他们并没有真正实现它。社会主义把法律面前人人平等写上自己的旗子,用宪法予以明确的确认,使之成为重要的宪法原则。坚持法律面前人人平等,任何组织和个人都必须尊重宪法法律权威,都必须在宪法法律范围内活动,都必须依照宪法法律行使权力或权力、履行职责或义务,都不得有超越宪法法律的特权。其目的就在于维护社会主义法制统一、尊严、权威,切实保证宪法法律有效实施。宪法法律实施,在中国特色社会主义法律体系已经形成的我国目前,具有特别重大的意义。法律制定得再好,也只有通过实施才能充分发挥其效用,产生应有的社会效果。但是只要有人不受法律约束或者违法而不受追究,没有法律面前人人平等,宪法法律就无法得到有效实施,宪法法律也就不可能具有尊严与权威。

第四,坚持依法治国,发挥道德的教化作用。法律是成文的道德,道德是内心的法律。要深刻认识依法治国的重大意义,自觉坚持依法治国,全面推进依法治国,把中国建成社会主义法治国家。坚持全面依法治国,建设社会主义法治国家是我们党领导人民治国理政的基本方略,也是坚定不移的奋斗目标。为此,必须弘扬社会主义核心价值观,既要重视发挥法律的规范作用,又要重视发挥道德的教化作用。要以法治体现道德理念、强化道德对法治的文化支撑作用,实现良法和美德相辅相成。事实上,依法治国作为治国的基本方略,其作用的充分发挥,不仅不否定道德的教化作用,甚而还必须依赖道德的文化支撑。道德的教化作用对法治作用的发挥,对社会文明的发展都具有不可估量的重大价值。在推进依法治国的同时,必须弘扬社会主义美好的道德风尚,使法律成为道德的底线保障,使道德成为法律的伦理追求。

第五,坚持从中国实际出发,推动法治理论创新。我们要一切从中国实际出发,不断推动中国特色社会主义法治理论的创新。坚持从中国实际出发具有丰富的内涵,至少包括着以下几个方面:一是必须从我国基本国情的实际出发。这是中国最大的实际,必须牢牢把握。二是必须从改革开放的实际出发。改革开放是一个发展的过程,我们要从实际出发,就要不断地与改革开放相适应,适时地改进我们的工作,调整我们的政策,完善我们的法律。三是要不断总结和运用党领导人民实行法治的成功经验。这是从实际出发的又一要求。在推进法治的过程中,会不断获得新的经验。这就要求我们一定要适时总结,不断地将改革经验转化为立法成果和制度设计,确保改革步步为营、扎实推进。在坚持从中国实际出发的同时,必须围绕中国特色社会主义法治建设的重大理论和实践问题,推进法治的理论创新。没有理论创新,认识必然浅尝辄止,实践就会止步不前。因此,要不断创新法治理论,并用以指导实践。社会主义法治理论,是依法治国的理论指导和学理支撑,须臾不可离开。必须注意汲取中华法律文化精神,借鉴国外法治有益经验,推动法治理论创新,加快中国特色社会主义法治理论建设。

四、中国特色社会主义法治的任务

中国特色社会主义法治建设的最直接的任务,就是作为全面建成小康社会和实现中华民族伟大复兴中国梦的重要保证,最根本的任务就是建设中国特色的社会主义法治体系,建成社会法治国家。

(一)全面建成小康社会与依法治国

实现中华民族伟大复兴的中国梦,就是要实现国家富强、民族振兴、人民幸福。

全面建成小康社会是中国梦的重要内容。到建党一百年时,实现全面建成小康社会的目标。这一目标包含着方方面面的要求,是我国社会全面发展的综合性指标。在这些目标中,小康社会当然有它对于法治的需要。全面建成小康社会,对法治提出的新要求有哪些?中共十八大报告作出了明确的阐述,即“依法治国基本方略全面落实,法治政府基本建成,司法公信力不断提高,人权得到切实尊重和保障。”从这里我们可以清楚地看到党中央对小康社会与依法治国关系的深刻认识。具体说来,它包含了四个方面的基本内容:一是依法治国基本方略全面落实;二是法治政府基本建成;三是司法公信力不断提高;四是人权得到切实尊重和保障。

全面建成小康社会需要全面推进依法治国并以依法治国为保障。依法治国是现代社会的重要标志与必要保障,离开了依法治国,就不可能有中国社会的科学发展、和谐发展、快速发展和全面发展。推进依法治国既是全面建成小康社会的重要内容,也是其重要保障。全面建成小康社会是我国社会主义建设的现实任务,如同整个社会主义建设一样,离不开依法治国的有力支持和有效保障。全面建成小康社会对依法治国提出了更高要求。小康社会不仅需要现有的依法治国,而且需要更高层次的依法治国。它对依法治国有着更新、更高的要求。这个要求就是:在中国特色社会主义理论体系的指导下,一要全面推进科学立法、严格执法、公正司法、全民守法;二要坚持依法治国、依法执政、依法行政的共同推进;三要坚持法治国家、法治政府、法治社会一体建设。这三个方面就是适应全面建成小康社会需要的重大举措。

(二)社会主义现代化的法治保障

到新中国成立一百年时建成富强民主文明和谐美丽的社会主义现代化强国,这是一个宏伟的目标。这一目标同样依赖依法治国的全面推进。

国家的富强民主文明和谐,需要法治作保障。就富强来说,富强梦是中国梦的重要内容。谋求国家的富强,是中国人民的百年梦想,甚至是一百多年以来的梦想。近代以来,对于积贫积弱的中国来说,富强更是最强烈的愿望。为此,我们历经艰辛、百折不挠走到了今天。随着中国社会主义建设事业的发展,国家的富裕、强盛逐步成为现实。但是必须明白的是,国家的富强不仅是物质的,一定还要有一套先进而科学的制度。没有这样的制度,国家富强的目标无法实现,即使偶然地在某种意义上实现了,也可能由于没有制度保障而坍塌。就民主来说,民主是我们的理想,也是我们不断推进的现实。中国共产党始终都把人民当家作主作为其奋斗目标中基本而重要的方面。但是必须注意的是,民主总是与法治相伴随的,没有民主就没有法治。反之,没有法治也必然没有民主。法治需要以民主作为基础,这已经是人类的经验总结和共同认识,也为中国社会主义建设的历史实践所充分证明。同时,民主的内容和程序也无一不需要法治予以保障。没有法治的制度供给、程序保证,民主就会流于口号,无法成为具体而有序的社会实践。就文明来说,它是一个无限发展、无限递进的过程。文明的内涵异常丰富。现代国家是否文明,除了是否有经济的现代化、政治的民主化等,还有一个极为重要的标志就是有无国家的法治化,有无良好的法治。就和谐来说,它植根于中华文化,是中华民族的重要价值追求。构建社会主义和谐社会,实现永久的社会和谐,是我们重要而现实的目标。没有法治作保障,这一目标根本就不可能得以实现。法治是构建和谐社会的现实路径和根本保证。

社会主义现代化建设需要法治作保障。一百多年前,当中华民族从沉睡中醒来,发现我们已经被世界抛在了后面。于是,赶上世界的发展潮流,实现现代化就成为中国人民的梦想。为此,我们经历了艰苦卓绝的奋斗,付出了极为沉重的代价。无数先烈的牺牲才换来了我们的独立自主与和平发展,才赢得了进行现代化建设的国内条件和国际环境。在社会主义时期,进行现代化建设是历久弥新的历史任务。社会主义现代化,是以当代世界发展的前沿状态作为目标和尺度的。在当今世界,任何现代化的国家,都必须是民主的国家、法治的国家,都必须推行民主,实行法治。社会主义现代化,离不开工业的现代化、农业的现代化、国防的现代化和科技的现代化,也离不开经济的现代化、政治的现代化、文化的现代化乃至社会的现代化等。这所有的现代化都会提出法治化的要求,法治化既是现代化的构成部分,也是现代化的重要保证。我们需要以现代法治来建设和保障现代化。只有实行法治,现代化才能顺利推进并如期成功。也就是说,法治化对于整个现代化来说,具有作为内容之一与重要保障的双重意义,我们必须着力法治建设,全面推进依法治国。

(三)中国梦与法治中国建设

实现中华民族伟大复兴的中国梦,是中华民族的梦想,更是新时代中国共产党人崇高而又现实的目标。中国梦的内容极为丰富,建设和建成法治中国无疑是中国梦的重要内容。中国梦是小康社会梦、现代化国家梦,是富强梦、民主梦、文明梦、和谐梦,也是国家富强梦、民族振兴梦和人民幸福梦,其中必然包含着法治中国梦。

实现中国梦是一个不懈奋斗的过程。要实现中国梦,就必须走中国道路,这条道路就是中国特色社会主义道路;必须弘扬中国精神,这个精神就是以爱国主义为核心的民族精神,以改革创新为核心的时代精神;必须凝聚中国力量,这股力量就是中国各族人民大团结的力量。我们要坚持党的领导、人民当家作主、依法治国有机统一,坚持人民主体地位,扩大人民民主,推进依法治国,坚持和完善人民代表大会制度的根本政治制度,中国共产党领导的多党合作和政治协商制度、民族区域自治制度以及基层群众自治制度等基本政治制度,建设服务政府、责任政府、法治政府、廉洁政府,充分调动人民积极性。在上层建筑内,社会主义民主与法治才是根本。没有人民民主、没有依法治国,中国梦遥不可及,难以梦想成真。人民民主对中国梦的重要性显而易见,全面推进依法治国对于实现中华民族伟大复兴的中国梦的意义跃然纸上,溢于言表。在坚持党的领导的前提下,在推进人民民主的同时,必须全面推进依法治国,以推进和实现中华民族伟大复兴的中国梦。

法治中国是中国梦的组成部分,推进法治中国建设,是实现中国梦的必要保障与具体行动。中华民族伟大复兴绝不是历史的简单复归,它是中华民族在新的历史时期的更新发展。法治中国是中国梦的重要内容,离开了法治发展,中国梦就残缺不全。中国梦的方方面面都需要法治提供制度确认与法律保证,法治对于市场经济、民主政治、先进文化、生态文明等的重要作用,就是法治对中国梦重要价值的集中体现。建设法治中国,就是构建中国梦,就是实现中国梦,它是中国梦现实化的法治表现与过程。推进法治中国建设就是实现中国梦的法治实践。

五、建设社会主义法治体系与建成社会主义法治国家

法治中国是在中国建成社会主义法治国家的集中表达。为了建成法治国家,就必须构建中国特色的社会主义法治体系。

中国特色社会主义法治体系是一个庞大的体系,它包含着极为丰富的内容,是社会主义法治国家的重要基石和客观基础。其内涵有两大方面、五大体系。两大方面是指其内含国家法律和党内规章两个方面。五大体系是指跨两大方面的五个法治子系统,即完备的法律规范体系、高效的法治实施体系、严密的法治监督体系、有力的法治保障体系,以及完善的党内法规体系。其一,完备的法律规范体系。中国特色社会主义法律体系已经形成,但是还很不完备。法律是治国之重器,良

法是善治之前提。一个国家要得到很好的治理,必须首先要有一个完备的法律规范体系。为此,我们必须坚持并完善人民代表大会制度,加强民主立法、科学立法,使法律规范体系日趋完备。其二,高效的法治实施体系。法治实施体系是法治国家得以建成的实施保障。没有良好的法律实施就不可能使法治建立起来。法治实施包括法的执行与法的遵守两个方面。我们要改革行政执法体制,深化司法体制改革,强化法治社会建设,使法治通过实施而从理想成为现实。其三,严密的法治监督体系。法治离不开监督,而且必须有一个严密的监督体系。要有对执法、司法、守法的监督,要有对刑事诉讼、民事诉讼、行政诉讼的监督,还要有对国家机关、社会组织、公民个人守法状况的监督。在严密的监督体系之中最重要的是对公权力及其行使的监督,其中包括立法监督、行政监督、司法监督、审计监督、专门监督、行业监督、上级监督、下级监督、舆论监督以及社会监督等。其四,有力的法治保障体系。法治的建成和维系都需要有力的保障体系。这个体系包括对于法律执行的保障、法律遵守的保障。对公民来说,有法律权利的保障、司法人权的保障等;对于司法人员来说还有专门的职责保护与保障,包括薪酬待遇保障、任免程序保障,以及不被降职、降级和随意调离、免职等的保障等。其五,完善的党内法规体系。党内法规体系是法治体系中与国家法律并列的一个重要组成部分,也是五大体系之一。它不属于国家法律的范畴,但是对于整个国家法律具有重大的影响,对于中国共产党全体党员具有重要的约束力。党内法规的要求高于国家法律,严于国家法律,又以实现国家法律为重要目标,它以党纪的形式来促使自己的党员严格遵守法律,以遵纪来促进守法。

建设中国特色社会主义法治体系涉及一系列重大问题。这一体系建设的前提条件是什么?是必须以立法发展作为条件。法治体系首要的就是法律规范体系,因此它首先就需要中国特色社会主义立法体制的不断完善。没有立法的发展,法律规范体系就无法建立,更无法完善。立法的体制完善,立法的科学化、民主化,立法机关的改革发展都直接决定和制约着法治体系的情形。这一法治体系建设需要的推动力量是什么?它必须以法律实施作为动力。没有法律的实施,法治体系至多只是一个庞大的制度体系而已,不可能成为一个具有内在活力的动态体系。这一法治体系建设的社会基础是什么?它必须以全民守法为基础。没有全体社会成员包括公民、法人乃至一切社会组织在内的普遍守法,法治体系就不可能得以确立。

中国特色社会主义法治建设的根本任务和总目标就是建设中国特色社会主义法治体系,建成社会主义法治国家。法治体系是法治国家的重要支撑和整体架构,法治国家是法治体系的总目标,法治体系的建设必须服务于法治国家的建构。

【附记:本文辑自徐显明主编、卓泽渊副主编:《当代世界法治与中国法治发展》,中共中央党校出版社 2020 年版,第六章“中国特色社会主义法治理论”为卓泽渊撰稿部分。辑录时对章节番号进行了调整】

5. 法治中国建设的目标

建设法治中国是全面深化改革的重大目标,同时也是我国全面推进依法治国的重大目标。这个宏伟目标内涵着一系列具体目标。在全面推进依法治国的进程中,必须牢记并始终为这一系列目标奋斗。只有在这一个个具体的目标都实现时,我们才能说已经成功地建设了一个法治中国。

一、宪法法律至上成为现实

宪法法律至上是法律至上原则在中国的具体表述。在我国,它既是极为重要的宪法原则,也是极为重要的法治目标。在社会主义法治实践中,认识、确立宪法法律至上的原则与目标,经历了一个极为艰难而曲折的过程。在全面推进依法治国,建设社会主义法治国家的历史进程中,坚持并实现它是依法治国的首要要求,也是我们的首要目标。

(一)宪法法律至上的基本含义

2011 年 3 月,第十一届全国人民代表大会第四次会议正式宣布中国特色社会主义法律体系形成了。在整个体系之中，宪法具有最高的法律地位与效力。它是规定着国家根本任务和根本制度的根本法，其中包括国家的社会制度、政治制度、经济制度、文化制度、国家的政权组织形式以及公民的基本权利义务等。至于紧随宪法之后的法律，则是由全国人大及其常委会依照立法程序制定的规范性文件。作为一个法律体系，它还包括国务院制定的行政法规，各省、自治区、直辖市等地方权力机关制定的地方性法规等。宪法、法律支撑着我国法律体系的总体框架。要使中国特色社会主义法律体系发挥出应有的效用，助推法治中国建设，就必须坚持宪法法律至上。

所谓宪法法律至上，就是要保障宪法和法律在整个法律体系与现实社会中具有至高无上的地位与权威，具有最高的效力，任何组织或者个人都不得违反宪法、法律的规定。宪法法律至上充分体现了宪法法律的权威性和神圣性，必须充分尊重宪法法律，确保宪法法律至上。

具体说来，宪法法律至上具体包括四个方面的含义：一是在整个法律体系之中宪法的地位最高，具有最高的法律效力。作为根本大法的宪法，地位崇高，效力最高。一切法律、行政法规、地方性法规乃至其他一切规范性法律文件都必须遵从宪法的规定，都不得同宪法相抵触。凡是抵触者一律无效。二是在宪法之下，具有普遍约束力的是法律。它是全国人民代表大会及其常委会制定的规范性文件。其效力仅次于宪法，高于一切行政法规、地方性法规。三是指必须遵守宪法和法律的规定。任何人、任何组织不得以任何理由违反宪法和法律的规定。一切国家机关和武装力量、各政党和各社会团体、各企业事业组织都必须遵守宪法和法律，不得以其他任何规范性文件或者规则的规定为由拒不执行宪法法律。其中包括既要依照宪法和法律的规定享受权利，也要依法承担应有的义务。四是任何个人或者组织的一切违反宪法和法律的行为，都必须予以追究。它要求违法必究，任何组织或者个人都不得有超越宪法和法律的特权。任何组织或者个人一旦违法，都必须承担应有的法律后果，承担应有的法律责任。

在历史和现实中，人类有大量的行为规范。在法之外，还有习惯、教规、道德等。它们都具有一定的规范意义，但唯有法律具有最为明确且强大的约束力。宪法法律的至上性，既是与其他法律规范相比较而体现出来的，也是与习惯、教规、道德相比较而体现出来的。

从宪法法律与习惯之间的关系来看其至上性。习惯是人类产生以来就逐步发展形成的行为规范，它甚至比法律的出现还早。人类在原始社会就有了原始习惯。最初的法律就是在原始习惯的基础上发展形成的。也正是因此，大量的法理学著作都认为，人类的法律经历了习惯—习惯法—成文法的过程。法律来自习惯，但是它并没有取代或消灭习惯。也许有一部分习惯演变成了法律规范，但是整个习惯依然在缓慢的发展历程中，由原始而古代，由古代而近代，由近代而现代。从法律出现之后，法律就与道德相并行。它们之间有联系、有影响、有互动，但是它们确确实实是不同的社会规范，以不同的方式调整着相应社会现象、社会关系。但二者之间的区别不容混淆，法律与习惯之间存在许多重大差别：一是产生形成不同。习惯是在人们的日常生活中日积月累，逐步形成的，很难说有确定的产生形成时间点；但法律是由特定的国家机关制定认可的，绝大多数法律规范都有自己明确的制定或颁布时间。二是效力空间不同。习惯的效力空间可能是以国家来区分的，更可能以民族、地域来分别。法律的空间效力是以国家及其权力范围来区分的。不同的国家有着不同的法律体系，但是可能有着相同的习惯规则。三是实施手段不同。习惯主要依靠传统的力量、舆论的力量来保障实施；法律则主要靠国家强制力来保障实施，国家暴力随时可能加之于违法者身上，并以此来保障法律的实现。四是存在时代不同。习惯存在于任何社会，从古及今，乃至人类社会的未来；但是法律在原始社会中并不存在，在未来的社会中还可能自动消亡。基于习惯与法律之间的差别，对于国家和社会，对于全体社会成员而言，法律则具有必须遵守的性质，具有至上性。

从宪法法律与道德之间的关系来看其至上性。道德是人类社会最普遍的行为规范，甚至是法律的伦理基础。人类在尚无法律之前就已经有了道德规范。在法律产生之后，法律与道德就相伴随行，共同作为人们的行为规则。在总体上二者相辅相成、相得益彰。它们在产生时代、意志内容、明确程度、强制方式等方面都具有许多重要的差异。对于人们思想意识的影响，也许道德更为深刻，但是对于人们行为的调整力度，无疑法律具有更大的有效性。法律要考虑道德的要求，甚至要以道德为基础和引导，但是任何主流的道德倾向都不会倡导人们去违反法律、破坏法治。

(二)深化对宪法法律至上的认识

首先，必须清楚地认识到坚持宪法法律至上是法治的基本要求。宪法法律至上是法治的基本要求，建设法治中国必须坚持宪法法律至上。其一，从法治的含义来看，法治要求宪法法律至上。法治，简单地说，就是法的统治。法要实现其统治，也就必然要求确立宪法法律至高无上的“统治”地位。其二，从宪法法律在规则体系中的地位来看，也同样要求宪法法律至上。法治被理解为“规则之治”。尽管这里所说的“规则”并不仅限于法律规则，而是一个规则体系。宪法法律一定是众多规则之中最为重要最为明确的规则。“规则之治”中最大的规则就是宪法法律，规则之治是指包括“宪法之治”在内的“法律之治”，即法治。其三，从法律体系来看，法治要求宪法法律至上。在法律体系中，宪法具有最高的地位和最大的效力。宪法是整个法律体系的统帅者，是根本法。广义上说的法律至上，当然首先是宪法至上。狭义的法律是宪法之下的行为规范,具有仅次于宪法的地位与效力。在整个法律体系之中,必须坚持宪法法律至上。要切实坚持宪法法律至上,必须提升全社会对宪法法律至上的普遍认同。宪法法律至上必须为公共权力所认同。宪法法律至上应当成为各种公权力的拥有者和行使者的共同认知。这里的公共权力既包括国家权力,也包括准国家权力,一切权力都必须自觉地服从宪法法律。如果他们不能自觉地服从宪法法律,就应该有一套科学的体制机制加以约束。此外,宪法法律至上还必须为社会公众所普遍认同,这也同样异常不易,其最大的不易之处在于其主体数量更为众多、广泛、普遍。坚持宪法法律至上,必须将其切实践行,将宪法法律至上转化为社会现实。只有当宪法法律真正成为人们最高的行为准则,为人们严格地尊崇、服从、遵守,才可以说,这一原则现实化了,成为了中国社会的实际。作为法治中国建设的目标,就是要在社会实际生活中实现宪法法律至上。既要通过建立相应的体制机制,将法治内化为社会机理,又要通过日益重复的法治行为将宪法法律至上的原则固化为社会的基本观念、行为模式和秩序状态。坚持宪法法律至上,最后必须将其加以长期坚守。在认识宪法法律至上原则之后,远比认识更为重要的是坚持。因为坚持宪法法律至上,需要相关主体在行动上的持之以恒,一以贯之。它需要人们严格依法办事,切实奉行,需要消除非法治的诉求,改变非法治的思维,纠正非法治的行为,舍弃非法治的利益。法治不是一时一事的事情,它是一种国家管理方式与社会治理模式,甚至是权力运行法则与社会生活方式,它必须被长期坚守。

其次,必须清楚地认识到坚持宪法法律至上就是坚持人民至上。宪法法律至上与人民民主或者人民当家作主是什么关系,这是必须回答的问题,而且必须具有正确的答案,否则就难免在实践中犯这样那样的错误。宪法法律至上与人民至上并不矛盾,甚至可以说它是人民至上得以实现的必要路径和有效途径。第一，实现宪法法律至上是实现人民意志的要求。宪法法律是人民意志的体现。如果现有立法不能维护人民的利益、体现人民的意志，那也是要改进立法工作的问题，也不能据此就否定立法所应有的人民性这一本质属性。决定人民意志的是人民的利益。人民的利益表现为特定的意志，这种意志通过立法程序上升为宪法法律。只要反映人民利益、体现人民意志的宪法法律能够得到有效的实施，人民至上的政治目标就可以成为现实。第二，实现宪法法律至上是实现人民民主的要求。宪法法律是人民意志的体现。从人民民主与法律之间的关系来看，人民最根本的权利就是其在国家和社会拥有当家作主的权力，能够切实成为国家和社会的主人。宪法是民主的产物，没有人民民主作为政治前提，就不会有严格的宪治，更没有民主。宪治与法治一样都是以民主作为基础的。人民如何当家作主，实现其管理国家事务、管理经济文化生活、管理社会事务权力，都需要通过宪法来加以确认和规范，更需要具体的法律加以落实。只有宪法法律得到了有效实施，才能说人民民主具有了制度意义的保障；只有宪法法律得到了现实化，人民民主才可能成为社会的现实，人民的权力才可能被实际享有和行使。人民民主需要以宪法为核心的一系列法律法规加以制度设定、程序规定、强制保障，没有宪法、法律，就没有人民民主。第三，实现宪法法律至上是保障人民权利的要求。宪法法律是人民权利的记录，只有坚持并实现了宪法法律至上，人民的权力才可能从纸面走向现实，成为人民实际享有的权利。人民的权利内容是广泛的，要将人民的权利加以有效的保障，就必须将其确认为法定的权利，从而获得神圣的性质。此外，还必须通过严格的法律适用包括执法和司法来贯彻落实。所有的法律适用机关包括行政机关、司法机关都要将准确适用法律作为自己的职责和使命。坚持宪法法律至上还需要通过法律的遵守，使人民的权利在无所障碍的情况下切实享有，而不被侵犯。人民的权利,需要国家的强制保障,但并不是人民的一切权利、任何权利都一定要动用国家强制力才能得以实现。理论和实践都说明,通过自觉守法实现人民权利,是最经济、最有效、最完美的方式。

最后,坚持宪法法律至上必须正确认识执政党与宪法法律的关系。执政党与宪法法律之间的关系,首先表现在执政党的行为上。执政党必须在宪法法律之内活动,绝对没有违反宪法法律的特权。我国宪法本身就要求一切政党都必须在宪法法律范围内活动。执政党的执政行为必须以宪法法律为最高准则。执政党必须在执政及其相关行动上与宪法法律保持一致。执政党与宪法法律之间的关系,其次表现在执政党的政策上。作为执政党当然会有自己的政治主张和政策导向,其政策对于整个国家管理与社会治理都具有重要的指导意义。中国共产党遵循法定的立法程序,出现党认为要修改宪法的重要事项,得由"党中央向全国人大提出宪法修改建议,依照宪法规定的程序进行宪法修改"。执政党与宪法法律之间的关系,最后表现在执政党的规则上。从宪法法律与政党规则之间的关系来看,法律的产生远远早于政党规则。法律是古老的社会现象,而政党规则却出现于近现代资本主义社会,出现于政党政治产生之后。政党规则中有执政党规则与非执政党规则。非执政党的规则,对于法律有所影响,但是作用极其有限。它必须服从法律的制度规定,尊重宪法法律。就执政党规则来说,它对内的要求,可能高于宪法法律对于一般公民的要求。但是,无论如何,政党规则都不能否定宪法法律的权威。从法治的视角来看,即使是对自己党员的处罚,也必须同样坚持宪法法律至上。任何政党都不能用党内处罚替代法律处罚,或者严重到侵犯公民合法权益,或者放任到纵容违法犯罪的程度。

(三)创新加强宪法实施的具体制度

加强宪法实施,到目前已经不是一个单纯的宣传、认识问题,而是一个行动的问题。思想认识是很重要的,必须首先加以解决。其次重要的是行动。就加强宪法实施的社会实践来说,必须将认识和行动结合起来,从行动的制度设计着手。要分别设立合宪性审查制度、宪法解释制度和司法适用制度,以创新宪法实施制度。

首先,创建中国特色的社会主义合宪性审查制度。所谓合宪性审查,是指由特定机构对有关行为、规范性法律文件,是否违反宪法进行审查并作出结论的特定法律制度、机制和程序。我国目前的法律体系中,包含了成千上万的法律、法规。截至党的十八届四中全会,全国人大的法律只有 242 件、国务院的行政法规也只有 737 件,而全国各省、自治区、直辖市的地方性法规和民族自治地区的自治条例、单行条例多达 9000 多部。如此众多的行政法规、地方性法规是否合法合宪,如果发生或发现了违宪违法的情形,如何处理,都没有相关的制度设置,存在着疑问。对于这些被怀疑违宪违法的法律、法规,必须有一个审查机制,才能确保宪法法律的权威,确保国家法制的统一性。创建合宪性审查制度,已经是迫在眉睫的法治与宪制任务。这一制度有着广阔的发展前景,也许在三五十年乃至一百年之后,就成为未来中国宪法法院的雏形。

其次,创设中国特色的社会主义宪法解释制度。我国现行《宪法》第 67 条在对全国人民代表大会常务委员会的职权作出规定时,明确赋予其宪法解释权,即"解释宪法,监督宪法的实施"。宪法解释制度,已经成为我国目前加强宪法实施的重要举措。宪法解释制度是十分重要的。它是我国宪法被准确理解和正确实施的制度保证与前置条件。宪法规定的原则性、宪法文字的简略性、宪法修改的严肃性,再加上社会事务的丰富性、社会生活的多样性、社会发展的变化性等,都决定了宪法在实施上必须有一套完备的解释制度与机制。我国宪法规定了全国人大常委会具有宪法解释权,但并没有其他法律提供进一步的制度规定、程序规则和操作机制。这个解释权力因何而行使,如何行使,行使的方式、程序与效力等,都缺乏具体的规范。随着依法治国的全面推进,建立完备的宪法解释制度越来越成为法治发展的必然要求。对于宪法规则的解释,越来越需要一套严密的制度。这是体现宪法地位的神圣性所要求的,也是保障宪法解释的严肃性所必需的,是整个法治发展的必然要求。

最后,创制宪法的司法适用制度。我国的宪法不被实际重视的一个极为重要的原因,是它不被司法裁判所援用。在此问题上我们长期存在严重的误解。早在 20 世纪 50 年代(1955 年),新疆维吾尔自治区高级人民法院就意识到宪法的司法适用问题,于是向最高人民法院提出了请示,最高人民法院在相应的批示中否定了司法裁判对于宪法条款的适用。在四十多年后的 2001 年,山东省高级人民法院因一教育权纠纷案件的审判,向最高人民法院请示,获得了援引宪法进行审判的许可。从此,宪法条款可以进入司法裁判。但是,十年实践过后,最高人民法院又宣布废止了这一司法解释,再次使宪法是否可以在司法裁判中援用成为疑问。其实,司法裁判援引宪法本来就无可疑义,又怎么会成为问题呢?也许是因为有的人担心人民法院在裁判中援引宪法条款可能会僭越立法机关的宪法解释权。其实这是严重的误解。因为,法院对于宪法的解释仅仅限于司法裁判的个案,并不及于其他案件,更不具有普遍的法律约束力。全国人大常委会享有的是具有法律效力的、具有普遍约束力的解释权,具有立法的性质,而不仅仅是针对个案的解释权。全国人大常委会从宪法中获得的是立法或补充立法意义上的解释权,因为它在本质上属于国家的立法活动或准立法活动,属于立法权的范畴。人民法院行使的是司法权，即使对宪法进行了某种解释，也仅仅是针对特定案件的，并不具有一般的立法性质。这种担心显然是不必要的。既尊重人大常委会的解释权，又认可人民法院的司法适用权，是最佳的方案。这一方案既符合了宪法的权力分配原则，也适合了人大常委会与人民法院的不同性质。如果二者之间发生了分歧，当然还可以启动立法程序、启动人大常委会的解释机制或者审查程序，对人民法院的相关解释予以修正。

（四）创新宪法实施机构与保障程序

我们之所以要建立常设的宪法实施机构，首先是因为，合宪性审查与宪法解释，都应该是日常的工作。以会议方式开展工作的人民代表大会，如果没有一个特定而专门的委员会就无法日常地开展工作，就无法满足客观的日常需要。其次，合宪性审查与宪法解释工作与狭义的立法工作不同，它们往往有特定的时限要求甚至是紧急需要。狭义的立法可以等待特定的会议时间进行，而合宪性审查与宪法解释都有一个应急反应、循序推进、遵守时限、依法进行的问题。它理当有一套严密的、不间断的法律程序。最后，这是对人民和宪法负责的双重需要。具体说来，设置专门机构开展日常工作，是对人民群众负责，便于其作为申请者的人民群众提出申请，切实体现我国宪法的人民性、民主性；也是对国家和社会负责，便于国家和社会的顺利运行；还是对人大自身的职责负责，有利于全面实现人大所担负的宪法职能。

合宪性审查与宪法解释需要严密的程序设置。程序的意义从来都不容许被低估。它严重地制约与影响着实体法律的实效。程序是实体的保证，是实现实体规范的路径与条件。合宪性审查、宪法解释都是极为严肃的法治行为，必须有明确而刚性的程序规则。这些程序规则应当包含丰富的内容。至少包括如何受理合宪性审查和宪法解释的申请，审查和解释组织如何组成，如何进行审议，如何做出决定，决定的效力为何，相应决定如何执行，决定不被执行时的救济措施是什么，相关责任人有无责任，违宪责任是何，如何追究违宪责任等，都需要具体的制度规范和程序规定。

要做到以上几个方面，对立法、执法、司法、守法、法律监督等各个环节都提出了较高的要求。在目前迅速建立一套确保宪法法律得到有效实施的体制机制，是非常必要的。

二、人权被切实尊重和保障

切实尊重人权和保障人权，是重要的法治任务与目标。要实现切实尊重和保障人权的目标，还需要不断努力。人权被切实尊重和保障，是我们的奋斗目标。随着人类社会的发展，人权状况成为社会文明发展的重要标志。法治中国建设的一个极为重要的方面就是运用法律，使人权获得切实的尊重和保障。人权被尊重和保障的状况成为法治中国是否建成及其建设状况的重要标志。

（一）人权被切实尊重和保障的基本含义

人权是以人的自然属性为基础、社会属性为本质的，人被作为人来对待的权利。人权的主体是谁？是人。只要是人都有被作为人来对待的权利。这就是人权，即人的权利。人权必须以人的自然属性为基础。因为人有自然属性，人必须有肉体，必须新陈代谢，于是就有了对食物、空气的需要。因而人们就需要吃喝用住。人的自然属性直接决定了人必须具有生命权、健康权、生存权等基本权利。人不仅有自然属性，而且更有社会属性。人是社会的动物，社会性是人的基本属性。人的社会属性使人的生命权、健康权、生存权等具有了社会意义，更使人具有了名誉权、荣誉权、人格尊严权，以及与他人平等的权利等。人的自然属性与人的社会属性分别与共同作为人权的基础，为人的所有权利提供了基本的前提。人权的主体具有广泛性与普遍性。因为人权是一种人人平等的普遍权利。在人与人之间，不分种族、民族、性别、家庭出身、教育程度等，人人同等具有，而没有等差。正是因此，人权标示着社会发展的文明程度。

尊重和保障人权，是社会主义优越性的体现。在人类离开原始时代之后，就有了身份、财产、社会地位的不同等差距。阶级社会出现了，人对人的奴役也成为常态。在一些人享有特权的同时，另一些人就被剥夺了与特权者平等的权利。歧视成为与特权对应的另一端，构成对于平等的反动，也构成对于人权的反动。从此人类尤其是其中的优秀分子就开始了争取人权的斗争。经过长期的努力和人类自身的觉悟，人们终于在资产阶级革命中明确提出了人权的口号，并将人权写上其革命的旗帜。尽管如此，资产阶级并没有切实实现人权，即便是到了发达的资本主义时代，人权依然只是理想。是马克思主义，在批判资产阶级的人权观的基础上，提出了自己的人权学说；是社会主义，在资本主义人权实践的基础上，力图超越资本主义，开始了人类历史上最伟大的人权实践。

(二)消除人权问题上的错误认识

在人权问题上，仍然存在许多错误的认识。这些认识似是而非，成为人权发展的思想障碍。要进一步尊重和保障人权，就必须在思想上切实清除关于人权问题的错误认识。

一是要清除仅仅把人权当作革命口号和策略的错误认识。人权的确是马克思主义及其发动的无产阶级革命斗争的重要口号。在无产阶级革命中，曾高呼这个口号、高举这个旗帜来组织和发动人民群众。但是我们的认识绝不能止步于此。必须进一步明确的是，在革命成功之后，直至今日，尊重和保障人权就应当成为现实的奋斗目标。也就是说，在无产阶级的革命成功之后，人权建设理当成为社会主义的重要实践。那种仅仅将其理解为共产党人的革命策略的观点是十分错误的，到了现在必须予以彻底摒弃。

二是要清除人权仅仅是资产阶级口号的错误认识。资产阶级在革命中也曾使用人权作为口号，并在其革命成功之后将人权写进了他们的法律制度之中。资产阶级的问题不在于曾经鼓吹过人权或者在其宪法法律中肯定了人权，而在于他们没有真正实现人权。社会主义不是要将人权归结为资产阶级的口号，不再使用，而是要在人权上奋发有为、奋力前行，最终超越资本主义，建设出更高层次的、真实的社会主义人权。社会主义应以比资本主义更加充实、更加完善的人权来彰显其先进性和优越性，超越资本主义。

三是清除人权只是我们面对西方人权攻势的权宜之计的错误认识。认为倡导人权只是我们应对西方攻击的权宜之计的认识是严重错误的。1949 年尤其是从改革开放以来，我国人权建设取得了举世瞩目的重大成就。当然我国人权建设也面临着许多现实的困难，还有许多不足甚至问题。我们必须清醒地认识到，人权保障好了，真正受益的是我们自己。在良好的人权状态之下，人民生活更加幸福，社会秩序更加稳定，我们的政权必将更加巩固。中国共产党作为执政党必须执政兴国，保障人权，使人民幸福安康、社会安全稳定、国家长治久安，才能赢得人民的支持和拥护，才能达成服务人民的终极目标。

四是清除人权与共产主义相互矛盾的错误认识。其实，尊重和保障人权与共产主义的理想并不矛盾。二者之间不仅不矛盾，而且还具有高度的一致性。共产主义的伟大理想就是解放全人类，实现每个人的全面自由的发展。在人类发展的种种理想中，唯有共产主义能够与人权保障具有根本和最大的一致性。现在，我们必须对马克思主义人权观、社会主义人权观进行正本清源。自觉地将人权与共产主义内在地联系起来、协调起来。

（三）建立保护人权的具体制度

使人权得以切实尊重和保障，是社会主义国家的价值追求。我国于2004年通过的宪法修正案规定了“国家尊重和保障人权”，使人权成为我国重要的宪法原则。所谓尊重是指国家和社会承认每个人所具有的人权，并将该人权视为每个人所应享有的法定权利，使之具有不可侵犯的性质。所谓保障是指国家和社会通过法律确认每个人的人权，给予其应有的法律保护，并对一切侵犯人权的违法犯罪予以相应的法律制裁。这是我国在人权问题认识与实践上的历史性飞跃，是巨大的进步。应当理直气壮地向世人宣布，我们不仅不否定人权，而且还要建设和保障人类历史上最好的人权。

我国宪法对人权的确认具有极为重要的政治意义。在实行依法治国，建设社会主义法治国家的进程中用宪法的形式确认和宣示人权，更具有独特的政治意义。我国宪法对于人权的确认，为部门法对于人权的具体保护确立了宪法原则、指明了努力方向。宪法是国家的根本大法，高居于一切法律法规之上。有了宪法的确认，部门法是否保护人权就成为了不争的议题，如何保护人权就成为了现实的任务。在宪法之下，行政法、民法、刑法、环境法、军事法、诉讼法等各个部门从不同的角度坚持神圣的人权原则，践行人权保护，就为人权实现提供了有效的手段与现实的路径。

在丰富的人权法律制度之中，民事法律规范对人权的保障是最为具体的。公民从一出生就具有了大量的人权权利。其中分别或者相互交叉地存在生命权、健康权、生存权、受教育权、文化权、就业权、获得劳动报酬权、社会保障权、婚姻权、生育权、财产所有权等，这些权利无一不需要民事法律的具体保护。然而我国民法典的编纂尚未完成。一些具体的表现为民事权利的人权,并未获得具体的法律认可。随着我国《民法典》的颁布,人权法律制度必将进一步完善。

(四)切实加强人权的司法保护

尊重和保障人权有认识的问题、制度的问题,更有实践的问题。人权司法保护的核心是相应主体的诉讼权利。公民的诉讼权利,是司法人权保护的最为重要的内容,它在人权上具有重要的双重意义。它既是通过诉讼来保障人权的路径,又是一项独特的人权。只有诉讼参与人的诉讼权利获得了保证,其应有的人权才可能获得保障。在实践上加强人权的司法保护,是必须关注的着力点,也是决定人权建设最终能否成功的关键。仅就其主要的论述来说,至少包括着以下的几个方面。

首先,在刑事司法上,要"健全落实罪刑法定、疑罪从无、非法证据排除等法律原则的法律制度。完善对限制人身自由司法措施和侦查手段的司法监督,加强对刑讯逼供和非法取证的源头预防,健全冤假错案有效防范、及时纠正机制"。[1] 刑事司法直接关乎公民的人身权利等重要人权。其保护者,人权,其危害者也可能是人权。这些改革措施抓住了我国目前刑事司法上的核心和关键。这些措施的实施,必将大大降低冤假错案的发生概率,在更大力度上防范冤假错案的发生。

其次,在民事司法上,要"切实解决执行难,制定强制执行法,规范查封、扣押、冻结、处理涉案财物的司法程序。加快建立失信被执行人信用监督、威慑和惩戒法律制度。依法保障胜诉当事人及时实现权

〔1〕 中国共产党十八届四中全会《关于全面推进依法治国若干重大问题的决定》(2014年10月)。

益”。[1] 化解民事执行难题，当然还需要完备民事法律制度包括企业和公民的破产制度，完备民事执行制度，将执行权与审判权相分离，提升民事执行的法治化水平等。执行中的懒散乱问题，必须得以有效解决，否则司法的尊严、权威、公正都荡然无存。

再次，在司法程序上，要改革人民法院的立案制度。人民法院将民事案件的审查立案制度改革为登记立案制度，这一改革必将极大地发挥人民法院的效能，体现司法的权威，更好地引导公民和法人寻求司法救济，依法化解矛盾纠纷，为人权保障提供最便利的司法路径。同时，还要“强化诉讼过程中当事人和其他诉讼参与人的知情权、陈述权、辩护辩论权、申请权、申诉权的制度保障”。这对于确保司法审判过程及其结果的公正性，具有至关重要的意义，也是对诉讼权利的有力保证。在司法的终审与终结上，要“落实终审和诉讼终结制度，实行诉访分离，保障当事人依法行使申诉权利”。[2]

最后，在法律服务与律师制度上，要求“对不服司法机关生效裁判、决定的申诉，逐步实行由律师代理制度。对聘不起律师的申诉人，纳入法律援助范围”。同时，还对律师队伍建设等问题作出了非常重要的部署。其中最为现实而重要的是建设完备的法律服务体系。具体来说，一是要推进覆盖城乡居民的公共法律服务体系建设，加强民生领域法律服务。二是要完善法律援助制度，扩大援助范围，健全司法救助体系，保证人民群众在遇到法律问题或者权利受到侵害时获得及时有效法律帮助。三是要发展律师、公证等法律服务业，统筹城乡、区域法律服务资源，发展涉外法律服务业。四是要加强律师队伍建设。明确要

[1] 中国共产党十八届四中全会《关于全面推进依法治国若干重大问题的决定》(2014年10月)。

[2] 中国共产党十八届四中全会《关于全面推进依法治国若干重大问题的决定》(2014年10月)。

求要加强律师队伍思想政治建设，把拥护中国共产党领导、拥护社会主义法治作为律师从业的基本要求，增强广大律师走中国特色社会主义法治道路的自觉性和坚定性。构建社会律师、公职律师、公司律师等优势互补、结构合理的律师队伍。提高律师队伍业务素质，完善执业保障机制。法律服务与律师队伍的发展必将为人权保障发挥更为重要的作用，提升人权保护水平。

三、依法治国方略得以全面落实

依法治国是党领导人民治国理政的基本方略。全面落实依法治国是我国的政治任务与法治目标。将其全面落实是我国法治建设是否成功的检验尺度和重要标准。

（一）依法治国方略全面落实的重要意义

只有全面落实依法治国基本方略，法治才能得以切实地建立。首先，依法治国需要全面落实，是由其宏观性和整体性决定的。依法治国作为一个宏观的治国方略、基本原则与行动指南。正是因为它是宏观的，因此只有转化为各项具体措施，贯彻到治国理政的各个方面，才可能得到全面落实并成为治国理政的现实。从宏观到微观的过程，就是依法治国的实现过程，这个过程也就是全面落实的过程。依法治国涉及国家管理与社会治理的方方面面，需要在各个方面都严格依法办事，这一治国方略才可能得到全面的贯彻实施。

其次，依法治国需要全面落实，是由其历史性和现实性所决定的。在中国的文化与现实中都存在着一些非法治的因素，它们都是依法治国的障碍。中国是一个具有漫长封建历史的国家。人治具有深刻的历史和文化基础。秦皇汉武、唐宗宋祖等历代政治家，即使是圣明的君主，也不过是开明的专制者而已，人治始终是其治理国家的基本方式。

在现实政治中，如果不特别强调法治，不力行法治，由政治任性发展，结果必然是人治。在现实社会中，一部分人治因素，非法治的因素确实客观地存在并发挥着作用。面对整体的人治传统，如果不能全面推进依法治国，法治就不可能全面建立。中华传统的政治文化包含着丰富的优秀遗产，但是其内涵的人治意识和内核是不言而喻的，也是根深蒂固的。要从历史和文化上突破人治的障碍，建立起现代的法治，必须全面落实依法治国的基本方略。

最后，依法治国需要全面落实，是由其艰巨性和长期性所决定的。依法治国是一个社会工程。这个工程的推进和完成，是一场极为深刻的社会革命，其艰巨性是十分突出的。依法治国的艰巨性也决定了它是一个长期的过程，不可能一蹴而就。依法治国的全面贯彻落实，需要各级领导干部、国家机关和全国人民长期共同努力。依法治国是目标，更是过程，绝不是一时一事，必须要有长期的心理准备，假以时日。我国的法治之路十分漫长，但，日拱一卒，功不唐捐。依法治国的艰巨性和长期性，要求我们将依法治国的任务进行细致的分解，逐项加以落实，持之以恒地推进，日复一日、年复一年，最终才能得以成功。依法治国的艰巨性和长期性决定了我们落实的全面性。

（二）依法治国方略得以全面落实的基本要求

要全面落实依法治国的基本方略，必须做到科学立法、严格执法、公正司法、全民守法。

首先，我们来看科学立法。科学立法就是指法律的制定、修改、废止等立法活动适应现实的发展要求，符合社会的客观规律，符合法定的立法程序，符合立法的技术要求。科学立法是立法的结果，也是立法的过程。只有立法的过程科学了，才可能有立法结果的科学；只有立法结果是科学的，立法过程的科学才具有了最终的意义。科学立法是过程科学和结果科学的统一,包含着科学的立法过程与科学的立法结果的两个方面。在认识科学立法的时候,必须明白科学立法与民主立法是相互并行、相互依存的。科学立法要求民主立法,民主立法助推科学立法。科学立法的实现,必须集思广益,必须充分吸收各个方面的智慧,广泛听取各个方面的意见与建议,由人民选举的代表,代表人民参与立法。民主立法如果能够得到实现,科学立法无疑获得了最深刻的社会基础、智力保证。从普遍的意义上说,立法过程越是民主,立法的结果就越是科学。深入推进科学立法、民主立法,加强人大对立法工作的组织协调,健全立法起草、论证、协调、审议机制,健全向下级人大征询立法意见机制,建立基层立法联系点制度,推进立法精细化。健全法律法规规章起草征求人大代表意见制度,增加人大代表列席人大常委会会议人数,更多发挥人大代表参与起草和修改法律作用。完善立法项目征集和论证制度。健全立法机关主导、社会各方有序参与立法的途径和方式等。

其次,我们来看严格执法。严格执法,在这里特指国家行政机关即各级人民政府必须严格执行法律,确保法律得到有效实施。通过执法使立法的目的得以充分实现,最终达成立法目标,实现法治。严格执法对政府的执法工作提出了明确的要求,即必须在法治的轨道上进行。严格执法对政府的执法工作提出了一系列具体的法治要求:一是要求政府创新执法体制。目前我们的执法体制上存在着多头执法等一系列问题。为此就必须减少执法队伍种类,推进综合执法,对执法工作加以科学梳理,该合并的必须合并,该撤销的坚决撤销。二是要求政府完善执法程序并遵循执法程序。执法工作是十分严肃的,程序意识的薄弱、程序制度的粗疏、程序执行的随意都是执法工作法治化的障碍。既必须完善各项执法程序,更必须坚守执法程序。应当告知的必须告知、应当公示的必须公示、应当复议的必须复议、应当应诉的必须应诉等,绝不能敷衍塞责，马虎了事。三是要求政府担负执法责任，实现权责统一。有权必有责，用权必担责。政府享有执法的权力，也就必须担负执法的责任。执法责任的要求与追究，是执法严格的重要保证，也是防止行政权力滥用的法宝。四是要求政府执法必须权威高效。政府作为法律执行机构，必须要有法定的权威，否则其权力就不会受到尊重，就无法得到服从，更无法实现其目标。同时，政府还必须高效运行，重视执法效率，确保行政权力的有效行使。

再次，我们来看公正司法。公正司法，是指司法权力公正地行使，司法活动公正地开展，并赢得社会公正评价意义上的普遍认同。司法公正对社会公正具有重要引领作用，司法不公对社会公正具有致命破坏作用。全社会要增强对司法公正的认识，要看到司法公正对社会公正的意义，要实现社会公正，就必须实现司法公正。没有公正的司法，社会公正一旦出现问题就无法得到修正和补救。要实现公正的司法，从现实的司法状况来看，唯一的路径就是推进司法体制改革，就是要完善司法管理体制和司法权力运行机制；直接的目标是规范各种司法行为；最终的目标是努力让人民群众在每一个司法案件中感受到公平正义。这一最终目标的设定，符合人类普遍认同的价值追求，既符合中国传统文化的价值理想，也符合司法权力的价值目标。

最后，我们来看全民守法。全民守法，意味着所有的社会成员不论其政治身份、社会地位、财产状况、家庭出身、教育程度、文化水平、性别年龄、种族民族，必须一律平等地遵守法律。凡是法律所确认的权利，理当平等地获得保护；凡是法律所要求的义务，必须平等地予以履行；凡是法律所要求禁止的行为，必须平等地加以禁止。在守法上，必须坚守法律面前人人平等的原则，任何人都不得例外。全民守法对领导干部和一般公众都提出了同等的守法要求。只是由于领导干部身份特殊，领导干部的守法才更为必须而关键；只是由于社会公众数量庞大，社会公众的守法才更为重要而根本。全民守法对领导干部提出了新的要求。各级领导干部必须自觉地落实依法治国基本方略，立法机关、行政机关、司法机关，乃至各类社会组织，在其行使国家权力和社会权力的时候，必以法律为准则，自觉服从法律。全民守法对社会公众提出了新的要求，作为社会公众必须严格依法办事、自觉守法。

（三）依法治国、依法执政与依法行政共同推进

全面落实依法治国基本方略，是对国家、执政党和各级人民政府的法治要求，必须分别而又协调地推进依法治国、依法执政、依法行政事业。三者的共同推进，成为全面落实依法治国基本方略的具体方式。

依法治国对依法执政、依法行政具有重要的统领作用。依法治国作为治国基本方略，是最宏观的法治要求。人民是依法治国的主体。在依法治国之下，执政党、政府必须担负起各自应有的法治重任。具体来说，也就是执政党必须依法执政，各级政府必须依法行政。这是由他们的政治角色与法律地位所决定的。执政党作为一个国家政治的主导者担负着极为重大的政治责任。执政党的角色和使命决定了它必须依法执政。政府是整个国家权力之中，最大权力——行政权力的拥有者和行使者。其权力覆盖了政治、经济、文化、社会、生态、环保等各个方面。没有政府的依法行政就没有一个国家行政权力的依法行使，就不可能有整体的依法治国。

依法执政是依法治国的政治保证。执政党，顾名思义就是执掌国家权力的政党。它是依法执政的主体。执政党与非执政党相对应。任何非执政党都不可能发挥出执政党的作用。执政党主导着一国的政治走向，主导着一国的立法发展和法律实施。执政党是一种超强的政治力量，它统率着整个国家和社会的发展，影响着一个国家和社会的现实状况与未来发展。执政党是否具有法治意识，是否在宪法法律范围内

活动,直接影响着一国法治建设的成败与法治本身的存废。要推进法治建设,建设法治国家,必须要求执政党依法执政;要维护法治成果,保持法治状态,也必须要求执政党严格依法执政。因此才说执政党能否依法执政是依法治国能否实现的政治保证。

依法行政是依法治国的核心内容。政府是依法行政的主体。依法行政是对政府的法治要求,政府权力遍及国土、交通、能源、教育、文化、科技、卫生、环境、治安等各个方面,无所不及的政府权力能否依法行使,决定着整个国家的法治状态。政府拥有数量最多的公务员、范围最大的管理权。政府就是由众多的公务员组成的,如果公务员不能严格地执行法律,政府就不能依法行政。公务员队伍的法治化是一个极为重大且艰难的任务。没有政府的依法行政,整个国家的法治就无法建立。

正是基于依法治国、依法执政、依法行政三者之间的重大关系,因此,要落实依法治国的基本方略,就必须切实推进依法执政和依法行政。只有人民、执政党、政府三大主体协调起来,坚持依法治国、依法执政、依法行政共同推进,才能形成法治建设的合力,赢得依法治国基本方略的全面实现。

(四)法治国家、法治政府、法治社会一体建设

依法治国具体地体现为国家、政府、社会的法治化。依法治国中,它们任何一个元素都不可缺席。建设法治国家、法治政府、法治社会是我们的目标,但是建设法治国家具有统揽性质。法治政府和法治社会是法治国家的构成部分与重要内容,是其中最重要而又密切联系的两个方面。

法治政府既是法治国家的构成部分,又是法治国家的重要标志。国家是由一定人民建立的,而人民总是在一定的土地上生活、繁衍、发

展的。同样也可以说,国家总是建立在一定国土之上的,没有国土便没有国家。国家还是一个公权力的集合体。作为一个公权力的集合体,它包括着立法权、行政权、司法权等公共权力。在诸多的公权力之中,唯有国家的行政权具有最多的公务人员、最大的组织机构、最多的权力内容。任何国家的日常管理工作都主要是由政府承担的。政府的行政是否法治化,直接决定和影响着整个国家的法治化。行政权力法治化的程度是一个国家法治化的最重要的标志和标尺。政府通过依法行政来建构法治政府,依法行政是建成法治政府的路径,法治政府是依法行政的目标。一个法治的政府,必须是职能科学、权责法定、执法严明、公开公正、廉洁高效、守法诚信的政府。

法治社会既是法治国家的构成部分,又是法治国家之中使法治国家得以建立的基础。法治国家是总目标、总蓝图,法治社会与法治政府是其中最显著的两大方面、两个关键。其中法治社会又具有基础性的重大作用。在法治社会的建设中,一是要全面协调规划法治社会建设。要将法治社会建设纳入依法治国的总体战略。在全面推进依法治国的进程中,将法治社会建设与法治国家建设、法治政府建设同步规划。具有前瞻性和预见性地将三者的蓝图一并绘就,全局谋划、各得其所、彼此协同、相得益彰、整体推进。二是要运用法治力量激发社会活力。我们需要的是一个有活力的社会。人民群众是最基本最重要的动力来源,也是和谐稳定的根本保证。因此必须调动社会的积极因素,激发社会活力,使社会既生机勃勃又井然有序。如何调动人民群众在社会生活中的积极性与热情,是必须特别重视的重大问题。如何依法管活、管好新闻媒体、网络舆论、结社集会等都是必须关注的焦点。要以法律充分保障人民权利的方式来激发社会活力。三是要依法推动社会自治。社会自治是社会有序化的最好方式。要通过社会主体自主性、创造性的发挥,增强社会的自治活力与自治能力,生成良好的社会自治机制。

其中包括行业自治、社区自治、社团自治等，构成一个一个自治细胞，从而促进整体的自治。四是要依法化解社会矛盾。使人民快乐生活、幸福生活。我们不必去为一些本来就不应该由党和政府承担责任的非法因素买单。要从人民的视角出发依照法律的规定对待社会问题，构建起法治化的社会矛盾化解机制。这一机制并不是仅仅依靠法律，而是以法律为准则的综合机制。它要求多元主体齐抓共管，多种方式协调并用，多种手段形成合力。五是要依法制裁违法犯罪。要通过依法制裁违法，来树立法律权威，进而保护人民的合法权益。通过依法保护人民合法权益，使人民习惯法治化的生活方式，敬畏法律，养成守法护法的习惯。要着力在制裁与惩罚中化解矛盾，也要努力避免滥用惩罚、不当惩罚、过度惩罚。

法治国家、法治政府、法治社会三个层面，紧密相连、密切相关。它们各有自己的内涵和要求，但最终都统一于法治国家建设，统一于依法治国基本方略的全面落实。要在法治国家建设的统领下，把三个建设做一体谋划，使三个方面的建设能够齐头并进，相互促进。在法治建设中，国家、政府、社会的一体设计和整体推动，必将带动整个法治的发展，实现全面法治化，最终全面推进依法治国，全面落实依法治国的基本方略。

四、依法执政得到全面实施

依法治国是人民治国理政的基本方略，依法执政是我们党治国理政的基本方式。党依法执政的状况决定和影响着依法治国的进程乃至成败。如何全面实施依法执政，如何通过依法执政来推动依法治国，是摆在中国共产党人面前的时代难题，也是其必须担负的历史重任。

(一)依法执政是依法治国的政治前提

在依法治国的历史背景下,必然要求执政党依照法律的规定来执掌和运行政治权力,即必须依法执政。在政党政治的国家中,国家都是由执政党主导的。不论一个国家有多少政党,执政党总是统揽全局,影响全局的。执政党拥有其他政党所不具有的政治资源,也具有其他政党所不具有的政治影响力。执政党的独特地位与作用决定了,执政党能否依法执政,直接制约一个国家能否依法治国。依法执政虽然只是执政方式之一种,但它是现代法治国家的执政党所必须采用的执政方式,而且是依法治国之中唯一正确的执政方式。依法执政是对作为执政党的中国共产党的整体要求。中国共产党必须依照和依靠法律来执掌政权。依法执政的内容包含着以下几个方面:

一是中国共产党治国的主张,应通过立法程序表现为具体的法律制度和规范,再通过严格执行这些制度和规范,来达成自己的执政目标。中国共产党认识到必须创制新的法律,或者必须对宪法法律进行修改或者作出废止时,都应当向国家立法机关提出立法建议,再由立法机关根据法定程序来开展相应的立法工作。也就是说,中国共产党如果发现现有法律无法适应形势发展需要,也不得直接否定法律,而应该通过立法程序来修改法律,再执行新的法律。

二是中国共产党作为一个政党的整体必须自觉地在法律范围内活动,以法律作为自己的行为准则。依法治党、从严治党,是社会主义法治对于一个先进执政党的基本要求。党要根据宪法法律来处理自己与立法机关、行政机关、司法机关的关系;处理本党与其他政党之间的关系;处理本党与社会组织、公民之间的关系。依法作出自己的党内外的行为,使法律成为党的行为准则。

三是中国共产党的干部和党员必须自觉地遵守法律,服从法律,一旦违法犯罪必须如同其他公民一样，平等地承担法律责任。绝不允许任何党员或者党的领导干部成为特殊人物，享有可以破坏法治的法外特权，也不能以党纪处分代替国法惩处。党员和党的领导干部一旦违法理当承担的是党内党外双重责任，并不能相互取代或者混同。在党内就是党纪责任，在党外则是法律责任。

四是正确处理党规、党的政策与国法之间的关系。党规是党内规章制度的总称，是管党治党的法宝。党的政策，它体现着党的政治主张。中国共产党作为执政党，它的政策直接指导着国家和社会发展的政治走向，也主导着法律与法治发展的方向。在党必须在宪法和法律范围内活动原则的指导下，无论是党规还是党的政策都应自觉服从宪法和法律。党认识到需要制定新的法律或者需要修改现行法律时，也应通过法定程序提出具体的立法建议。

(二)依法执政是执政党性质的根本要求

依法执政是执政党性质的根本要求，也是法治化执政党的必然选择和行为方式。执政党的性质区别于革命党，其重要标志之一就是是否需要和实行依法执政。革命党一旦转化为执政党就必须立足执政党的性质，按照执政的使命来实现自己的转换。执政后的中国共产党是从当年的革命党转化而来的，其性质就从革命党转化成为执政党。在革命斗争中，作为领导党，它浴血奋战，为革命作出了极大的贡献，付出了极大的牺牲。革命战争年代，共产党所进行的主要是军事斗争，甚至主要是战斗，尝试性质的执政只在革命根据地区域性存在和运行。在1949年10月，新中国成立后，中国共产党就开始了在中国的全面执政。中国共产党就开始了从革命党向执政党的转变。执政党与革命党有着根本而重大的区别。一是执政党与革命党的目标不同了。革命党的目标，是夺取政权。执政党的目标是掌权。用今天的话来说，就是要为人民掌好权、用好权、管好权;也就是要权为民所用,情为民所系,利为民所谋。二是执政党与革命党的手段不同了。作为革命党,夺权所用的手段,免不了暴力手段、军事手段、武装斗争;但是作为执政党,在总体上,它再也不要暴力手段、军事手段和武装斗争了,而是要用建设手段、管理手段,来建设社会主义社会。即使有偶有必须使用暴力手段的情形发生,既必须以国家及政府的名义采用,更必须依法采用。三是执政党与革命党对待法律的态度不同了。所有的革命党都不会遵守法律,因为革命者所面对的法律都是旧政权的法律,遵守它就无法革命。但是,作为执政党必须运用法律,更必须遵守法律。因为执政党所面对的是自己的法律,破坏法治,就是自毁长城,就是放弃自己的革命成果。革命党不可能依法革命,作为执政党则必须依法执政。

目前,依法执政和依法治国的障碍要得到完全清除。一是要依赖法律社会调控功能的发挥。要使法律成为社会各阶层意志的协调产物,要最大限度地集中各方面人民群众的意志,使法律成为人民意志的集中体现。要坚持公民在法律面前一律平等,运用法律的方式应对社会成员的现实的阶层划分、利益分别,实现利益兼顾,确保最大限度的社会公正。要以严格的法律实施来确保良好的社会秩序,尤其是防止社会秩序因各种矛盾纠纷而遭受破坏。二是必须充分运用法律的手段化解矛盾纠纷。绝不能运用阶级斗争的方式来解决,否则就会假想出阶级敌人,并与假想的阶级敌人斗争,人为地制造出敌对分子。那样,离社会主义和共产主义的目标不是愈来愈近,而是渐行渐远、背道而驰。三是民主决策、科学决策、依法决策。必须坚持公众参与、专家论证、风险评估、合法性审查、集体讨论决定确定等法定程序。要以法律来确保重大行政决策法定程序得到有效实施。最终要确保决策制度科学、程序正当、过程公开、责任明确。为此,我们还要建立行政机关内部重大决策合法性审查机制,未经合法性审查或经审查不合法的,不得提交讨论。力争使每一个决策都是民主、科学、依法作出的。

（三）党的执政使命要求依法执政

在当代中国，依法执政是完成执政党使命的要求。世界上，每个执政党都有自己的使命。尤其是中国共产党，更是一个具有远大理想的政党，担负着更为神圣的使命，其使命提出了必须依法执政的要求。

首先，中国共产党担负着依法治国、建设社会主义法治国家的使命。中国的法治国家梦想已经开启了百年之久。晚清政府为了挽救自己覆灭的命运，也为了给迷茫的中国找寻到走向未来的出路，尝试了法治道路，开启了现代法治建设，但是它失败了。中华民国在清末的基础上继续着法治的追求，也作出了许多重要的努力，但是它依然以失败告终。历史把建设法治国家的使命交给了中国共产党人，中国共产党就应该责无旁贷地担当起来。要依法治国、建设社会主义法治国家，作为执政党的中国共产党就必须依法执政。

其次，中国共产党担负着建设社会主义市场经济体制的重任。市场经济是我国经济发展的必由之路。市场经济为中国经济发展、社会进步提供了最强大的动力，也开辟了更加广阔的未来前景。建立市场经济体制，必须有法治的辅助和保证。没有法治，就不会有坚不可摧的市场经济体制。市场经济是法治经济，没有法治就没有市场经济的完善与发展。我国的市场经济立法还有所欠缺，必须加强立法，才能使市场经济健康、顺利、成功地发展，并使生产经济体制得以确立。

再次，中国共产党担负着发展社会主义民主政治的任务。中国共产党及其社会主义都必然是民主的，建立民主政治是我们既定的政治目标。只有在民主政治之中，人民当家作主才有强大的体制保障、制度保障和机制保障。民主政治的建立是一个漫长的过程，既是渐进的，也是急迫的。就其发展来看，也许不能不肯定它在总体上是渐进的，但是就人民与社会的要求来看,不能不说它在现实中是急迫的。随着市场经济的发展,现实社会的进步,民主日益成为广大人民群众最为强烈的呼声。实现人民当家作主是共产党人的追求,也是全中国人民的向往。要建立民主政治必须一套完整的法律制度。民主政治必然是法治化的政治。只有法治之下的民主,才不是混乱、暴乱和灾难。要有效避免民主的失误和挫折,法治就成为不二之选。在政治走向法治的过程中,执政党必须率先垂范,实现自身执政行为的法治化。

最后,中国共产党担负着建设社会主义现代文明的使命。现代文明体现在政治、经济、文化、社会等各个方面。法治如同民主一样,已经成为人类文明的重要标志和基本尺度,它既是现代文明的构成部分,又是整个现代文明的体制机制保证。文明的持续和发展都会对法治提出许多重大要求,对于这些要求的满足,就是法治建设的任务。中国共产党作为一个与时俱进的先进政党,倡导文明、推动文明、发展文明,都要求它坚守法治并建立社会主义法治文明。为此,中国共产党也必须依法执政。

(四)党理应全面实行依法执政

中国共产党是依法治国的领导力量。如何领导中国,如何领导中国的依法治国事业,对于中国共产党来说都是全新的课题。历史的教训与成功的经验都表明,它在依法治国的进程中和实践中,必须运用法治化的领导方式,这个方式也就是依法执政。在当下中国,实现依法执政,既要求党依据宪法法律治国理政,也要求党依据党内规章管党治党。坚持党领导立法、保证执法、支持司法、带头守法四个基本的方面,自觉地把依法治国基本方略同依法执政基本方式统一起来,在依法治国中实现依法执政,用依法执政来推进依法治国。

领导立法。立法是一个法治国家实行治国理政的制度源泉,领导立法则是执政党执政的基本方式。在我国，作为执政党的我们党，要时时关注社会发展与变化，与时俱进地把握社会对于立法的需求。一旦发现需要启动涉及宪法法律立改废等重大问题的立法事项，就应该由中共中央向全国人民代表大会提出立法建议。要善于使党的主张通过法定程序上升为国家意志，转化成为具体的立法活动与立法成果。由于人民代表大会既是立法机关，还是权力机关，所以在强化领导立法的同时，我们党还要善于使党组织推荐的人选通过法定程序成为国家政权机关的领导人员。因为我国的立法机关作为国家权力机关，对于国家领导人具有法定的选举任命权力。我们党必须派出自己的干部，通过法定程序出任包括立法机关在内的国家有关机关和部门的领导职务。同时，我们党还要善于发挥国家政权机关的作用，确保其依法履行法定职权。

保证执法。执法是国家行政机关即各级人民政府的法定职权与职责。正是因此，人们才将政府——行政机关，称为执法机关。行政机关的执法任务十分繁重。在任何现代国家，行政机关都担负着最为重要的执法任务。它们担负着社会经济、政治、文化、环境、治安等各个方面的管理工作，涉及交通、能源、教育、文化、科技、生态等几乎所有的社会领域和社会生活。作为执法机关来说，忠于法律是最为首要的。保证法律被严格地实施，是政府必须担负的根本责任。政府在履职的过程必须全面依法。既不能越位，也不能缺位，只能准确到位。推进政府法治化，建成法治政府，是确保政府准确到位的根本路径。中国共产党执政的法治目标中，一个极为引人注目的目标，就是要推进依法行政，建成中国的法治政府。在法治政府的建设过程中，除了政府的自身努力、人民群众的有效监督之外，执政党的监督也必不可少。中国共产党要从执政的角度确保各项执法工作顺利进行、依法进行，担负着监督执法的重要责任。这个监督可以通过两个方面来实施：一是通过对行政机关行政行为的监督,确保依法行政,确保法律被严格执行。二是通过对行政机关中的党员干部的监督,来保证执法的严格公正文明。现在我们各级政府机关乃至政府的各个部门都有党的组织。党要通过自己的各级组织以及设立、派驻到行政机关的机构和人员,密切关注行政执法。一旦发现行政违法行为,可以通过政治的、法治的途径加以必要的警示、约束和修正,防止行政违法行为的发生,纠正违法行为,确保人民群众的合法权益获得应有的法律保障。监督不是干预,党必须尊重行政机关的法定权力,关注行政权力的行使过程,按照法定的程序对行政的合法性予以监督。监督的目的还在于确保依法行政的切实施行,确保政府严格依法行政。

支持司法。司法机关有其独特的性质,必须具有相对的独立性。只有这样司法才能发挥居中裁判的作用,公正裁断,定分止争,彻底化解矛盾纠纷。司法有其独特的规律与要求,有其运行的特殊性。司法权关乎诉讼当事人的切身利益,事关社会的最终公正。它必然为社会所关注,为诉讼当事人所关切。司法机关能否依法独立公正地行使审判权,成为万众瞩目的焦点。司法是否具有公信力,能否得到人民的真诚拥戴、真心服从,决定于司法权的运行状态。谁来保证司法的独立性、权威性、公正性,是一个极大的难题。执政党有无尊重司法的决心和行为,对于司法的地位、权威、公正都具有决定性的影响。在中国,享有崇高政治地位与法律地位的中国共产党的法律意识、法治意识,以及是否厉行法治都与之息息相关。因此,党的组织和党员都要自觉约束自己的法律行为,尊重司法的独立性、权威性,支持司法机关依法独立公正地行使司法权。具体说来,就是要努力确保人民检察院、人民法院独立行使检察权、审判权,即使发现问题,也要通过法定的途径加以解决,而不是非法干预。

带头守法。中国共产党在社会生活中具有根本的决定性作用,它能否守法以及守法的状态关乎整个法治的存废。守法是法治最深刻的社会基础。任何法治都离不开守法,甚至只要有立法就具有守法的需求。没有守法,立法的目标就无法达成。再美好的立法,如果没有守法也不可能演变为现实。如果没有守法做根本保障,执法、司法再好,也无法保证法律得到有效的全面实施。不论多么强大的执法机关、司法机关,多么有效的打击,都无法对于社会普遍存在的违法现象予以查究和追责。对于守法的重视与强调,是必然和必需的。执政党在政治和法律上的地位与性质决定了带头守法是对其最基本的行为要求。党的组织必须在宪法法律的范围内活动,坚持宪法法律至上;党的成员即使是党的高级领导干部也必须带头守法,绝不能藐视法律、破坏法治。党员要成为普通大众守法的模范,自觉地依法办事,用带头守法来体现出共产党人在法治上的先进性。

五、法治政府能够基本建成

没有政府的法治化,就不可能有法治国家,就不可能有法治的成功。在法治中国的建设过程中,必须把建成法治政府,作为推进依法行政的现实目标,作为法治国家建设的核心内容。法治政府得以基本建成,是法治中国得以建成的初步目标。我们要在进一步的法治建设中,建立全面的法治政府。

(一)法治政府是法治中国的主要标志

建成法治政府是建成法治国家的构成部分,是法治中国的基本内容、重要目标和主要标志。国家的行政权是由政府拥有和行使的。行政权力如果不受法律的约束,就必然出现暴政。人民面对强大的政府、野蛮的政府、违法的政府,将难以生存,那必定是人民的灾难。人民约束政府的手段就是法律。如果人民能够确实地运用法律约束政府,政府真正地受到法律的约束，我们才能说政府是法治的，法治真正实现了。没有一个法治化的政府，必无法治化的中国。法治政府是法治中国的内在要求、构成部分、重要支柱。经过努力，我们在法治政府建设上取得了重大成就。当然，前进的道路上依然面临重重困难，正是因此，我们才要坚定不移地坚持法治政府建设，以求早日建成法治政府。

法治政府应该是职能科学、权责法定、执法严明、公开公正、廉洁高效、守法诚信的政府。这六个方面也是六大标志，是检验法治政府是否得以建成的重要标准，当然也就是法治政府建设的努力方向。第一，职能科学。一是政府拥有哪些职能必须也只能由人民通过宪法来赋予。人民是一切权力的终极来源。在组织上人民是通过其代议机构来分配权力的，在制度上人民是通过宪法来分配权力的。将组织和制度加以比较，制度甚至还是组织分配权力的根据。政府具有哪些职能，只能由宪法、法律来设定。二是政府拥有的职能必须科学配置。政府职能的配置涉及两个层面。在宏观上有着政府与立法机关、司法机关之间的权力结构关系问题；在微观上则有着政府内部的权力配置问题。在政府内部又有纵向和横向的分权关系。从纵向来看，不同层级的政府具有不同的职能；从横向来看，政府不同部门之间也具有不同的职能。在政府复杂的职能设定与分配中，离不开的一是民主，二是科学，民主与科学的职能配置都离不开法制和法治。第二，权责法定。政府享有行政权力，也具有行政责任。权责必须相当相应，相当相应的权力与责任都必须由宪法法律来规定。有权必有责，这是法治的基本要求。权力于法有据，责任也于法有据，而且都需要由宪法和法律在事前设定。一旦出现权责不清的情形，就可以求证于既有的宪法、法律的制度规定。第三，执法严明。政府是执法机关，其执法必须严明。所谓严，即严格、严肃、严谨等意思；所谓明，即明确、明晰、透明等意思。它所要求政府的执法获得必须具有法律的根据。这种根据既包括自己行权的根据，也包括对于行政相对人如何对待包括处罚的根据。政府执行法律只能在法律授权的范围之内,依法进行,不可须臾离开法律。公民或者法人对于行政执法不服的,可以依法提请复议或者进行诉讼。总之,面对政府的执法行为,人民认为自己的权益受到了侵害,即可以获得法治化的救济,通过司法来确保执法严明。第四,公开公正。政府政务包括执法活动都必须公开,除非法律有明确的规定,否则不可秘密进行。政府所有的政务行为,包括执法的过程、程序、结果都应该是公开的,人民群众有权知道,可以了解,也能够知道和便于了解。公开是政府的常态,不公开是特例与偶然。公开是政府的义务和责任,无需人民监督即应率先公开。政府的政务公开是人民行使监督权力的重要前提与必要条件。政府行为除了公开之外,还必须公正。没有公正作为保证,人民政府就难以得到人民的真心拥护和内心信赖。如果说公开是形式,公正就是实质。公开是公正的保证,公正是公开的目标。人民政府要将公开与公正结合起来。第五,廉洁高效。一个良好的政府必须是廉洁的政府。为政清廉是对政府的道德要求。清廉与贪腐是对应的,清廉也是对贪腐的抵制。它是人民对政府的道德要求,也政府对人民忠诚的道德保障。一个廉洁的政府同时必须是一个有效能的政府,高效是对政府工作的效率要求。懈怠的政府根本就无法全面履行职能,就是失职的政府、渎职的政府,是对人民不负责任的政府。第六,守法诚信。守法是对政府的基本要求,政府执法要依法,自身要守法。政府的违法行为一旦发生,其领导人必须依法承担责任,依法接受法律制裁,承担法律责任。负责任的政府必须是诚信的政府。诚实信用是对一般公民的要求,也是对政府的要求。在诚信建设上,政府要成为诚信的楷模。

(二)法治政府通过依法行政而构建

依法行政与法治政府是同序的概念,二者具有内在的密切联系。

法治政府通过依法行政而得以构建,依法行政是建成法治政府的必由之路。法治政府是依法行政的理想状态,法治政府的建设与依法行政的推进是紧密联系的。依法行政对政府的行政行为具有实体与程序的双重要求,是实体上依法与程序上依法的统一。

政府的行政行为必须在实体上具有法律的根据。对于政府来说,其行为必须于法有据,法无授权即非法。宪法、法律、法规都是政府行为的依据。政府的权力是人民赋予的,人民对政府的授权是通过法律的制度规定来实现的。因此,政府的行政行为必须以宪法法律的具体规定为依据,法无授权即非法,要成为政府的法治理念。不论是政府整体还是政府的官员,在履职的过程中都必须坚守法律的规定。法律是检验政府失职与否、越权与否的唯一根据。一旦人们对政府行为的合法性产生怀疑,衡量的标准也是宪法法律的文本。这是根本的准则、依据。

政府的行政行为必须在程序上严格依法办事,自觉遵从法律的程序规定。依法应当告知公民的权利,必须告知;依法应当尊重的公民权利,必须尊重。有的政府公务人员法律意识淡漠,尤其程序意识更加淡漠,他们片面地以为只要实体是正确的,程序就可以忽略,对程序持有无所谓的漫不经心的态度,这是非常错误的。事实上没有程序的正确,也无法确保实体的正确,更何况程序还有自己相对独立存在的价值。程序的合法、公正都是法治的基本要求。政府的行政行为当然必须既是公正的,更是合法的。

政府的严格依法行政是法治的要求,是民主的要求。法律是人民意志的体现,尊重法律就是尊重人民的意志,就是实行人民民主,就是尊重人民当家作主的权力和权利。依法行政是路径,也是动力。没有良好的依法行政就必然没有法治政府的建成。要建成法治政府就必须各级人民政府全面地依法行政。从依法行政到法治政府的建成,是一个历史的过程。在法治政府建成之后,要维系法治政府,推动法治政府的再发展,依然必须依赖依法行政。当今世界上的任何国家,其社会管理的最大责任都是由政府来承担的,其绝大部分的法律制度都是通过政府来执行的。正是因此,政府才被宪法确定为立法机关的执行机关,直接简称为执法机关。政府是法律的执行者,政府的依法行政水平标示着一个国家治理的法治状态,一个社会管理的法治化水平。

(三)法治政府必须全面依法行政

政府主管着一个国家的财政、税收、市场、金融、科技、文化、教育、城建、环保等,可以说是方方面面。依法行政既与这每一个相关,体现在执法体制、政府职能、行政决策、执法活动、政务公开等各个环节。也就是说,依法行政体现在行政执法体制机制是否科学,行政职能是否依法全面履行,行政决策机制是否健全,行政决策能否依法作出,行政执法行为是否严格规范公正文明,政府的政务是否全面公开等各个方面。政府必须在各个方面严格执法,依法行政。只有全面实现了依法行政,才可能建成法治政府。

在政府职能上,政府必须全面地依法履职。政府职能是宪法和法律为政府设定的工作内容,是政府对国家、对人民、对宪法法律所应承担的工作责任。对于自己的法定职能,政府只能到位,既不能缺位,也不能越位,这是十分严格的法治化要求。政府行政上的缺位就是失职,越位便是侵权。适度的政府权力,适当的政府行权,是社会得以良好运行的重要保证。实现政府职能的科学界定,还是法治发展中的重要任务。这要依赖人民民主的不断发展和有效实施,依赖执政党的科学执政、依法执政,依赖人民政府的主体自觉和依法自律,还要依赖相关机构的权力制约与法律监督。如果政府不当用权,公民和法人的权利会缺乏保障,甚至被严重侵犯。在一定意义上,公民和社会的权利与政府的权力之间存在着此消彼长的关系。当政府权力过度膨胀,人民权利就必然受害。

从行政决策上讲,必须依法作出。行政决策是行政工作的重要内容,是行政权力的重要体现,由于其作用巨大、影响强大,因而也就特别引人注目。决策民主问题,是整个政治民主的构成部分,也是社会民主的重要先导。以后,我们必须从立法上完善决策制度,从程序、责任等多重视角对行政决策加以规制。完善决策机制、程序,追究决策责任,都是摆在我们面前的难题。法治是破解行政决策诸多重大问题的根本出路。用法治的手段来保证行政决策的民主性、科学性。

从行政执法上讲,必须严格规范公正文明执法。提升人民群众对执法的满意度,消除执法不严格、不规范、不公正、不文明的现象。依法执法,实现执法的法治化。正确处理政府与人民之间的关系,使政府和人民之间维持良好关系,强化政府的信用。用法治来保证人民的主体地位、主人地位,才能进而约束政府行为,确保执法的严格规范与公正文明。

从政务公开来看,必须依法推进。一些领导干部和公务人员,对于公开行政缺乏认识。政务公开是人民政府的必备特征,是人民民主对政府政务的必然要求。少数公务人员并不理解政务公开与人民民主之间的关系,更未能将其作为自己的法定职责,把不该保密的滥加保密,结果是以不当的保密来损害人民当家作主。它必然损害人民群众对行政机关及其行为的知情权、参与权、监督权的实际享有。当然政府该保密的还得保密,诸如涉及国家机密、个人隐私、商业秘密、社会风化等有关事项,该保密的毫无疑问地加以保密,并不得公开。对于应当公开的,不公开是违法;对于不该公开的,乱公开也是违法。哪些政务必须公开,哪些政务不可公开,唯一的准则是法律。所以对于政务公开的范围、种类、例外都必须有明确的法律规定,并将其严格执行。

(四)法治政府需要责任制度作保证

法治政府必然是具有法律责任的政府,是由法律责任做保证的政府。没有责任或者不负责任的政府,都是不可信赖的,都有可能违反法律而逃避责任。政府必须对自己的违法或者失职行为承担应有的法律责任。没有责任与不负责任的政府,必然是随意行政、胡作非为、非法专横的违法政府。

政府的责任总是由法律规定的,是法定责任。制度性的责任规则和约束是法治政府与其他政府的重要区别。政府责任的法定化,对于政府来说有利于政府公务人员严格依法行政、自觉依法行政,事前防止违法行政行为的作出或发生。一旦作出了违法行政行为,有法律责任作为后盾,政府及其公务员还可能自觉纠正自己的违法行为,采取应有的补救措施。政府责任的法定化也有利于人民群众对政府承担责任与否以及承担责任的状况予以监督,了解政府的行政情形,确保政府的民主与法治本质。政府依法承担行政法律责任,它既有利于政府的依法行政,更有利于人民当家作主,体现人民的主体地位与权力。人民通过法律的制度性规定,体现自己的意志。依法追究政府的法律责任,是人民意志的体现,是人民民主的要求。

行政责任是多样的,追究制度必须完善。我们需要建立完善的责任追究制度与机制。其中包括以下几个方面:一是对于政府行政违法行为的依法追责。政府公务人员及其机关必须对自己的违法行为、失职行为、渎职行为等承担责任。应当建立一套严密的责任追究制度来确保依法行政的推进与实现。二是实行责任倒查。面对重大行政决策失误等,必须倒查行政法律责任。根据追责的法律制度及其时效原则,该查处的坚决查处,该追究的坚决追究。从结果查起,层层追责,维护法律尊严,以儆效尤。三是依法进行责任终身追究。对于应当承担重大行政决策责任的领导,依法应当终身追责的,不得因其工作岗位的变化而免责,也不得因退休离休而免责,还不得因死亡而全部免责。对于已经去世的责任者,当然无法追究其管制、拘役、有期徒刑、无期徒刑、死刑等人身责任,但是理应依法剥夺因违法而获得的英雄、劳模、先进人物等称号。对于非法财物,一律予以依法追缴。

行政法律责任体制机制的建立和实际运行,是依法行政和法治政府得以持续的有力保证,也是政府法治化的重要标志。

六、司法机关依法独立公正司法

司法机关,在广义上几乎包括一切与法律相关的专门机构,在狭义上则仅指人民检察院与人民法院,甚至仅指人民法院。司法机关依法独立公正地行使司法权,是我国司法改革的目标,也是法治中国的显著标志。必须完善司法管理体制和司法权力运行机制,规范司法行为,加强对司法活动的监督,努力让人民群众在每一个司法案件中感受到公平正义。

(一)司法机关依法行使司法权

司法权是与立法权、行政权等并列的国家权力。与其他权力相较,司法权同样具有各自不可取代的性质。基于司法权本身的独特性质,其行使就必然具有专属性,只应也只能由特定的司法机关行使。在确认了司法权的独特性与专属性之后,司法机关如何行使司法权,就成为关键。司法机关必须依法行使司法权,法律是司法机关与司法活动的最高准则。司法机关独立公正地行使职权,并不是说它可以为所欲为。这里的独立公正行使职权,必须首先是依法的。司法机关没有依法,所有的独立行使职权都只能是对法律的背叛,只能是司法官员的任性与专横,都可能是对法律的反动,可能是对世人的欺骗。依法是司法机关独立行使职权与公正的前提和保证。没有依法,其所谓的独立行使职权就必然是任性,所谓的公正就可能是偏私。依法是独立行使职权的品质保障,是公正的过程保证。严格依法,是司法机关的本质要求,也是司法机关的行为规则。依法司法,具有深刻的内涵。

首先,司法必须以法律的制度规定为根本的准则。司法官员必须首先了解法律,准确把握法律的含义与原意,切忌望文生义、断章取义。这是司法的前提性要求。正是因此,才对司法官员具有专业教育背景、必要业务能力的条件要求。司法官员在查明所要适用的法律规则之后,还要尊重法律,严格依法办案,最终要体现在裁判文书之中。不能转化为裁判结果的正确认识再正确,也达不到正确适用法律的目的,也不能使案件得到公正的处理。认识到法律的制度性要求后,就要有坚守法律的行动。不能认识归认识,行为归行为。认识上十分深刻,行动上依然故我,那么依法司法就变得没有意义。要严格依法司法,就必须摒弃法官的个人偏好。司法裁判不能是司法官员个人偏好的体现,必须符合法治的制度规定。尽管每一个司法官员都难免有偏好,但是所有司法官员都必须随时与自己的偏好做斗争,不断克服偏好的影响。不能用一己之见代替法律的制度要求,或颠覆法律的原则与精神。司法官员更不能受金钱、人情的影响做出枉法裁判。其腐败与徇私行为必须受到法律的应有制裁。

其次,司法要全面适用相关的法律规范。司法机关及其官员裁判案件所依据的法律,不仅仅是某一法律法规的文字规定,更要全面适用法律。法律的规定浩如烟海,甚至法官也难以完全尽知,所以就必须认真听取各方当事人的意见,听取代理人、律师的意见,听取辩护人的辩护意见。尽可能全面地了解法律,准确地寻找到所要适用的法律。也就是说司法官员不仅要懂得某一具体的法律规定,还要查明与之相关的其他法律规定,进行综合评判,严守效力原则,依法适用法律。要在所有相关的法律规则中依照法律的效力原则,找到最适合相关案情的法律,准确适用。这种法律的全面适用既包括实体法,也包括程序法;既包括一般法,也包括特别法;既包括特定领域的法律,也包括相关领域的法律;既包括特定条款,也包括相关条款。

最后,司法要在全面把握法律制度的基础上遵从法律精神。熟知法律只是基础,要能把握法律的精神才是根本。法官不仅是“法匠”,而且应该是“法神”。对于法律的理解不可机械偏执,而应深入法律的精神,得其深刻的内涵与蕴义。司法机关不仅要尊崇法律的字面规定,而必须尊崇法律的内在精神和价值取向,并以其为指导来理解和运用法律。不考察或不符合法律内在精神与价值导向的“依法”,实际上是对法律的表浅认知,很可能是对法律原意的扭曲,甚至是对法治本身的反动,是不依法。要做到既符合法律的字面含义,又体现法律的内在精神,达成二者的高度统一。因此,法官、检察官应具有良好的法律知识、法律技术、法律学养,能对法律的精神具有最准确的把握和最良好的体悟与运用。

(二)司法机关独立行使司法权

司法机关必须独立行使司法权。这是公正的前提。司法权若不能自主行使,就无法对自己的裁判负责。这样无论给司法的压力多大,不公正依然会是司法的悲剧性结果。如果是在这样的背景下,以巨大的压力强制性地要求司法公正,对于法官来说本身就会不公正。

独立行使司法权要求取决于司法自身的属性与规律。司法本质上是一种裁判权,面对原告与被告、控方与辩方,它必须居中裁判。无论采纳哪方的意见,或者哪方的意见都不予采信,都以其独立的认知、判断作为根据。这就是司法机关依法独立行使职权的根据,直接由其裁判的中立性所要求。司法上的任何偏颇都会导致不公正的发生,因此必须尊重司法的这种不偏不倚的居中裁判性质。法官除了法律,理当没有别的上司。法官必须根据自己对于法律的诚挚理解来适用法律。法官必须具有的品格有二:一是对法律的忠诚;二是忠诚于自己的良知。司法机关必须独立行使职权,否则既无法忠于法律,也无法忠诚于良知。这里的独立行使职权,就是指司法机关不受法律之外的任何因素的干扰,坚持根据自己对于事实的判定与对于法律的认知,做出尽可能公正的司法裁判。

要确保独立行使司法权,就必须排除来自司法之外和之内的各种干扰。要对领导干部和司法机关内部人员对案件处理的干预,设置屏障。要建立起干预案件的记录、通报和终身责任追究与责任倒查问责机制。对于干预者要予以纪律、法律的处罚,对于导致冤假错案的,要依法追究刑事责任。同时还要排除来自司法机关内部的不当干扰,同样起建立相关的制度。对于司法机关内部的干扰因素,也必须予以排除。只有不受干扰的司法,才可能是公正的。在不受干扰条件下,司法官员对其所造成的冤假错案,必须承担应有的法律责任,甚至沉重的法律责任。

要保障独立行使司法权,必须对司法官员予以应有的职业保护和职业待遇。要用制度为司法官员撑起一片蓝天。所以,非经法定程序,非因法定事由,不得随意对司法官员进行免职、降职、降级等处罚。同时,司法官员也是在现实社会中生活的,他们也需要必要的物质生活条件。司法官员的待遇问题必须予以高度关注。他们担负着裁判人间是非、维护人间公正的神圣职责,承担了其他职业所没有的风险,就理当得到更高的社会认同。因此,要认可司法官员职业的特殊性,给予其公正的较高待遇包括薪酬,为独立行使司法权提供主体意义的保障。

司法机关依法独立行使职权并不是司法官员的为所欲为,更不是枉法裁判。司法机关独立行使职权,既必须依法,也必须公正。在依法与公正的双重保障下,司法机关独立行使司法权就成了其具有权威并赢得社会公信的坚实基础。对于司法官员的枉法裁判必须追究责任,建立起终身负责和责任倒查问责机制。独立行使司法权是极为重要的,同时保障司法的依法独立也是重要的。但是对于滥用司法权的限制必须采用科学的法治化方式。要从实体法律制度和程序法律要求的两个方面,对司法进行审级监督、检察监督、新闻监督、舆论监督。这种监督既是必要的,又是依法的,既以尊重司法权的独立行使为前提,也以确保司法公正为目标。在对司法实行监督问题上,科学的机制设置具有特别重大的意义,稍有不慎就可能顾此失彼,适得其反。

(三)让人民群众在每一个司法案件中感受到公平正义

司法机关必须公正行使司法权。司法机关必须是公正的机关,司法官员必须是公正的官员。公正是司法最基本、最神圣也是最高尚的价值追求。没有公正,司法就无法得到人民的信赖,司法也不会有公信力。加强司法公信力建设之根本就在于确保司法本身的公正性。公正是司法最深刻的本质要求,也是司法赢得社会尊崇与人民公信的根据。实现司法公正,要求是多方面的。司法官员自身的公正问题是关键之关键,核心之核心。如何使司法官员以实现公正为己任,以实现公正为精神依托和内在诉求,是司法官员人格塑造的根本。没有公正的司法官员必无公正的司法。司法公正受制于多个的因素。其中任何一个因素都可能阻碍司法公正的实现。一是法律制度的状态。没有良好的法律制度,就不会有公正的司法。因为面对偏私的法律,任何司法官员的公正都是微不足道的。良好的法律制度是公正司法的制度前提。立法的不科学、不民主必将对法律的公正性产生极为深刻的影响,甚至使司法根本上就不公正。二是司法体制机制的情形。没有良好的司法体制机制,司法官员想公正也公正不了。畸形的司法体制机制局限,必将制约司法公正的实现,使司法公正成为泡影。谁审谁判谁负责,说起来容易,实行起来特别困难。没有良好的司法体制机制,作为司法结果的裁判必然是畸形的,是否公正必然大成疑问。三是政治体制的格局。司法体制本身就可以说是政治体制的构成部分。但是面对整个政治体制,它也不过是一个子系统。没有良好的政治体制作为保证,司法体制难以科学,司法也就无法公正。法治的最坚实的基础是民主,民主是一个渐进的过程。民主的渐进性决定了政治体制改革的渐进性与艰巨性。政治体制及其改革的滞后必然会在根本上制约司法体制改革和司法公正的实现。

司法机关依法独立公正行使司法权是一个整体,共同作为司法体制改革的重要措施和现实目标。司法机关及其司法人员都必须秉持司法的依法、公正的本质要求和基本原则,并将其作为自己的自觉诉求,铭刻于内心深处,贯穿于行为之上,体现于裁判之中。只有这样,才可能有司法公信力的不断提高,司法机关才可能赢得人民的信任和社会的公认。最终的目的与价值追求是让人民群众在每一个司法案件中感受到公平正义。这是一个崇高的价值目标,也是一个现实的工作要求。司法机关要使每一个案件都被处理得公平正义,确有其难度。但是在这个问题上没有余地。因为司法机关的任何一个细小的失误,都可能导致严重的社会后果,有时甚至是灾难性的恶果。一个错案对于检察官或者法官来说,仅仅是百分之一、千分之一乃至万分之一的错误,但是对于相关当事人来说则是百分之百的损失。整体的司法工作也许不会因为一个错案而受到多么巨大的影响,但是一个公民则可能因为一个小小的司法过错导致其贻误终生、妻离子散、家破人亡。司法的独特性决定了对于司法近乎苛刻的要求。也只有这样苛求,司法才能以一个又一个的公平正义来确保社会公正、维护社会秩序、促进社会文明、推动社会发展。

七、法治社会基本建成

建设法治社会是中国社会的发展方向,也是法治中国建设的重要目标。法治社会要求全社会的法治意识全面提升并得以最终确立,全社会恪守和奉行法治精神,将守法转化为自觉行动,形成人们不愿违法、不能违法、不敢违法的法治环境。法治社会建设要与法治政府建设、法治国家建设齐头并进,形成法治建设的合力。

(一)树立法治意识与构建法治文化

法治社会在广义上是指依法治理、依法而治的社会。在狭义上仅指与政府等公权力领域相对应的社会领域的法治化状态,它意味着公民个人,法人包括机关、企业、事业单位以及其他社会组织,城市社区,乡村等全面的法治化,体现在教育、科技、文化、医疗、体育、社保、旅游、人口以及劳动就业、社区建设等各个方面。法治社会是人民社会生活、社会管理、社会秩序获得依法治理的状态,它要求社会生活、社会管理、社会秩序的法治化。

为了建设法治社会,必须增强全民法治观念,树立法治意识。法治社会需要人民群众的积极参与和共同建设。法律的权威源自人民的内心拥护和真诚信仰。就人民权益与法律之间的关系来说,人民权益要靠法律保障,法律权威要靠人民维护,人民权益和法律权威都需要法治观念来支撑。观念是行为的先导,属于人们意识的范畴。良好的法治观念是法治社会的思想基础和必要条件。没有法治观念,法治就会停留在口头上,人们就不可能有切实的法治行为。法治观念在社会大众那里,就应该是普遍存在的,是一般的、普遍的社会意识。这种观念需要深入人心,进而成为人们的思维模式和行为习惯,是人们进行行为方式选择的认识前提。当法治观念、法治意识主导人们的行为,成为社会普遍的思维方式和行为模式的时候，法治就具有了最深刻的社会基础。在社会普遍的法治观念和深刻的法治意识基础上，法治就有可能成为持久的社会现实。培育全社会的法治观念，树立法治意识，是法治社会建设的重要任务之一。

为此，必须弘扬社会主义法治精神，建设社会主义法治文化。法治文化的内容极为丰富，可以通过多渠道、多途径进行法治文化建设。要增强全社会厉行法治的积极性和主动性，形成守法光荣、违法可耻的社会氛围，使全体人民都成为法治的忠实崇尚者、自觉遵守者、坚定捍卫者。要把全民普法和守法作为依法治国的长期基础性工作，深入开展法治宣传教育，引导全民自觉守法、遇事找法、解决问题靠法。党政机关必须率先守法，领导干部必须带头守法。要把领导干部带头学法、模范守法作为树立法治意识的关键。要着力完善国家工作人员学法用法的制度，使其公务行为和社会行为均能体现法治精神，成为社会法治建设的表率。在教育上，要把法治教育纳入国民教育体系，从青少年抓起，在学校设立法治知识课程，使法治意识成为新公民的重要素养。深化普法，健全普法宣传教育机制，切实提高普法实效。法治文化的建设，要成为法治社会建设的重要方面，受到应有的重视。

法治意识是相对于特定主体而言的，普遍的法治意识作用于人们的行为，并整体性地构成社会的法治文化。法治文化作为每一个主体的外在环境，必然会影响他们的认识、判断、行为，促进和固化内在的法治观念与法治意识。法治意识既属于法治文化的范畴，又与法治文化相互动。一个社会一旦形成了法治文化，就建构了最坚实最深刻的法治基础，法治就能获得全社会的支持和要求。所以法治意识的树立和法治文化的建设都不可忽视，并应该协同推进。

(二)加强法律服务与强化律师队伍

构建法治社会,必须打造完备的法律服务体系。这个法律服务体系不是一般的体系,它要能适应法治化发展的客观需要,满足人民群众对于法律服务的要求。这个体系是一个覆盖城乡居民的公共法律服务体系,它遍及法治国家所应提供法律服务的各个方面。法律服务体系是法治国家、法治社会的物化基础、推动力量和重要保证。法律服务体系对于法治发展具有硬件建设的意义,也是政府必须担负的政治、法治、社会责任。

在社会实际生活中,对于法律服务的获得,并不是每一个公民都有同等的经济可能。对于那些经济能力较低,无法承担相应服务费用的,要由政府予以有效的法律援助。因此必须进一步完善法律援助制度,扩大援助范围。尤其是在对申诉案件实行律师代理制度之后,对于那些无力聘请律师的当事人,政府可以用法律援助的方式为其提供律师服务,减轻人民群众的经济负担。

同时,要健全司法救助体系,保证人民群众在遇到法律问题或者权利受到侵害时获得及时有效的法律帮助。对于刑事案件中加害人无力补偿、受害人无法得到补偿,而使其受害人或其家庭处于严重窘困状态的,应予以必要的司法救助。对于民事案件执行中,由于义务人履行不能,而导致权利人及其家庭处于严重窘困状态的,也必须予以司法救助。司法救助问题,是我国社会由来已久,而又长期未能获得解决的问题。必须积极推进,促使我国的司法救助体系尽快建立和完善起来。完善的司法救助体系的建立,必将进一步展现社会制度的优越性、展现法治的优越性,提升我国社会的人权保障水平和状态。

律师队伍是法治建设的生力军,在依法治国的进程中其作用独特而不可取代。律师是特殊的法律工作者。他们以自己独特的工作方式参与法治建设,如同其他法律人一样,是法治建设的生力军和主力军。任何法治国家、法治政府、法治社会都是重视和尊重律师的。他们与其他法律职业共同体成员一道,共同为法治建设贡献力量。我国的律师队伍已经取得了重要的成就,但是还远远不能适应法治发展的需要。个别领导干部对于律师的认识不够,甚至至今还错误地认为律师为坏人辩护、为坏人说话。如是认识会成为发展律师队伍的严重障碍。要用强化律师队伍建设的体制机制来破除这些错误认识,使之不能发挥作用。当然律师队伍也有一个不断自我提升的问题。在法治建设的进程中,律师队伍也需要自我完善,不断超越,与时俱进。要建立起一支涵盖社会律师、公职律师、企业律师在内的律师队伍,促使律师队伍协调发展、迅速发展、健康发展。现有社会律师的发展已经具有了相当的规模,但是其分布还不够合理。公职律师、公司律师队伍,还需要大力发展,现在从数量和质量两个方面来看,都远远不能适应社会法治发展的需要。当然律师队伍的发展必须充分运用市场的杠杆,通过依法的竞争,实现真正的优胜劣汰,推动律师队伍的素质提升和合理分布。要用政府购买律师服务的方式,为公众提供必要的法律服务。在法律职业共同体中,律师是国家检察官、法官甚至政治家的摇篮,是他们的重要来源。要注重从律师中遴选法官、检察官,使律师经历成为法官、检察官的必要准备和专业训练。我们要建立从律师中选任法官、检察官的体制机制,确保律师成为司法官员的重要来源,或为司法官员选拔的大本营。

(三)依法维护权利与及时化解纠纷

只要有权利义务的划分存在,只要有违约和违法事实存在,侵权就无法彻底禁绝。侵权的事件一旦发生,对于受害人来说,就相应地产生了维权的问题。只要有权力与权利的分别,权力的滥用与权力对于权利侵害,就可能发生,乃至现实存在。从权利与权力的关系来看,无论是权力的滥用或是权力的横行,都可能导致侵权。社会公众或者法人组织的维权诉求是正当的,但是维权的方式是否合法就可能成为问题,久而久之随着矛盾的累加,也可能成为严重的社会问题。要倡导和引导社会公众依法维权,强化法律在维护群众权益、化解社会矛盾中的权威地位。引导人们理性表达诉求、依法维护权益,健全社会矛盾预警机制、利益表达机制、协商沟通机制、救济救助机制,畅通群众利益协调、权益保障法律渠道。依法维权,依赖维权者的主体自觉,也依赖必要的法定维权路径。从主体的视角看,被侵权者或自认为的被侵权者要有依法维权的意识,一旦决定维权就要自觉地选择合法的路径。这固然与维权者的法治观念、法治意识有关,也与国家所提供的救济路径有关。一个法治的社会一定要为维权者提供合法的维权路径,绝不能让维权者在法律意义上认为无路可走。从现有的法治实践来看,被侵权者或者自认为的被侵权者,可以寻求调解、仲裁、诉讼等法定途径。如果其他路径都难以解决,最终必须以诉讼作为兜底的选项或者渠道。如果法律能够成功地引导受害人或者自认为的受害人通过法律的途径来维权,社会的法治化就不难实现。当然要尽最大努力确保这些维权的路径是有效的,是可以和能够维权的。这就对司法公正、权威、有效提出了新的要求。

与维权相伴的是纠纷解决。因为侵权一旦发生,很可能就导致纠纷发生。侵权是纠纷的重要源头和主要源头。任何社会都难免发生各种矛盾纠纷。一个美好的和谐社会,并不是没有纠纷,而是纠纷发生得少,解决得快,解决得好。面对现实社会中大量社会矛盾的多发突发,要理性而积极地应对。社会矛盾的实质是社会成员之间的利益冲突与纠葛,是有的社会成员认为自己的合法权益受到了侵害或者未能得到有效的维护。矛盾纠纷的种类繁多,发生的场景也各不相同,应针对不同的纠纷，设置多种的纠纷解决机制。多管齐下，多元手段，齐抓共管，确保矛盾纠纷一旦出现，就可以获得救济机制与解决方式。不同的解决方式，表现各异，但是都必须依法进行。

维护权益和解决纠纷必须从法治入手，进一步健全社会矛盾纠纷预防化解机制，运用调解、仲裁、行政裁决、行政复议等手段与诉讼相并行和衔接。当然，还要依法推进社会治安综合治理，从源头抓起，强化危害食品药品安全、影响安全生产、损害生态环境、破坏网络安全等重点问题的依法治理。要动员全社会的各种力量参加法治社会建设，推动法治社会发展。

（四）加强道德建设与推进依法治理

法律与道德是紧密联系的。法律是外化的行为规则，道德是内在的行为根据。道德对于法律的意义极为重要，在加强依法治国的同时，必须加强道德建设。要将道德建设与法治建设协同推进。法治社会的建设，仅仅依靠法律是远远不够的，在倡导守法的同时，必须加强公民道德建设，弘扬中华优秀传统文化，建设现代化的伦理文明和文明伦理，使法治意识具有更深刻的伦理根基。要通过道德教化来增强法治的伦理基础。对严重违反道德的违法犯罪，加以应有的法律制裁。通过法律实施，充分发挥法治在解决道德问题中的作用，以法律来保卫道德底线，引导人们自觉履行法定义务、社会责任、家庭责任。如果人们都能尊崇社会主义道德，违法必将大大减少。人们都能在道德底线之上行事，社会就会因此而更加美好。一旦不幸地发生了过失性质的违法犯罪，也会因道德作用的良好发挥，而使其对社会的危害减小到最少状态。

推进多层次多领域的依法治理。法律的作用不是孤立的，除了道德之外，还有众多的社会规范。它们也发挥着重要的作用。在强调法律法规意义的同时，必须注重发挥市民公约、乡规民约、行业规章、团体章程等社会规范在法治建设和社会治理中的重要作用。这些规范都是在法律的范围内制定的，对于特定区域或者特定人群具有明确的针对性、特定性，也具有得到遵守并被监督的人际环境，因此，这些规范可以得到相对较好的实施。如果我们能够重视并发挥这些规范的作用，也可以减少违法犯罪，对违法犯罪的发生起着重要的阻止与预防作用。同时，还要充分发挥人民团体和社会组织在法治社会建设中的作用。各种社会组织都有一定的规则，这些规则对其成员的守法状况都具有或多或少的影响。要充分发挥这些组织与规则的重要作用，推动全方位的综合治理与依法治理。全社会的依法治理，必将有助于推进整个社会的法治化建设。

法治社会是法治中国的重要目标。法治社会包含着经济、政治、文化等各个方面的法治化，并与法治政府建设、法治国家建设同步推进。法治社会建设是一个长期的过程，即使在法治社会全面建立之后，也还有一个持续更新、不断递进的发展问题。从某种意义上说，良好的法治，将使一个社会生机盎然、永续不绝、生生不息。

【附记：此文为应松年教授主持的中国法学会2015年《建设法治中国》课题成果中，卓泽渊所撰稿部分】

6. 推进法治中国建设的现实任务

法治中国是建设中国特色社会主义法治体系、建设社会主义法治国家的宏观总括，也是中国法治发展的理想目标。推进法治中国建设理当成为我们的实际行动。在当前乃至今后一个时期，究竟应该作出怎样的努力推进法治中国建设，在此发表一些粗浅的想法，以请教于学术理论界。

一、坚持法治国家、法治政府、法治社会一体建设

法治国家、法治政府、法治社会，是在中国长达百年的法治历程中渐次提出的重要概念和法治目标。三者之间，法治国家是"总括"，法治政府和法治社会是法治国家内涵的"两个主要构件"或者"两大方面"。

法治国家、法治政府、法治社会是法治中国的具体化。法治中国是中国法治化发展的总括，它应当体现在各个方面。作为国家公权力的最大代表，当然地要依法行使职权，自觉地依法办事，严格遵守法律的

实体与程序的各项规定,这就是法治对于政府的要求,也是法治政府的要求。同时,法治也必须体现在社会生活之中,体现在千千万万的社会公众的行为之中。只有全社会在总体上都能自觉守法,才能建成法治社会,才能说这个社会成为了法治社会。将法治政府、法治社会囊括其中,名之曰法治国家,也就是法治中国。

法治国家、法治政府、法治社会是一个必须统一推进的整体。三者虽然各有不同的含义,但实际上是包容、交叉、互动的一体关系。从包容上讲,法治国家是最为宏大的概念,法治政府、法治社会都是法治国家的构成部分。法治国家是总体,法治政府和法治社会是法治国家的主要部分、两个重点。法治政府和法治社会是相互影响的,没有法治政府必无法治社会,没有法治社会也必无法治政府,没有法治政府和法治社会更无法治国家。法治国家、法治政府、法治社会三者既是相互促进的,也是相互牵制、相互制约的,要充分发挥三者之间良性的互动关系——相互促进来积极推动法治中国建设。

法治国家、法治政府、法治社会一体建设是法治中国建设的总体要求之一。它要求将三者作为一个整体,予以一体规划、一体设计、一体施工,最终一体建成。三者的一体建成是建立在三者内在关系基础之上的,是对三者关系的尊重与适应,是对规划、设计、施工、建成的总体要求。

法治政府与法治社会发展的不平衡尤其要求一体建设。进一步考察法治国家中的法治政府和法治社会两大方面,就会发现其发展各有所长,且很不平衡。相对来说,人们对法治政府的强调多一些,对法治社会的重视还相对不足。就现有的法治政府和法治社会各自的建设来说也极不平衡。在法治政府建设中,公权力的法律规范和约束,是极为重要的事情。防止公权力的任性,既是法治的需要,更是民主的需要。个别地方政府的有法不依、执法不严依然令人忧虑。在法治社会建设中，普遍守法仍然是最困难的问题。正是这些问题的存在，使得法治国家、法治政府、法治社会一体建设，显得更为必要和重要。

二、完善以宪法为核心的中国特色社会主义法律体系

2011年，我国十一届全国人民代表大会第二次会议宣告中国特色社会主义法律体系已经形成，这是了不起的立法成就，但是其形成并不是完善，甚至可以说，形成仅仅是完善的新起点。形成中国特色社会主义法律体系不易，要将其不断完善是更为艰巨的任务。因为国家和社会的发展永无止境，法律体系的完善也永无止境。

2020年5月，我们制定了《民法典》，它是中华人民共和国法制发展史上的壮举，也是完善中国特色社会主义法律体系的重要成果。尽管如此，这并不意味着完善法律体系的任务已经完成。因为随之而来的，对于相关法律法规的修改、废止，对《民法典》原则性规定的具体化，都需要进一步立法跟进。即便以上两项立法工作都取得了令人满意的成绩，《民法典》本身还有一个如何随着时代的发展而不断发展的问题。

从我国当前来看，我们还要加强重点领域、新兴领域、涉外领域立法等，这些方面都还有繁重的立法任务。在总体上关于社会主义市场经济立法、科学技术立法、生态文明立法、食品药品安全立法、国家安全立法、社会民生保障立法等，都还需要我们下大工夫。随着新的历史时代的开启，必须在现有的市场经济建设的基础上，构建更高标准的现代化市场经济体系。市场经济是法治经济，市场经济的法律要求首先就是立法需求。随着现代化科技发展，科技立法的作用日益凸显。迅速发展的现代科技日新月异地改变着世界，也会不断提出新的法律要求，首先就会体现在立法上。生态文明建设任务极其繁重，需要有力的法治保障，必须不懈努力。随着物质文化生活水平的提高，人民群众对食

品药品质量及其安全要求,标准越来越高,呼声越来越强烈,必须采取相应的立法行动以回应人民群众的要求。经过长期的努力,我们在脱贫攻坚上取得了举世瞩目的巨大成绩,但如何防止绝对贫困化、如何克服相对贫困化、如何防止返贫,是新的时代任务。要让人民过上美好生活,就必须使之免于贫穷。为此,相关的民生立法就必须跟进并发挥出应有的作用。

三、提高依法行政水平

行政机关是一个国家最庞大的公权力机构,也是公职人员最多最集中的地方,如何保证其依法行政,对于依法治国具有决定性的影响。可以说,没有各级政府的依法行政,就没有法治政府,更没有全面依法治国。

依法行政是法治政府建设的基本要求和必由之路。提高依法行政水平是现实的任务。从依法行政的主体来说,各级政府及其工作人员的法治化具有首要意义。从依法行政的内涵来说,政府行为的法治化是根本要求。相应主体及其行为的法治化是依法行政的基本要求。政府公务人员是政府行为的实际作出者,政府公务人员的行政行为是依法行政的具体表现和主要标志。提高依法行政水平所要提高的是政府工作人员的法治水平,是政府工作人员具体行政行为的法治化程度,是严格的依法行政。

当前,我国各级人民政府在依法行政上还存在着这样那样的问题,不同层级、不同地区的政府机构依法行政的能力和水平有较大差距,或者良莠不齐。一个时期以来,征地拆迁问题引发了全社会高度关注,有的政府部门就解决得比较好,有的政府部门就执行得比较差。可以说,征地拆迁中的大量法律问题都是如何依法行政以及依法行政水平高低的问题。依法征地、依法拆迁是法治对于政府的要求,这些要求是否在各个地方都得到了政府及其工作人员的积极响应需要引起高度重视，政府能否依法行政直接关系法治政府建设的进程，更直接关系人民群众的合法权益，关系整个法治中国建设。

四、促进司法公正

司法公正是司法及其体制改革的价值目标，是国家和社会的崇高理想。历朝历代的司法官员或者准司法官员无不将公正作为自己的终极价值追求，作为个人的人生理想。社会也会不断地对司法提出公正的要求，并处处时时事事以此来要求司法、评价司法，但实现司法公正并非易事。司法机关公正地裁判了大量的各种案件，有力地保障了国家和社会的顺利发展。平反了冤假错案，使司法的失误得到了修正，使社会公正得到了恢复，这些都令人欣慰。但是也要看到还偶有一些冤假错案发生，这些冤假错案严重地伤害了司法的公信力，影响了社会公众的司法信心。

着眼我国的司法改革实际，必须深入推进。司法体制改革如同整个改革一样已经进入了攻坚期、深水区，不进则退。司法机关人财物的中央和地方两级管理体制改革、人员分类管理与员额制为代表的人事制度改革、实行司法责任制改革、推进司法公开的改革、推进以审判为中心的诉讼制度改革等各个方面都取得了重要成绩，但是也面临着一些急需攻坚克难的重大问题。面向未来，改革只能成功不能失败，因此就会提出更高的要求，必须深化司法体制自身的改革，推进综合配套改革，进而推动整个政法领域的改革，推动整个国家治理体制和社会治理模式的改革。这场改革的艰巨性是难以想象的，但是必须持之以恒，持续推进。只有这样，改革才有希望，司法才可能达成并保持公正的目标，不辱使命、不负重托。

针对我国当前的法治建设实际，还必须着力完善监察权、审判权、检察权运行和监督机制，其中如何实现国家监察权的法治化更是现实的重大难题。理论研究的欠缺，实践发展的不足，都提出了一系列重大而又难以回答的理论和实践问题。传统意义的审判权与检察权之间的结构关系还需要不断优化；检察权与刑事侦查权、治安管理权之间的关系需要深化改革乃至制度重构。司法公正是社会公正的最后保障，必须把司法公正放到极为重要的位置，加以特别的重视并努力实现。

五、深入开展法治宣传教育

法治宣传教育对于任何国家法治的推进和维系都是十分重要的。对于建构法治国家更是必不可少的基础工程。对于正在建设法治体系、建设法治国家的中国来说，加强法治宣传教育是现实的急切需要。社会公众的法治意识既是法治发展的重要基础、推动力量，也是制约因素。如何建立更加深厚的法治意识基础，还是一个需要全社会共同努力的基础工程、长远工程。

对于法治政府来说，法治宣传教育具有独特的意义。因为，法治政府建设需要全体公务人员每一个人和每一个组织的共同努力。作为政府公务人员并不天然具有法治意识，更不当然地能够依法行政、依法用权，他们的依法办事既需要体制机制保证，更需要个体的具体行动。要将每一个行政行为都做成法治行为，都符合法律规定，体现法治精神。国家公务人员的法治状态对于整个国家和社会都具有重大影响。其违法行政危害深重、影响广泛，必须坚决防止。要在每一个公务人员心中确立法治意识，树立法治权威，将法治意识内化为思维方式、表现为行为方式。

就法治社会来说，法治宣传教育具有更为特别的意义。社会是由若干社会主体构成的，需要全体社会成员包括自然人、法人以及其他社会组织的积极参与和普遍参与。没有全民法治意识的提升，法治社会建设是无从谈起的。让全社会尊法学法用法守法护法,并不是一件简单的事情,它需要坚持不懈努力,更需要长期的法治宣传教育。

普法是我国开展法治宣传教育的重要形式。法治宣传教育是我国全民普法工作的重要职能。从 1985 年以来,我们经历了“六五”普法,完成“七五”普法,取得了重要成就。2021 年,我们将迎来“八五”普法。如何避免普法工作上的形式主义,提升普法实效,已经成为“八五”普法必须解决的难题。

在法治宣传教育工作中必须将法治宣传教育与法治实践相结合,提升宣传教育实效。如何提高法治宣传教育的实效是特别值得深入探索的现实问题,也是客观难题。一些错案影响巨大,成为社会之痛,留下了惨痛教训,必须牢牢记取。一些重大案件的重审与平反,都给了我们良好的启示。通过法治实践体现社会主义核心价值观,是社会道德建设、精神文明建设、法治建设的多重需要。法治实践在法治宣传教育中的意义不容低估,而且已经成为最生动、最能打动人心的普法方式。我们要探索新的历史时代法治宣传教育的新形式、新方式、新路径,使法治宣传教育体制升级,发挥更好的作用,体现更好的实效。

【附记:本文发表于《行政法学研究》2020 年第 6 期】

7. 贯彻执行宪法与加快法治政府建设

今天要与大家分享的是我关于贯彻执行宪法，建设法治政府建设方面的体会，讲座的题目是《认真贯彻执行宪法，加快法治政府建设》。

一、法治发展的要求：认真贯彻执行宪法，加快法治政府建设

（一）宪法的基本性质：治国理政的根本法

宪法是确认国家根本制度、确立国家基本制度，规定公民基本权利义务，具有最高法律效力的国家根本法。作为治国理政根本法的宪法具有怎样的特征呢？最基本的至少有以下几点：一是内容重大；二是效力最高；三是制定与修改程序最为严格。

说到宪法的内容重大，看看我国现行宪法每一章的标题就知道了。宪法的开篇是序言，第一章是总纲，第二章是公民的基本权利和义务，第三章是国家机构，第四章是国旗、国歌、国徽、首都。仅仅是它第三章的每一节就是一个国家机构的宪法地位与权力设置。第三章的第一节是全国人民代表大会，第二节

是中华人民共和国主席,第三节是国务院,第四节是中央军事委员会,第五节是地方各级人民代表大会和地方各级人民政府,第六节是民族自治地方的自治机关,第七节是人民法院和人民检察院。其中规定了我们国务院作为中央人民政府,是最高国家权力机关的执行机关,是最高行政机关的宪法地位,规定了国务院组成人员、任期、职权等。

再说它的效力最高。我们知道,任何法律法规乃至一切规范性法律文件都必须遵从宪法的规定,不得与宪法相抵触,一旦违反宪法,就应该被宣告无效而予以撤销。我国现行《宪法》也即 1982 年《宪法》在序言中宣布,"本宪法以法律的形式确认了中国各族人民奋斗的成果,规定了国家的根本制度和根本任务,是国家的根本法,具有最高的法律效力。全国各族人民、一切国家机关和武装力量、各政党和各社会团体、各企业事业组织,都必须以宪法为根本的活动准则,并且负有维护宪法尊严、保证宪法实施的职责"。其总纲(第 5 条)规定,"一切国家机关和武装力量、各政党和各社会团体、各企业事业组织都必须遵守宪法和法律。一切违反宪法和法律的行为,必须予以追究"。"任何组织或者个人都不得有超越宪法和法律的特权。"

再说它的制度与修改程序最为严格。宪法的制定与修改程序不同于其他任何法律法规,具有特别严格的程序要求。就宪法制定来说,它一定是重大政治事件和政治行动,其重要性自不待言。宪法的每一次修改就是一件极为重大的事情。我国现行《宪法》第 64 条规定,"宪法的修改,由全国人民代表大会常务委员会或者五分之一以上的全国人民代表大会代表提议,并由全国人民代表大会以全体代表的三分之二以上的多数通过"。宪法之外的"法律和其他议案由全国人民代表大会以全体代表的过半数通过"。将其加以对比就不难发现,宪法修改程序的严格与其内容的重大性质相关。宪法的效力最高与程序最为严格,都是由其内容的特别重大所要求和决定的。宪法是治国理政的根本大法，不同于一般的法律法规，在性质上具有根本性。

（二）宪法的重要内容：确立国家的重要制度

宪法的根本目的是保障人民当家作主的权力与权利，而首要的直接功用就是确立国家的各项基本制度。我国现行《宪法》第 1 条规定，“中华人民共和国是工人阶级领导的、以工农联盟为基础的人民民主专政的社会主义国家。社会主义制度是中华人民共和国的根本制度。禁止任何组织或者个人破坏社会主义制度。”这是对我国国体的规定，也是对我国社会制度——社会主义制度的确认。《宪法》第 2 条规定，“中华人民共和国的一切权力属于人民。人民行使国家权力的机关是全国人民代表大会和地方各级人民代表大会。人民依照法律规定，通过各种途径和形式，管理国家事务，管理经济和文化事业，管理社会事务”。这是对我国政体的规定，它确认了人民当家作主的政权组织形式——人民代表大会制度。随后它规定了中华人民共和国的国家机构实行民主集中制的原则（第 3 条）；各民族一律平等（第 4 条）；实行依法治国，建设社会主义法治国家原则（第 5 条）。《宪法》第 6 条规定，中华人民共和国的社会主义经济制度的基础是生产资料的社会主义公有制，即全民所有制和劳动群众集体所有制。这是对经济制度的规定，它使公有制具有了神圣的宪法地位。《宪法》第 15 条规定，国家实行社会主义市场经济。这一规定确认了社会主义经济体制是市场经济体制。这些规定对国家制度予以了明确的宣示，都具有极为重大的意义，其每一个变化都会产生巨大的影响。

（三）宪法的根本要求：人民民主与法治政府

宪法的根本要求是什么？就是保障人民当家作主，成为人民权力与权利的保障。这是根本之要求，我国《宪法》第 2 条宣布：“中华人民共和国的一切权力属于人民。”“人民行使国家权力的机关是全国人民代表大会和地方各级人民代表大会。”“人民依照法律规定,通过各种途径和形式,管理国家事务,管理经济和文化事业,管理社会事务。”这是对于我国国家性质——国家的人民性与民主性的宪法确认,目的就是要保证人民当家作主,实现人民民主。人民民主是对我国国家性质的规定。我国是人民共和国,是人民作为主人的国家,人民是国家的主权者。

为了保证国家的人民性,就必须坚持依法行政,构建法治政府。因为,政府的人民性是由国家的人民性所决定的,国家的人民性是以政府的人民性作为保证的。用什么来保证政府的人民性,其手段和表现必然是政府的法治化。看一个政府是否忠于人民,最直接的标准就是看它是否遵守宪法,即是否尊重人民的意志,是否依照人民的意志来治国理政。法治化是政府人民性的制度保证。为此,《宪法》总纲要求“一切国家机关和武装力量、各政党和各社会团体、各企业事业组织,都必须以宪法为根本的活动准则,并且负有维护宪法尊严、保证宪法实施的职责”。在诸多国家机关之中,以人民政府的权力范围最为广泛,影响最为巨大。《宪法》第 5 条第 1 款规定,“中华人民共和国实行依法治国,建设社会主义法治国家”。第 5 条第 3 款规定:“一切国家机关和武装力量、各政党和各社会团体、各企业事业组织都必须遵守宪法和法律。一切违反宪法和法律的行为,必须予以追究。”它对国家机关的要求,在很大程度上都是对政府的要求。宪法之下的政府理当是法治的政府,法治政府是政府人民性的根本保证。因为宪法和法律是人民意志的体现,政府是否遵守宪法法律,也就是,是否服从人民的意志,是判断其是否忠于人民的根本依据。

我国《宪法》第 89 条关于国务院职权的规定表明,国务院有权根据宪法和法律,规定行政措施,制定行政法规,发布决定和命令。《宪法》

第110条第2款规定，地方各级人民政府对上一级国家行政机关负责并报告工作。全国地方各级人民政府都是国务院统一领导下的国家行政机关，都服从国务院。这就为法治政府建设提供了宪法根据与体制基础。国务院和地方各级人民政府都必须以宪法和法律作为行政的根据。建设法治政府自然就成为政府建设的目标。从国务院到地方各级人民政府都应该，也都一直在为建成法治政府而不断努力。

新中国法治政府建设，也许可以从1949年起算，其间有20世纪50年代的创立与初步发展。在20世纪50年代中后期，发生了“反右”斗争扩大化，及至1966年到1976年的“文化大革命”，中国的法治政府建设长期处于停滞状态，乃至遭到严重破坏。1978年中国共产党十一届三中全会召开，中国的法治政府建设进入了恢复和重新起步阶段。在党的十一届三中全会上，我们党提出了“有法可依、有法必依、执法必严、违法必究”十六字方针；随之，我国制定了《宪法》(1982年)、《国务院组织法》(1982)，以及《地方各级人民代表大会和地方各级人民政府组织法》(1979)、《刑法》(1979)、《刑事诉讼法》(1979)、《民法通则》*(1986)等。这些法律的意义是极其重大的，也是多个方面的。它们对政府法治化的意义不容低估，它们为法治政府建设创造了制度环境，也提供了重要的行为规则。

从1989年开始，中国法治政府建设进入了新的发展阶段。在这一阶段，1989年颁布了《行政诉讼法》；1990年颁布了《行政复议条例》**，1994年将其升格为《行政复议法》。1994年颁布了《国家赔偿法》，1996年颁布了《行政处罚法》，1997年颁布了《行政监察法》***。这些法律的

* 现已废止。——编者注
** 现已废止。——编者注
*** 现已废止。——编者注

颁布对于中国法治政府建设,发挥了巨大的作用。1997年,中共十五大召开,大会正式确立了依法治国,建设社会主义法治国家的治国基本方略,并将其写入了党章。1999年3月,九届全国人大二次会议通过了宪法修正案,确定依法治国这一宪法原则,将这一治国方略写入宪法。1999年国务院发布了《关于全面推进依法行政的决定》。从这些法律法规的立法史上,我们可以清晰地看到中国法治政府建设的一步步历程。

从2002年到现在,中国的法治政府建设进入了全面推进依法行政阶段。2002年,党的十六大召开,大会提出全面落实依法治国基本方略。它要求加强对执法活动的监督,推进依法行政。2003年,我们修订了《国务院工作规则》,确认依法行政为基本准则。2004年,国务院发布了《全面推进依法行政实施纲要》,确立了法治政府的目标以及依法行政指导思想、基本原则、重要任务和具体措施。2007年,党的十七大召开,提出了全面落实依法治国基本方略与加快建设社会主义法治国家的目标。2008年,国务院作出《关于加强市县政府依法行政的决定》;2010年,国务院发布了《关于加强法治政府建设的意见》。从全国人大的立法工作来看,其在2003年制定了《行政许可法》、2005年制定了《公务员法》、2005年制定了《治安管理处罚法》、2007年制定了《突发事件应对法》等,这些法律有力地推动了依法行政事业和法治政府建设。

在实践中,法治政府建设正在努力推进。尽管遇到了很多困难,也有很多问题需要回答,许多难题需要破解,但是我们确确实实在努力,并取得了一些重要的成就。一个典型的案例是陕西夫妻同看"黄碟"案的处理。

2002年8月18日下午临近下班时刻,延安张某夫妇在家中看"黄碟",由于声音过大,被过路的邻居听见并窥探发现,就立即打110报案。民警接到报案后,迅速来到,闯进张某家中将丈夫张某带走并将其羁押。媒体广泛关注后,公众普遍认为张某的行为不应被归为违法更不能被归为犯罪,并对公安机关随意进入公民家中表达了不满。公安机关鉴于公众舆论,对张某罚款1000元后放回。两月后,派出所又以涉嫌妨碍公务罪将张某刑拘,媒体再次关注,舆论又掀高潮。11月5日,张某被取保候审,30天后被释放,案件随即撤销。到了2002年12月31日也就是当年的最后一天,公安分局领导登门向当事人赔礼道歉;一次性补偿当事人29,137元,派出所所长被撤职。陕西省委政法委领导在记者会上明确指出,“黄碟事件”反映了人民群众热切希望政法队伍提高执法水平,真正保护广大人民群众的合法权益,服从服务于经济建设这个大局,并促使有关方面严格要求干警在执法活动中注意保护公民的各项权益。这个案件的发生,当然揭示了我们所存在的一些社会问题,但是公安机关的处理也同样存在违法的问题。我们的省委政法委面对人民群众的质疑,他们没有麻木,而是依法应对,努力地维护公民的合法权益。其后续的处理以及公安机关严格依法办事的态度,也在一定程度上说明了依法行政和法治政府建设上,已经取得的成绩。

从法治角度看,宪法很重要,神圣而不可侵犯,但这只是一个重要的前提。最根本的还在于建立和实行宪治。在宪治之下,任何权力都是依宪而得、依宪而行的。任何个人都不能凭一己之权力、以一己之意愿而存废宪法或变易宪法。任何组织或者个人都不能违反宪法,所有的违宪者都必须依宪担责。这就是我国现行《宪法》总纲第5条所强调的任何组织或者个人都不得有超越宪法和法律的特权。宪法的直接目标在于宪治乃至法治,宪法的终极目标在于维护人民当家作主的权利和权力,实现人民民主。

二、贯彻执行宪法与建设法治政府的现实任务

“社会主义民主政治不断发展、依法治国基本方略扎实贯彻,同时民主法制建设与扩大人民民主和经济社会发展的要求还不完全适应……”这是我们党在十七大报告中的总结。具体说来,我国在社会主义民主政治的具体制度方面还存在不完善的地方,在保障人民民主权利、发挥人民创造精神方面还存在不足。这都是对我国民主法治建设的实事求是的概括。在推进依法行政,建设法治政府方面,还有十分繁重的任务。这些任务主要体现在以下几个方面。

(一)扩大人民民主,坚持依法治国

我们党的十七大报告将人民民主的认识提升到了新的水平。它认为,“人民民主是社会主义的生命。发展社会主义民主政治是我们党始终不渝的奋斗目标”。进而提出“依法治国是社会主义民主政治的基本要求”。

对于人民民主的认识是不断提高和深化的。到了今天,我们党认为人民民主是社会主义的生命。这是对人民民主的最高评价和最深刻认知。将人民民主作为社会主义的生命来认识,将人民民主提高到了前所未有的高度。依照这样的表述,如果没有人民民主或者失去了人民民主,社会主义也就失去了生命。对于社会主义民主政治的认识,如同对于人民民主的认识一样,也得到了提升。发展社会主义民主政治是我们党始终不渝的奋斗目标。

人民民主和民主政治对于法治具有先决的前提和基础的意义。没有民主作为基础就不可能有真正的法治,没有民主政治,也没有严格意义的法治政府。然而,何以实现人民民主,何以发展社会主义民主政治?答案是必须依法治国。依法治国所要求的就是各级人民政府严格

地贯彻执行宪法,切实依法行政,推进法治政府建设。这是民主与法治关系的科学体现。因为依法治国是人民民主的基本要求。法律是人民意志的体现,人民依据法律来治国理政。人民也依据法律来确认、实现和维护自己的民主权利,发展民主政治,实现人民民主。依法治国与人民民主密不可分,紧密地联系在一起,人民民主要求必须依法治国。

(二)促进经济发展,提高法治能力

当前,我们正在发展市场经济,建设社会主义市场经济体制。我们都知道这样的表述,市场经济必须是法治经济,市场经济中的政府必须是法治政府。这是为什么?也许有的同志并没有认真思考过。这主要因为市场经济的主体需要法律确认;市场经济的规则需要法律确立;市场经济的秩序需要法律维护;市场经济的发展需要法律保障。改革开放以来,中国市场经济迅猛发展,取得了令世人震惊的骄人成绩。请大家看看中国对外贸易额的数字增长,就可以管中窥豹:2000 年,4743 亿美元;2001 年,5097.7 亿美元;2002 年,6207.85 亿美元;2003 年,8512.1 亿美元;2004 年,11,548 亿美元(居于世界第三位);2005 年,14,221 亿美元;2006 年,17,607 亿美元;2007 年,21,738 亿美元;2008 年,25,600 亿美元;2009 年,22,072 亿美元;2010,年,29,700 亿美元。

将近 3 万亿美元的对外贸易额,这是历史上的我们所无法想象的。由于中国的发展速度过快,从认识的视角看,世界有一个从不适应到逐步接受的过程,我们自身也会有不完全适应的问题。从现实来看,一定有如何才能健康发展、扎实发展、科学发展的问题,必然涉及我们的体制机制、法治建设包括立法、执法、司法以及尊重与遵守国际法律规范的问题。总之,我们有一个如何让自己的法律制度与法治能力与之相适应的问题。一时间,针对中国国际贸易所实施的贸易制裁大量增加,国际贸易的仲裁与诉讼大量增加。据说全世界现在 95% 以上的贸易制裁是针对中国的，而在相关的仲裁与诉讼中，又有95%以上败诉的是中国。中国遭遇的国际贸易制裁，成为了不能承受之重。为此，我曾经填了一首《定风波》的词：

四面歌声草木忧。黑云高耸不堪愁。展翅偏逢风雨骤。知否。鹏程万里怎重头。

何有坦途堪我走。绸缪。艰难前进不停留。薪减土屯兵礼候。圣手。要凭法治待金秋。

中国要解决国际贸易中过多的被制裁问题，要能在复杂的国际贸易中保护自己的合法权益，必须提升自己对于市场经济，对于国际贸易的认识，更必须提升自己应对国际贸易制裁的法治能力。如果不从法治的角度进行反思、总结，最终超越，我们就无法摆脱目前的困境，走出这片沼泽地。

（三）创新社会管理，强化依法治理

当前要加强和创新社会管理，完善党委领导、政府负责、社会协同、公众参与的社会管理格局，建设中国特色社会主义社会管理体系。社会管理是政府的基本职责。社会管理中，我们要努力建设顺畅的社会流动机制、合理的利益协调机制、安全的社会保障机制、有效的社会控制机制、敏感的社会预警机制、有效的矛盾疏导机制、人与自然和谐相处机制。

要建设起这样的机制，就必须创新社会管理。社会管理的方式方法是很多的，也可以从不同的角度进行描述或者概括。但是无论怎么创新社会管理，科学的社会管理都应该是法治化的管理。法治是治国理政的方式，其实也是社会管理的方式。一个法治的国家必然是对社会进行法治化管理的国家。至于法治社会更是一个依法进行社会管理的社会。运用法治化的方式推进社会管理创新，实现社会管理的法治化，是各级人民政府的重要任务。

（四）完善具体制度，强化司法效能

制度是多层次的。宏观制度一旦确定，具体制度就成了关键。宏观制度能否得到维护与坚守，首先就要看具体制度是否完善。现实中，我们的具体制度的问题还是不少。《京华时报》在2005年3月16日发表的《重庆：开发商一房二卖赢官司》一文中报道：开发商一房二卖净赚9万元，买房人双重损失逾23万元。为什么？因为开发商将房屋预售后不去备案登记。临到交房时，看到房价上涨，开发商就要赖了，毁约拒不交房，甚至一房二卖、三卖，将已经卖给别人的房子重复卖给后来的购买者。这当然是开发商不讲诚信，甚至就是诈骗。但是第一个购房人把官司告到法院，胜诉的并不是购房人，而是预售人开发商。因为开发商没有去登记。法院就认为没有登记的合同为无效合同，无效合同不具有法律效力。其中的违约金，违约者也可以不必承担。一房二卖、三卖的房地产开发商不但不受制裁，反倒从违约中受益。作为购房人来说，房子没有依照合同取得，房屋升值的收益没有了，如果再去另外购房，还要多支付涨价的购房款。所谓的双重损失就由此产生。

为什么会是这样？一查法律规定，就明白了。

1994年全国人大常委会制定的《城市房地产管理法》第44条第2款规定："商品房预售人应当按照国家有关规定将预售合同报县级以上人民政府房产管理部门和土地管理部门登记备案。"结果预售人就是不去登记。他不登记不但不受处罚，而且还可以从中受益。这显然是我们立法上的疏漏，也是司法上的问题。

司法上有什么问题呢？2007年全国人大制定的《物权法》* 第15

---

* 现已废止。——编者注

条已经规定:“当事人之间订立有关设立、变更、转让和消灭不动产物权的合同,除法律另有规定或者合同另有约定外,自合同成立时生效;未办理物权登记的,不影响合同效力。”显然,《物权法》并不以预售合同登记作为合同成立的要件。开发商对自己的违约行为必须承担相应的违约责任,并不得从自己违法中受益。这相互矛盾的法律究竟谁更有效?当然是作为上位法的物权法。我们说,相关司法人员的法律素养是值得怀疑的。但是我们的具体制度就没有问题吗?看看我们的《立法法》,第96条规定:“法律、行政法规、地方性法规、自治条例和单行条例、规章有下列情形之一的,由有关机关依照本法第九十七条规定的权限予以改变或者撤销:(一)超越权限的;(二)下位法违反上位法规定的;……”它规定的仅仅是有关机关予以改变或撤销,并没有规定上位法优于下位法的司法效力,远未遵从下位法服从上位法,或者下位法违反上位法而自动无效的原理。尽管这是法律常识,但是立法法的不明晰或者不完备是一个大问题。至于房地产管理法的不循法理,具体制度的粗疏也是客观的。具体制度直接关乎公民的实际权益,对其进一步完善很有必要。

(五)保障民主权利,激发守法热情

民主权利是一个民主国家、法治国家中公民的基本权利,也是一个社会之所以是民主社会、法治社会的重要标志。如何依法保护公民的民主权利,实现人民当家作主,是法律的任务、法治的任务、政府的任务。人民群众或者公民、法人总是关注自己利益的,对于自己的合法权益,更是十分关注。人民在政治上的民主权利,在整个权利体系中意义重大,对于整个权利体系都具有重要影响。民主权利的保障与政府的法治化状态息息相关,保障公民民主权利的重要主体是政府,有可能侵犯公民民主权利的主体也可能是政府,因此,依法行政对于公民民主权利就具有了双重的意义：一是可以促使政府依法抑制自己的行为，不去侵犯公民民主权利；二是有效保护公民的民主权利，使人民的民主权利能够现实化，被切实享有。这两个方面都要依赖政府的法治自觉与法治行动。

（六）发挥创造精神，强化法治保障

必须尊重人民群众的创造精神，通过深化改革、创新体制，并以此激发全社会的创造活力。要发挥人民群众的创造精神，必须要有政府的法治化作保障。人民群众是社会物质财富的创造者。其创造成果必须获得法律的保护，其劳动报酬必须获得法律的保证。劳动者为社会做出了创造性的贡献，成果得不到法律的保护，劳动报酬都无法获得，其创造活力必然因此而被抑制。在一定意义上，社会物质财富的增加与劳动者及其权益受到法律保护的程度成正比。法律保护得越好，越能激发劳动者的劳动热情与创造热情，积极投身于社会物质文明建设。人民群众也是精神财富的创造者，其精神成果的法律权益，也必须得到法律的认可。对发明权、发现权、著作权、专利权等知识产权必须予以有效的法律保护，并不得被侵犯。对于这些权利的保护，实际上是对这些成果的保护，最终是对这些成果创造者的保护。所有的侵权者必须被追究相应的法律责任，承担应有的法律后果。只有这样，权利人的权利才有保障，才能保护整个社会的创造激情与热情。人民群众还是社会变革的推动者。社会的制度变革总是在人民群众的推动与参与下进行的。人民群众具有天才的创造力，这种创造力不仅体现在物质财富、精神财富之上，而且也体现在制度变革上。我们的政府只有成为法治的政府，以法治的眼光与行动对待人民群众的创造活动，才能使社会充满活力，使人民生活幸福。

三、认真贯彻执行宪法与加快法治政府建设的措施

（一）树立宪法意识，确保宪法实施

当前，我们已经形成了中国特色社会主义法律体系，要进一步建立健全权力运行制约和监督体系，保证党和国家机关按照法定权限和程序行使权力。中国共产党必须自觉在宪法法律范围内活动。这一自觉的实际表现就是两个大的方面：一是支持人大、政府、政协、司法机关等依照法律和各自章程独立负责、协调一致开展工作。二是党和国家机关按照宪法法律规定的法定权限和程序行使权力。国务院及地方各级人民政府在这两个方面都有重要的作用，而且应该成为其中的带动者和行动者。因为相关的其他任何主体都没有政府管理的范围广泛、内容丰富、层级严密，也没有政府那样的行政管理权力。要加快法治政府建设，各级人民政府必须通过自己的行政行为来贯彻执行宪法。其最首要的就是要树立宪法意识，确保宪法实施，这是加快法治政府建设的首要措施。

（二）推进依法行政，建设法治政府

依法行政是政府地位和作用的要求，是法治政府建设的关键和核心。在世界上，如果与公民相比，没有哪一个政府不是强大的。拥有强大权力的政府，如果不受法律的约束，必将是脱缰的野马，没有什么力量能使之得以规范。因此，政府必须法治化。

依法行政就是法治政府的基本要求，法治政府是依法行政的直接目标。要建立法治政府必须依法行政。从这个意义上讲，依法行政是法治政府建设的桥梁。要达到法治政府的目标，必须通过依法行政的路径。依法行政要贯彻在政府日常的行政行为之中，成为每一个行政

行为的准则。所有的政府行为都必须是依法行使的,在实体和程序的两个方面都应当具有法律上的依据。这也就是说法定职责必须为,法无授权不可为。政府的行为首先要依法,要具有宪法法律的根据,一旦违反宪法法律,也应该自觉承担相应的法律责任。政府对自己违法行政的担责,是政府补救性的依法行政,是特殊的依法行政。在行政违法行为不幸发生之后,它就变得异常重要、必不可少。

(三)改革发展稳定,呼唤依法行政

改革、发展、稳定,是我们面临的三大任务。这每一任务要得以完成都离不开政府的依法行政,所以说依法行政是改革发展稳定的急切呼唤。

首先,我们要以依法行政推进、规范和保障改革。历史上,我们有勇气,突破条条框框就可以改革。随着改革的深化与法治的发展,这种起步阶段的改革方式愈来愈无法适应改革和法治的双重需要。现在我们需要的是先立法后改革,以立法来引领改革。即使是改革的试点也必须以法律为依据,事先获得法律的授权。然后根据法律进行试点,坚决反对突破法律改革。突破法律的改革实际上就是违法,甚至就是犯罪。因此,必须改变改革与法律关系的思维。作为政府来说,必须运用依法行政来推进、规范和保障改革。

其次,把依法行政作为促进科学发展的重要方式。发展问题依然是我们面临的首要问题与主要问题。如何发展?我们的回答是十分明确的,必须是科学发展。但是科学发展何以保障,必须要有法治的规范和引领。一个时期以来,食品安全问题成为中国社会的重大问题。如何保障人民群众的饭碗安全,各级政府都担负着不可推卸的责任。再比如我们的手机电池、充电器等问题,也是典型的例证。现在的手机电池、充电器各种型号,几乎是一款手机一套配件,不同型号手机之间的电池和充电器不能共用。这导致了大量的物质财富的损耗,更为严重的是导致了更多的电子垃圾。这根源在哪里,我以为在法律。如果法律法规能够要求所有的手机的电池和充电器必须符合统一的规格标准,这个问题也就解决了。

最后,把依法行政作为维护社会和谐稳定的基石。社会要和谐,社会要稳定,就必须要法治。没有法治,便无稳定。一个时期以来,各种社会问题不断暴露。矛盾纠纷日益增多。这与社会发展的速度相关,与人们之间的交流交往的数量相关。但是不容否定的是,它也与政府的依法行政,与政府的法治化程度相关。政府越是依法办事,人民群众的合法权益越是能够得到及时有效的保障,社会就越是和谐稳定。我们所说的和谐稳定,并不是说没有矛盾,而是说矛盾发生的概率小,矛盾解决的速度快。一旦发生矛盾纠纷就能通过法治化的渠道获得有效的解决。在化解矛盾纠纷之中,政府担负着重要责任,也发挥着重大作用。如果政府不能很好地依法行政,也就不能有效地保证社会的和谐发展与安全稳定。

(四)加强程序建设,提升法治水平

程序是法律的重要内容,程序是法治的重要要求与保证。必须加强依法行政的程序建设,提升政府的法治化水平。

首先,要加快推进行政程序法治建设。行政法治建设中,我们一直比较重视实体法,相应地就比较轻视程序法。这是不对的,必须对此有深刻的认识。俗话说,不以规矩不成方圆,程序就是典型的规矩。行政法治建设中加强程序立法非常重要,它是规范政府工作人员处理行政事务的法律措施,是依法行政的重要内容和程序保障。

其次,大力强化公务员的程序意识。程序意识很重要。没有程序意识,有了程序法,程序法也会被弃而不用。因此,强化公务员的程序

法意识是十分重要的,甚至是首要的。要使每一个公务员在执行公务的时候,具有程序法律意识,自觉依照法定的方式、步骤、顺序、时限来作出行政行为。

最后,严格追究程序违法者的法律责任。当前,还存在政府公务员在程序法上的有法不依、执法不严现象。由于历史上重实体轻程序的习惯思维的影响,以及现实中对程序法的忽视,对于程序违法,有时会存在睁只眼闭只眼的现象。随着法治的发展,这样的局面不能再任其发展。必须采取有效的法律措施予以遏制,直至全面确立程序法意识,全面遵守和执行实体法与程序法。

(五)完善体制机制,确保长期有效

贯彻执行宪法,进行法治政府建设,是一个庞大的社会工程,也是一个长期的法治过程,必须完善体制机制,确保依法行政的有效推进,使法治政府建设得以有效推进。

首先,要加强对依法行政的领导。依法行政工作是政府的工作,各级人民政府必须高度重视。要加强对依法行政工作的领导,确保依法行政的有效推进。

其次,要加大对依法行政的考核力度。一个政府或政府部门的依法行政,是建设法治政府的实际行动。对于依法行政要像对于行政工作任务一样地重视,要把它视为行政工作的法律前提与法律保证。违法行政不仅无法完成行政任务,甚至会损害行政效力、影响行政效率、伤害政府形象、侵犯他人权益。因此对依法行政的状况必须进行考核。针对目前一些政府机构或部门忽视依法行政的情形,就应该建立相应的考核办法,加大考核力度。以考核促进依法行政的贯彻落实。

最后,要加强政府法制机构和队伍建设。体制和机制具有先决的意义。在体制既定的前提下,要推进依法行政,建设法治政府,必须高度重视机制建设。清朝有个名臣也是学问大师，叫纪晓岚，他写过一本书叫《阅微草堂笔记》。这本书记载，人们在新疆阿勒泰地区发现了金矿，于是淘金的人蜂拥而至。数万人聚集在那里，治安就成了严重的问题。有新任新疆职务的官员到了，别人就给他出了一个馊主意：只要把进山运送盐巴和粮食的路给堵死，那里面淘金的人没有吃的就会自动出来。这一措施导致了极为严重的后果。淘金山里没有了粮食、盐巴，淘金人生活当然就困难了，他们就结伙打家劫舍，与政府作对，成为社会破坏力量。另外有史料说，清政府为了镇压这些淘金人的造反队伍，花费了大量金钱，甚至由此而对江南地区增加赋税，进而引发了江浙地区的农民起义，最后葬送了清王朝。历史的教训实在是太深刻。其实，当时的治疆大吏只要派官兵进去依法管理，并依法征税，秩序维护了，财政收入还增加了，就远远不会有后来的灾难性后果。我们要完善依法行政的机制，加强执法者队伍建设，培养高素质的执法队伍，确保依法行政的推进与法治政府的建设。

讲到这里，我们的讲座就要结束了。认真贯彻执行宪法，加快建设法治政府，是从国务院到地方各级人民政府的光荣使命与神圣职责。在今年春节期间，我填了一首词《诉衷情令·春临》，让我们互勉和共勉，共同为贯彻执行宪法，加快建设法治政府而努力：

春去春来春时中，春风又几重。溪水暂缓也罢，转眼舞东风。

春已临，花将红，映碧空。无须怨寒流，瑞雪纷飞，春意渐浓。

【附记：这是2011年8月24日下午，在中南海国务院小礼堂为国务院办公厅做讲座的讲稿，原题为“认真贯彻执行宪法，加快法治政府建设”】

8. 全面推进依法治国的总体考量

要全面推进依法治国，尤其需要努力抓好以下各个方面的工作，力求统筹谋划，分步实施，整体推进，务求实效。

1. 将依法治国作为中国特色社会主义的制度内容与制度保障。中国特色社会主义制度，是由人民代表大会制度、中国共产党领导的多党合作和政治协商制度、民族区域自治制度以及基层群众自治制度等基本政治制度，以及中国特色社会主义法律体系等构成的。其中，中国特色社会主义法律体系是其重要内容，依法治国必然是其重要的制度保障。

2. 将全面落实依法治国基本方略作为全面建成小康社会与推进改革开放的重要目标。依法治国基本方略全面落实，是全面建成小康社会与推进改革开放的重要目标之一，必须加以特别强调与重视。全面建成小康社会和推进改革开放，必然要求加快推进社会主义民主政治的制度化、规范化、程序化，从各层次各领域扩大公民有序的政治参与，实现国家各项工作法治化，实现依法治国。

3. 以法治为市场经济提供法律保护，尽快制定完成重要的民事、经济与行政的法典。市场经济是法治经济。要通过法治化的方式科学调整市场经济，及时而公正地解决市场经济中发生的各种矛盾纠纷，正确处理政府与市场关系。

4. 以法治方式推进和深化政治体制改革，并为其顺利进行提供安全保障。政治体制往往由现有政治和法律确立。在法制比较健全的国家，几乎所有的改革都是对既有法律的修改并将其实施。在法制尚不健全的国家，其改革也无非是创制新的法律并加以施行。也许正是因此，在中国古代社会才将改革称为“变法”。法治能够最有效推进改革，防止过大的社会动荡，并能将其控制和平息。法治既是政治体制改革的主要手段，也是其重要保障。

5. 将法治作为社会主义核心价值观的重要内容，确立社会主义法治理念，弘扬社会主义法治精神。党的十八大从国家、社会、公民三个视角对社会主义核心价值观作出了新的概括。法治是其中重要的价值观之一，同时，它还与其他价值观密切联系，是其他价值目标得以实现的路径和保证。在将法治作为社会主义核心价值观的同时，应继续推进法治理念教育，弘扬法治精神，使法治成为社会文化的构成部分与深刻内涵。

6. 以法治确立社会建设体制并提供管理措施，充分发挥法治在国家治理和社会管理中的作用。在构建中国特色社会主义社会管理体系过程中，必须形成法治保障的社会管理体制、依法自治的现代社会组织体制。法治在社会建设中应当发挥出实实在在的管理与创新作用。

7. 充分运用法治方式化解矛盾纠纷，发挥司法机关作用。对影响社会安全稳定的各种矛盾必须理性地认识、科学地应对。在诸多的应对措施中，最有效的莫过于法治的方式与手段。要经过法治化的努力，通过司法途径终结矛盾纠纷。

8. 将法治作为依法治军和从严治军的有效路径。国际局势愈来愈复杂。军事力量对比已经成为处理国际争端的重要考量因素。必须加大依法治军、从严治军力度,推动军队正规化建设向更高水平发展。加强军民融合式发展战略规划、体制机制建设、法规建设。改革既有的军事装备与物资采购制度,依法通过市场机制获得最先进的武器装备,使中国军队因此而成为装备精良、物资先进的战斗组织。

9. 以法治维护国家统一,建立两岸军事互信机制,协商达成和平协议。维护国家统一的形势日益复杂,已成为十分艰巨的任务。国家结构、行政层级、教育制度、兵役制度等都对维护统一具有不可替代的作用,而这些都必须依赖法治。统一的立法、司法日复一日地强化着国家统一观念。通过法治化的方式维护国家统一,是美国、加拿大、意大利等国的经验,同时也是欧盟等国际组织能够趋向统一的重要动力。两岸建立军事安全互信机制,协商达成两岸和平协议,都需要法律化的制度措施确定下来并推展下去。

10. 以法律手段进行国际斗争,维护国家领土主权与经济合法权益。在复杂的国际关系和斗争中,要充分运用国际法。在领土争端中,依法维护国家主权。在国际贸易中,依法维护经济权益。当前国际贸易中的制裁90%是针对我国企业的,我国企业的败诉率高达90%,但我们90%的企业都没有应诉。这在根本上是体制机制造成的,但是,对于国际法律手段的疏于使用,缺乏激励企业依法应对的体制机制,一定是极为重要的原因。必须充分运用法治化的方式维护我国在国际上的合法权益。

11. 以全国人大代表专职化并日常化为动力强化人大机构建设,坚持科学立法,提高立法的科学化水平,完善中国特色社会主义法律体系。经过不懈的努力,中国特色社会主义法律体系已经形成。高速发展的经济与社会,会不断地为立法提出新的目标和要求。在这样的背景之下,提高立法质量,完善法律体系就成为新的任务。

12. 强化依法行政,加快法治政府建设,必须提高公务员的法律意识和法治理念。依法行政是法治国家建设的重要内容,甚至是其重心所在。没有政府的法治化就没有法治国家的建成。由于政府的体系庞大、公务员众多,管理的范围极其广泛,能否依法行政将影响全局,制约着中国法治的发展。

13. 以司法公正和司法公信为目标,以司法机关依法独立行使职权为中心,率先改革法官制度、法院制度、预算制度等,并相应地推动人民检察工作、司法行政工作的改革。以司法公正和司法公信为目标,对法官选任、晋级、薪酬、考评制度进行建设和完备。从通过职业资格考试、具有多年律师与行政经历的专业人士中录用法官。在提升法官素质要求的同时提高其薪酬,科学化其考评机制。改革法院与行政区划对应甚至附属的关系,保障在体制上能够独立行使职权,进而改革法院预算制度。

14. 强化依法执政,运用法治方式提升党的建设与党执政的科学化水平,确保党在宪法法律范围内活动。党的建设是基础工程和固本工程。党要坚持用法治方式来建构与人大、政协、行政、司法的关系。坚持在宪法法律范围内活动,自觉守法。

15. 提高领导干部运用法治思维和法治方式的法治能力。运用法治思维和法治方式的能力,是现代领导干部的基本素质,也是对他们的基本要求。矛盾的多发、突发,对领导干部,提出了更高的素质与能力要求。法治思维要在学习和工作中养成,并内化为领导干部的人格修养。只有领导干部具有了这样的能力,国家和社会才能获得更好的治理和管理。

16. 在全社会树立法律权威、司法权威,形成全民守法的法治环境。

要在社会树立法律权威,任何组织或者个人都不得有超越宪法和法律的特权。这就要求必须树立司法权威,倡导全民守法。只有守法成为一种社会风尚、行为模式,依法治国才可能得以全面推进。

【附记:本文原题为“全面推进依法治国”,发表于《中国司法》2013年第3期】

9. 全面依法治国的新推进

改革开放40多年、新中国成立70周年之际，全面依法治国也进入了新的历史时代。在总结70年法治成就的同时，更需思考全面依法治国事业下一步应该怎样推进、将有怎样新的发展趋向。今后，全面依法治国发展必须关注它的系统推进、协同推进、有效推进和加速推进，使之取得更大的历史性成就。

一、全面依法治国的系统推进

全面依法治国是一个涉及方方面面的伟大事业，是一个伟大的系统工程。它理当是一个统一整体，其理想的推进方式就应该是系统推进。系统推进至少包括三重含义：一是作为一个整体的系统推进；二是它的子系统的系统推进，即立法、执法、司法、守法四大子系统的分别与整体推进；三是构成各个子系统构件的系统推进。这三个层次的分别与整体推进是全面依法治国系统推进的具体体现。全面依法治国首先强调的是第一个层次的系统推进。要完成第一个层次的系统推进，就必须有第二、第三两个层次的系统推进。根据当前的实际情况,我们要特别关注中间承上启下的、包含着科学立法、严格执法、公正司法、全民守法在内的第二层次的系统推进。

就科学立法子系统来说,我国立法已经取得了重大的成就,中国特色社会主义法律体系已经形成。但是它的完善还有一个历史发展的过程,就其现有的发展来说还很不平衡。清晰可见的是,我国市场经济立法、知识产权立法、生态环境立法、食品药品安全立法、网络与信息立法、社会保障立法等相对滞后,民事立法的短板状态较为明显。《民法典》如期颁布之后,与之相适应的民事配套立法工作也还任重道远。由于民事立法体量庞大、范围广泛,其相应的配套立法必然会成为新的重点。其他相对滞后的立法已经成为新的立法重点,因为现实中它们是相对薄弱的环节。

就严格执法子系统来说,它直接关涉依法行政和法治政府建设这一极为重大的问题。我国依法行政及其法治政府建设卓有成效,取得了前所未有的成就,但相对于我们的目标与进程安排,加快推进依法行政、推动法治政府建设的任务最为紧迫。真可谓时间紧、任务重,刻不容缓。将执法作为一个整体来考察,它也有内部发展的不平衡问题。由于行政法治的内容极其广泛,其各个部分的发展不平衡也是以多种样态存在的。法治政府所要求的严格执法,必须体现在各个方面,依法行政意义上的整体推进,尤其需要着力。

就公正司法子系统来说,深化司法体制改革取得了前所未有的成效。但是,司法体制的问题依然很多,一些社会关注的重大案件和热点案件所暴露出来的问题,既有历史的,也有现实的。近年来对于轰动性大案、要案的司法处置,表明了我国司法体制改革的成效,同时也暴露了仍然存在的问题。目前的所谓大案、要案几乎都是刑事案件,所展示的多数是刑事司法问题。说到民事司法的状况,细究起来也许比刑事司法问题还多。只是由于民事案件难以引起公众关注，所以给人的印象就不深，影响就不大，但其公正性依然是不可忽视的重大问题。民事司法裁判的执行，到目前为止还是重大难题。全国法院系统作了极大努力，收获巨大，但相对于执行需求来说还是杯水车薪，执行的有效性令人忧虑。民事司法裁判的执行仍然是整个司法的薄弱环节，必须重点突破，建立起长效的制度机制。

就全民守法子系统来说，全社会守法意识的确立，有法必依的实现还有很长的路要走。现在仍有少量的法盲犯法，但更多的是知法犯法。法盲犯法使人觉得可悲，知法犯法更使人觉得可恨。与法盲犯法比较，知法犯法更令人忧心。为什么现在知法犯法会更加普遍？一方面说明普法有了成效，人们的法律知识在增强。另一方面，也说明法律知识并不等于法律意识，更不等于法治意识，法律知识的增加并没有必然带来守法状况的良性转化。培养法治思维，强调法治方式的运用，强化普遍守法变得愈来愈重要。

以上分别说的是四个子系统。它们同时又共同构成依法治国的大系统。四者各自内部有系统推进的问题，相互之间还有相互协同、彼此互动的问题。比较立法、执法、司法、守法四个子系统，最为急迫的可能还是立法问题和执法问题。立法上的数量不足和质量不高制约着整个法治发展，执法上的有法不依、执法不严，侵蚀着法律权威和法治权威，销蚀着法治的观念基础、群众基础与社会基础。这些问题都需要受到特别重视。

二、全面依法治国的协同推进

在事物的发展中，其内部的各个方面常常不会是齐头并进的，尤其是像全面依法治国这样宏大的工程，不同方面的进步总会有先有后。这种发展的不同步、不平衡是自然的，也是必然的。这就形成了一个应该具有协同性而又难以协同的矛盾。于是,就必然会出现不断分步发展,又不断地要求整体共进的变奏,不断地形成“不协同—协同—新的不协同—再协同”的螺旋式上升过程。当依法治国有关方面的不协同发展到一定程度的时候,就必然要求综合平衡,强化薄弱环节,使之能够协同共进。经过了70年的发展,尤其是改革开放这40多年的发展,依法治国在各个方面都得到了进步。现在深化全面依法治国实践,就必须注意新的综合平衡、协同推进。它需要从不同角度进行考察,并从不同方面作出努力。

第一,要实现党的领导、人民当家作主、依法治国的有机统一。党的领导是首要的,我们党一直在努力探索党的领导得以实现的科学方式。为此,2015年3月,中共中央办公厅、国务院办公厅印发了《领导干部干预司法活动、插手具体案件处理的记录、通报和责任追究规定》,有效地防止了领导干部干预司法活动、插手具体案件的情形。但是党又不能不领导司法,党的领导干部也不能绝对地不闻不问。党的组织如何领导政法工作,是我们必须解决的问题。于是,2019年1月中共中央出台了《中国共产党政法工作条例》。它从制度上建构了党中央、党的地方委员会、各级政法委员会、司法机关党组领导相应政法工作的模型。在逐步解决党如何领导政法工作的同时,还必须同时关注民主政治的发展。人民当家作主问题是一个根本问题。民主政治必须发展,但是又必须有序发展。要保证它有序发展,法治就成为必需。只有坚持法治原则,民主政治才不至于演变为混乱。混乱的民主不是民主,只会败坏民主自身,甚至成为民主的灾难。

第二,要实现依法治国、依法执政、依法行政共同推进。依法治国、依法执政、依法行政,三者的主体不同。依法治国的主体是人民群众,依法执政的主体是中国共产党,依法行政的主体是各级人民政府。三者各自的作用也不同。在三者作用的结构关系中,依法治国是统领,依法执政是关键、依法行政是重点。依法治国、依法执政、依法行政的共同推进，就是要三个主体心往一处想、劲往一处使，形成合力共同推动法治的进步和发展。依法执政所要解决的问题是执政党与法律和法治之间的关系问题。中国共产党的决定性作用是不言而喻的，但能否依法执政是关键。相比较而言，依法行政是国家公权力最主要的内容，因此它是重点。依法行政的主体是各级人民政府，它们具有最大的国家和社会的管理权力，涉及国家和社会生活的方方面面，而它们的任务又是最为急迫的。因此，现在最急需的是推进依法行政。

第三，要实现法治国家、法治政府、法治社会的一体建设。三者是既分别又统一的整体，既有分别推进的问题，也有协同推进的问题。2015 年 12 月中共中央、国务院发布了《法治政府建设实施纲要（2015—2020 年）》，完成了法治政府建设在现有阶段的总体设计和顶层设计。但我们在法治国家和法治社会方面的顶层设计还相对滞后。当前必须按照该纲要的要求，继续加快法治政府建设，实施好该纲要，同时还要加快对法治国家（法治中国）建设与法治社会建设的总体设计与顶层设计，确保全面依法治国事业能够有条不紊、井然有序地循序推进、一体建设。

三、全面依法治国的有效推进

依法治国推进的有效性是全面依法治国的必然要求。推进依法治国缺乏有效性，就不会有全面性，更不可能全面推进。在强调法治建设有效性的时候，必须抓住那些能够发挥重大作用与关键作用的因素，确保其确实有效，不断进取。要有效地推进依法治国必须注意以下几个重要的方面：

一是党的组织的自觉守法。在中国，依法治国能否得到有效实施、全面推进，关键在党，关键在党的组织，关键是党的各级组织能否严格依法办事。党的组织包括党中央及其地方各级党组织,都是守法的主体,而且是重要主体。如果就制度设计来说,党中央的作用当然更为重要;如果就具体的法治实施来说,地方党组织的作用也许更为重要。每一个地方依法治国事业的发展状况都与地方党委的组织领导密切相关。党组织能否自觉守法决定着依法治国事业的成败。各级党组织必须严格按照党章和宪法的要求,确保党的各级组织自觉地在宪法和法律范围内活动。

二是领导干部的带头守法。在守法问题上,党的组织是首要的,党的干部则是关键的。党的干部几乎涵盖了各个方面的领导干部,同时也包括民主党派的领导干部在内。就民主党派来说,其机关工作人员多数都是共产党员和党的干部。就民主党派的领导来说,他们只要参加国家政权机关工作,无一不是党的干部,无一不需要党的培养。党的领导干部的带头守法,是全民守法的先导。这是由党的领导干部的地位和作用决定的。党和国家的执政权、立法权、司法权、行政权主要是由他们行使的。他们能否带头守法具有先导性的影响力和重要性。

三是制约监督的切实有效。在依法治国的所有阻碍因素中,权力的滥用始终是第一位的因素,对权力的规范化控制就成为依法治国能否有效推进的关键。简单地说,全面依法治国推进上的障碍,就是权力的任性。要防止权力的任性就应做到以下几点:第一,必须给权力设定行使的范围与方式。这就是为监督权力提供法律的制度前提,防止权力滥用的发生。假若不幸发生了滥用权力的现象,也可以根据既定的法律来判别,并为相应处置提供制度依据。第二,必须使权力之间相互制约。建立起权力之间相互制约的法治机制。在某个权力被滥用的时候,另外的权力可以予以制约和制止,防止其恶性蔓延。第三,必须使滥用的权力被法治的体制机制有效地制止或者纠正。权力滥用的事实发生之后,就要有良好的修正机制,使被滥用的权力能够回归正常的状态。

四是民主政治的发展完善。对于权力进行法治化规制的坚实基础是民主,是政治民主和民主政治。民主越充分,权力被滥用的可能性就越低,即使被滥用了,也能被及时修正,使之回归正常状态。如果说法治政治是对于权力的直接约束,民主政治则是对权力的终极约束。发展社会主义民主政治,是制约权力的终极手段,也是最有效的手段。因此,必须加强社会主义民主政治建设,为依法治国提供最强大的政治基础和最伟大的政治力量。

四、全面依法治国的加速推进

全面依法治国发展到现在,加速推进成为必然选项。主要因为现实的需要日益迫切,必须加快依法治国的历史进程。

第一,加速推进是法治化的需要。法治已经成为中国明确的发展目标。不仅如此,还有一整套推动法治发展的具体规划乃至时间表。根据党中央的统一部署,在 2020 年全面建成小康社会的时候,基本建成中国的法治政府;在 2035 年基本建设社会主义现代化国家的时候,基本建成法治国家和法治社会;在 2050 年中国全面建成社会主义现代化强国的时候,建成法治国家、法治政府、法治社会。面对这样的部署,不能不认为时间紧、任务重,没有理由不加速推进。

第二,加速推进是市场化的需要。经济是社会发展的决定性因素,也是社会发展最为强大的推动力量。市场经济本身就是法治经济。我国市场经济发展的不断加速,不断地提出新的法治要求,必须不断满足这些法治要求,才能适应市场经济发展的需要,才能担负起法治应当担负的时代重任。市场经济中的自由、平等都需要法律保障。保障市场自由和平等的根本措施和手段就是法治,也就是依法治国。市场经济反对政府的不当干预与滥用权力,但是它也需要政府的宏观调控与作用的正常发挥。如何防范政府的越权,如何防范政府的失职,总之如何使政府的作用科学地得到发挥,法治都成为重要的选项。

第三,加速推进是现代化的需要。全面建成社会主义现代化强国,是我国长期的奋斗目标。随着时间的飞逝,它对法治的需求也日益凸显。法治是现代化的重要标志,也是民主政治与专制政治、法治国家与人治国家、现代社会与传统社会的根本区别。中国预定要在 2035 年基本建设社会主义现代化国家,要在 2050 年建成社会主义现代化强国,全面依法治国就必须加快进程,全面提速。依法治国既是现代化建设的构成部分,也是现代化的有力保障。

第四,加速推进是全球化的需要。随着国际贸易、国际交流,尤其是国际互联网的发展,全球化进程不断加快。全球化发展的要求,必然包括确立并实施更多的国际交流交往规则。建立并遵行国际规则就是国际法治建设的主要表现,国际社会的法治化发展已经成为国际潮流。联合国从其成立以来它就不断呼吁并不遗余力地推动国际社会的法治化。中国已经成为世界贸易大国、世界发展的主导力量。大规模的国际贸易本身提出了大量的法治要求,中国法律的域外效力问题,乃至如何应对某些国家国内法的“长臂管辖”问题,都成为必须面对的国际难题。随着“一带一路”建设和人类命运共同体建设的推进,中国在国际社会的作用将更加突出,国际法治建设也会因中国的参与而得到新的发展,因此,加速推进我国依法治国事业,进而推动国际法治建设,是中国所应担负的国际责任和光荣使命。

【附记:本文原题为“全面依法治国的新推进”,发表于《中国领导科学》2019 年第 6 期】

10. 建设社会主义法治国家

中国在漫长的发展历程中积累了异常丰富的治国理政经验,其中许多篇章一直闪耀着历史的光辉。它们在许多方面都体现了其所处时代较好甚至很好的政治智慧,但是随着时代的发展,相对地落后了。尤其是到20世纪中叶,一场伟大的革命在神州大地卷起了巨大的历史风暴,也引发了治国理政方式的巨大变革。从1949年10月1日开始,在共产党的领导下,中国人民筚路蓝缕,经过了漫长的试错,终于确立了建设中国特色社会主义法治体系,建设社会主义法治国家的依法治国的总目标,开辟了一条中国特色的社会主义法治道路。在走向未来的法治旅途中,时不时地回顾这漫漫长路,必将使我们充满信心,也将使我们迈向未来的脚步更加坚定。新中国70年法治建设,可以作怎样的阶段划分,各个阶段又有哪些重大的法律事件和法治实践可以作为特定的时代标志,它们对于中国法治建设发挥了怎样的作用?这些问题都是我们面对70年代的历史应该作出的理论回答。本文拟将70年的社会主义法治建设划分为四个阶段,并对每一个阶段重要的法律事件和法治实践作出理论上的简要概括,以期能对有关研究和思考作出一些初步的历史检索。

一、社会主义法治的艰难起步

1921 年中国共产党成立,经过了长达 28 年的浴血奋战,终于在 1949 年 10 月 1 日宣告中华人民共和国中央人民政府成立。从此,中华民族的法治发展史揭开了新的篇章,这一阶段起点为 1949 年新中国成立应该是毫无疑问的。这一阶段的终点应为 1978 年党的十一届三中全会。它是中国特色社会主义法治的起步阶段,其中,重要的法律事件与法治实践包括《中国人民政治协商会议共同纲领》的制定和中华人民共和国的成立,1950 年《婚姻法》* 的颁布,以及 1954 年《宪法》的制定。它们是中国社会主义法制在这一时期的三大节点。

(一)共同纲领与中央人民政府的成立

新中国诞生前,为其政治体制奠定基础的重要法律文件是《中国人民政治协商会议共同纲领》。它是中国人民政治协商会议创建初最大的法律成果。中国人民政治协商会议是由中国共产党、各民主党派、各人民团体、各地区、人民解放军、各少数民族、国外华侨及其他爱国民主分子的代表们所组成的人民民主统一战线组织。1949 年 9 月 29 日,其第一届全体会议一致通过了起临时宪法作用的《中国人民政治协商会议共同纲领》。其内容除序言外包括总纲、政权机关、军事制度、经济政策、文化教育政策、民族政策、外交政策,共 7 章 60 条。它在序言中将新生的政权确定为中国工人阶级、农民阶级、小资产阶级、民族资产阶级及其他爱国民主分子的人民民主统一战线的政权;确认中国人民政治

---

* 现已废止。——编者注

协商会议代表全国人民的意志，宣告中华人民共和国成立，组织人民自己的中央政府。其第1条规定，“中华人民共和国为新民主主义即人民民主主义的国家，实行工人阶级领导的、以工农联盟为基础的、团结各民主阶级和国内各民族的人民民主专政，反对帝国主义、封建主义和官僚资本主义，为中国的独立、民主、和平、统一和富强而奋斗。”《中国人民政治协商会议共同纲领》作为临时宪法，成为新中国中央人民政府得以设立的宪法根据；它创设了崭新的社会制度，从制度上构建了中华人民共和国最初的政治体制；它为1954年中华人民共和国第一部《宪法》的制定赢得了时间，进行了准备，奠定了基础。

如果说《中国人民政治协商会议共同纲领》为新中国设立中央人民政府提供了宪法根据，那么中华人民共和国的成立则是其一个极为重大的法治实践，在新中国法治发展史上具有标志性的意义。1949年10月1日14时，中央人民政府委员会举行的第一次会议宣告中华人民共和国成立，决定将《中国人民政治协商会议共同纲领》作为施政纲领。随后的庆典宣告了中华人民共和国成立，标志着中华民族的历史掀开了新的篇章，它不仅是一个重大的政治事件，也是一个亘大的法律事件，标志着中国法治发展进入了新的历史阶段。它是社会主义法治建设的崭新开端，意味着自清末以后，经中华民国时期的中国现代法治建设进入了新的历史阶段。

（二）1950年《婚姻法》的颁行

1950年3月3日，政务院举行第22次政务会议通过了《婚姻法》。4月13日，中央人民政府委员会第七次会议通过了它。它是中华人民共和国成立后颁布的第一部法律，掀开了新中国法制发展的新篇章。它明确宣布“废除包办强迫、男尊女卑、漠视子女利益的封建主义婚姻制度。实行男女婚姻自由、一夫一妻、男女权利平等、保护妇女和子女合法权益的新民主主义婚姻制度。”这一规定为新中国婚姻家庭制度奠定了法律基础。它“禁止重婚、纳妾。禁止童养媳。禁止干涉寡妇婚姻自由。禁止任何人借婚姻关系问题索取财物。”这些规定,为革除中国历史上的婚姻陋习提供了制度根据,也为中国新型婚姻家庭关系的建立奠定了法律基础。

1950年《婚姻法》展示了中国共产党人的婚姻家庭观,是马克思主义婚姻家庭学说在中国的第一次法律实践。婚姻家庭作为社会的重要基础,对于个人和社会的意义都是不言而喻的。从婚姻这一社会的普遍关系着眼,从家庭这一社会的最小细胞入手,进行新的立法,是中国共产党新政权至为成功的选择。这部《婚姻法》从制度上摧毁了旧政权的社会基础,有力地推动和改造了现实社会,并为新社会缔造了新型的婚姻家庭关系,对中国社会的后续发展产生了深远影响。

(三)1954年《宪法》的制定

宪法是国家的根本法,在现代国家中具有崇高地位、重大意义与重要作用。自1949年10月1日新中国成立以来,中国共产党就积极创造条件领导建立全国人民代表大会并由其制定宪法。1952年11月,中共中央作出决定,立即准备召开全国人民代表大会,制定中华人民共和国宪法。1954年6月,中央人民政府委员会第30次会议通过了《宪法》草案,并决定将其公布,在全国范围内组织讨论、收集意见。1954年9月20日,第一届全国人民代表大会第一次会议通过了1954年《宪法》。

1954年《宪法》是新中国第一部宪法,它为国家治理体制的建构提供了宪法根据,予以了宪法确认和保障。这一宪法对于新中国的法律意义是巨大的。它确立了我国的社会制度、政治制度、经济制度、文化制度,确立了公民和国家之间的基本关系,建构了国家政治权力的结构模型。这一《宪法》维系了长达20多年的时间,直至1975年《宪法》的颁布，才被取代。其后，我国又出台了1978年《宪法》。党的十一届三中全会之后，为了适应改革开放的需要，我们启动了1982年《宪法》的起草工作。1982年《宪法》就是现行宪法，它并不是以1975年《宪法》或者1978年《宪法》为基础起草的，而是以1954年《宪法》为基础起草的。由此观之，1954年《宪法》不仅是其颁布后在中国持续生效20年的根本法，而且是中国1982年《宪法》的重要基础。1954年《宪法》的伟大意义不仅限于历史，对于现在乃至今后都产生了并仍将产生重要影响。当代中国国家政治体制的基本格局是由1954年《宪法》所构设的，至今没有大的改变。由于其设计的科学性和长远性，可以预期在很长一个时期1954年《宪法》都会是我国政治基本格局的重要基础。

二、社会主义法治的恢复发展

中国共产党于1978年12月召开了十一届三中全会。由此，中国特色社会主义法治建设得到了恢复和发展。社会主义法治得以恢复和发展的起点，就在1978年党的十一届三中全会。从此至1997年党的十五大，将近20年的岁月，中国的法治伴随着建设、改革、开放的跌宕起伏，艰难前行，取得了一系列伟大成就。其中最为引人注目和难以忘怀的至少是三个政治与法律事件：一是党的十一届三中全会的召开，二是1982年《宪法》的制定，三是《行政诉讼法》的产生。它们已经成为那个特定时代的标志，铭刻在了历史的进程中。

（一）十一届三中全会的法治贡献

1978年12月18—22日，中国共产党第十一届中央委员会第三次全体会议（简称十一届三中全会）在北京举行。这次会议实现了党的思想路线、政治路线、组织路线的拨乱反正。从法制的意义上看，这次会议提出了健全社会主义民主和加强社会主义法制的任务，具有划时代的伟大意义。

全会决定根据党的历史经验,要求健全党的民主集中制,健全党规党法,严肃党纪。会议明确指出必须有充分的民主,才能做到正确的集中。必须坚决保障宪法规定的公民权利,任何人不得侵犯公民权利。为了保障人民民主,必须加强社会主义法制,使民主制度化、法律化,使这种制度和法律具有稳定性、连续性和极大权威。提出了著名的法制建设方针:“有法可依,有法必依,执法必严,违法必究”。它一直被沿用到2012年党的十八大召开。在1978—2012年30多年的岁月中,这一方针发挥了极为重大的作用。在它的指导下中国立法取得了重大成就,2011年3月,全国人大常委会宣布,中国特色的社会主义法律体系已经形成。在执法上,我们提出了依法行政,建设法治政府的目标,依法行政及其法治政府建设取得了重大成就。在司法上,以公平正义为目标,不断深化司法体制改革,为中国社会主义建设的有序推进和改革开放的顺利发展提供了有力的司法保障。在守法上,开展了广泛的普法宣传活动,全社会的法治意识得到了相当大提升,依法办事的自觉性得到了普遍增强。党的十一届三中全会在党和国家的历史中具有极为重大的意义,它是新中国成立以来我党历史上具有深远意义的时代丰碑。

(二)1982年《宪法》的伟大作用

1982年《宪法》即现行宪法,它由中华人民共和国第五届全国人民代表大会第五次会议在1982年12月4日正式通过并颁布。从该宪法1982年制定时的原文及其后来的修正案中,人们可以清楚地看到它的一些极为重要的规定。

1982年《宪法》是一部光耀时代的宪法。将它与1978年《宪法》相比较,1982年《宪法》特别值得关注的重要内容有以下几个重要方面:

第一,将国家性质由“无产阶级专政”恢复为“人民民主专政”,订正了国家性质。第二,将知识分子与工人、农民并列为三支基本的社会力量,实事求是地确认了知识分子的宪法地位。第三,恢复了国家主席的设置,使中央国家机构趋于完善。第四,规定国家中央军委主席由全国人大选举产生,推动了国防建设与军事管理的法治化进程。第五,在国务院实行总理负责制,使政府的首长负责制得到了宪法体现,从制度上确立了国务院行政管理制度,为提升行政运行效率提供了制度保障。第六,规定了国家、全国人大、国务院领导人的任期制和限任制,从而取消了领导职务的终身制。这是历史经验的总结,也为中国政治的未来发展奠定了良好的制度基础。第七,新增了“公民的人格尊严不受侵犯”的宪法规定,使宪法与公民之间的关系得以正常化,凸显了我国宪法应有的人民性和民主性。第八,承认国营、集体、个体三种经济都不可缺少,宣布国家保护个体经济的合法权益等,为中国经济制度的完善,为中国经济的飞速发展提供了更广阔的制度空间。

1982 年《宪法》是一部与时俱进的宪法。该宪法从制定以来,历经 1988 年、1993 年、1999 年、2004 年、2018 年五次修订,相应地具有五个修正案。通观五次修订及其修正案,每一次都与时俱进地作出了重大决策,也是现行宪法的重大完善。如果对每次宪法修正案的重要内容加以罗列,不难发现其中包括 1988 年的“私营经济入宪”、1993 年的“市场经济入宪”、1999 年的“依法治国入宪”、2004 年的“尊重和保障人权入宪”、2018 年的“国家监察委入宪”等。这些宪法修正案的出台,适应了中国社会主义建设和改革开放事业的需要,更有力地推动了中国社会主义建设和改革开放事业。

1982 年《宪法》是一部引领未来的宪法。在结束过去的意义上,它为结束“文化大革命”发挥了根本作用;在引领未来的意义上,它为开辟未来也发挥了根本作用。它不是宪法意义的“急就章”,而是引领未来的制胜法宝，具有长久的指导意义。它所确立的国家政治体制，深刻总结了过去的经验教训，也充分考虑了中国社会的未来发展。在现实中，从既有的宪法实践来看，它在我国社会主义建设、改革、民主、法治上都发挥了极为重要的作用，还将继续发挥作用。我国1982年《宪法》具有长久而旺盛的生命力，在中国的宪法史上和法制史上都是一朵绚烂的奇葩。

(三)《行政诉讼法》的制定与实施

在我国的历史上并无独立的行政诉讼，即使发生了相关案件，人民法院也是依照民事诉讼法作为民事案件进行受理和审理。1989年4月4日，中华人民共和国第七届全国人民代表大会第二次会议通过了《行政诉讼法》。该法将行政诉讼从民事诉讼中独立出来，与传统的刑事诉讼、民事诉讼相并列，成为中国第三大诉讼形式，其立法目的在于保证人民法院公正、及时审理行政案件，解决行政争议，保护公民、法人和其他组织的合法权益，监督行政机关依法行使职权。依照它的规定，公民、法人或者其他组织认为行政机关和行政机关工作人员的行政行为，以及法律、法规、规章授权的组织作出的行政行为侵犯其合法权益，都有权依照行政诉讼法向人民法院提起诉讼。其后，该法经历了两次修正。《行政诉讼法》的制定在新中国法治发展史上具有里程碑式的伟大意义。

这一法律的颁布生效，正式宣告中国诉讼制度从以前的刑事诉讼和民事诉讼两大诉讼扩展为包括行政诉讼在内的三大诉讼，标志着中国三大诉讼制度全面建立。行政诉讼制度在中国的启动，标志着法治和民主发展进入了新的历史阶段。从此以后，公民、法人包括社会组织都可以名正言顺地以行政诉讼的名义对政府提起诉讼。行政诉讼的情况就成了法治发展尤其是依法行政及其法治政府建设的风向标与晴雨表。随着行政诉讼法的贯彻实施，依法行政和法治政府建设获得了前所未有的进展，公民和法人的合法权益也获得了更好保障，民主与法治建设展现出勃勃生机。

三、社会主义法治的目标初定

从1978年党的十一届三中全会开始恢复和重建社会主义法制以来，到1997年党的十五大召开经历了长达20年的历程。其间中国改革开放事业取得了重大成就，经济社会事业得到了空前发展。1997年党的十五大确立了依法治国的基本方略，与建设社会主义法治国家的目标。这是目标初定阶段的开始。2001年中国加入了世界经济贸易组织，继而中共中央分别提出了依法构建和谐社会和贯彻科学发展观、促进科学发展的目标，中国的法治走上了一条通向成功的法治之路。

（一）社会主义法治国家目标的确立

1997年9月12日，中国共产党第十五次全国代表大会召开，正式把依法治国确立为党领导人民治理国家的基本方略，把建设社会主义法治国家作为法治目标。党的十五大报告第四部分“社会主义初级阶段的基本路线和纲领”明确指出，“建设有中国特色社会主义的政治，就是在中国共产党领导下，在人民当家作主的基础上，依法治国，发展社会主义民主政治。这就要坚持和完善工人阶级领导的、以工农联盟为基础的人民民主专政；坚持和完善人民代表大会制度和共产党领导的多党合作、政治协商制度以及民族区域自治制度；发展民主，健全法制，建设社会主义法治国家。”

报告第六个部分“政治体制改革和民主法制建设”中要求“继续推进政治体制改革，进一步扩大社会主义民主，健全社会主义法制，依法治国，建设社会主义法治国家”。将“当前和今后一段时间，政治体制改革的主要任务”概括为“发展民主,加强法制,实行政企分开、精简机构,完善民主监督制度,维护安定团结”。针对法制建设,报告作出的具体部署是:“加强法制建设。坚持有法可依、有法必依、执法必严、违法必究,是党和国家事业顺利发展的必然要求。加强立法工作,提高立法质量,到二零一零年形成有中国特色社会主义法律体系。维护宪法和法律的尊严,坚持法律面前人人平等,任何人、任何组织都没有超越法律的特权。一切政府机关都必须依法行政,切实保障公民权利,实行执法责任制和评议考核制。推进司法改革,从制度上保证司法机关依法独立公正地行使审判权和检察权,建立冤案、错案责任追究制度。加强执法和司法队伍建设。深入开展普法教育,增强全民的法律意识,着重提高领导干部的法制观念和依法办事能力。法制建设同精神文明建设必须紧密结合,同步推进。”

1999 年 3 月 15 日,第九届全国人民代表大会第二次会议通过新的宪法修正案,将“依法治国,建设社会主义法治国家”写入宪法。在《宪法》第 5 条增加一款,作为第 1 款,规定:“中华人民共和国实行依法治国,建设社会主义法治国家。”以此赋予了依法治国基本方略的根本法地位和宪法效力。“依法治国入宪”作为法治建设的里程碑,在中国法治发展史和社会发展史上都具有划时代的伟大意义。

(二)加入世界贸易组织与法律跟进

1994 年 4 月,在摩洛哥的马拉喀什市举行的关贸总协定乌拉圭回合部长会议决定,成立更具全球性的世界贸易组织以取代成立于 1947 年的关贸总协定。1995 年 1 月 1 日,该机构正式运作。其基本原则是通过实施市场开放、非歧视和公平贸易等原则,实现世界贸易自由化的目标。1996 年 1 月 1 日,它正式取代关贸总协定临时机构,成为最重要的国际经济组织。2001 年 11 月 10 日,世界贸易组织(WTO)(以下简称世贸组织)第四届部长级会议在卡塔尔的多哈举行。会议通过了中国加入世贸组织的法律文件。中国加入世贸组织是该组织重大的历史事件,对于中国来说具有更为巨大的意义。它意味着中国可以享受与其他世贸组织成员同等待遇,具有同等的贸易权利。它是我国对外开放的新起点,也是中国经济发展的新动力,还是中国法治发展的里程碑。

世贸组织是一个国际组织,同时也是一套规则体系。从法律的角度上讲,加入这一组织首先意味着中国必须遵守世贸组织的一系列法律制度,包括国际贸易程序、规则。这些程序和规则是国际经济贸易的法律制度的重要组成部分,也是包括中国在内的各成员必须共同遵守的规则。为了使中国国内法与世贸规则接轨,以适应加入国际贸易组织的要求,中央政府清理法律法规和部门规章 2300 多件,地方政府清理地方性政策法规 19 万多件。这对于中国法制的发展来说,无疑是重大的变化,也是有力的促进。

加入世贸组织以来,中国从 2001 年的世界第六大出口国,跃升为 2009 年及其以后的世界第一大出口国。2001—2017 年间,中国货物贸易进口额年均增长达 13.5%,高出全球平均水平 6.9%,成为全球第二大进口国。从入世以来,中国对世界经济增长的平均贡献率接近 30%。从国际贸易争端的法律解决来看,中国一度成为全世界反补贴反倾销诉讼中被控告最多的国家。但是,截至 2018 年 4 月,中国在世贸组织被诉案件总计 27 项,已结案 23 项,被动的局面逐步得到改观。在国际纠纷的解决过程中,中国政府和企业尊重并认真执行世贸组织裁决,根据自己的国情做出了符合世贸规则的调整,没有一例被起诉方申请报复的情况发生。中国成功地重塑了自己在国际贸易及其纠纷中的法律形象。

中国政府从加入世贸组织之前、为适应其需要而修改法律,到运用世贸组织法律制度维护合法权益、协调国际关系、化解国际争端，再到现在参与国际规则制定，与世界各国一道共同维护多边贸易体制，共同维护国际贸易法律秩序。一路走来，中国政府与世界贸易组织在法律上互动共振，在使自己融入国际经济新秩序、加入经济全球化大合唱的同时，有力地促进了自身的法治化进程，加快了社会主义法治国家建设。

（三）和谐社会与法治建设

2006年10月11日，中国共产党第十六届中央委员会第六次全体会议在北京召开。会议指出，构建和谐社会，必须坚持民主法治。必须加强社会主义民主政治建设，发展社会主义民主，实施依法治国基本方略，建设社会主义法治国家，树立社会主义法治理念，增强全社会法律意识，推进国家经济、政治、文化、社会生活法制化、规范化，逐步形成社会公平保障体系，促进社会公平正义。

在立法上，会议特别提出，要完善法律制度，夯实社会和谐的法治基础。要维护社会主义法制的统一和尊严，树立社会主义法制权威。坚持公民在法律面前一律平等，尊重和保障人权，依法保证公民权利和自由。坚持科学立法、民主立法，完善发展民主政治、保障公民权利、推进社会事业、健全社会保障、规范社会组织、加强社会管理等方面的法律法规。

在行政上，会议要求加快建设法治政府，全面推进依法行政，严格按照法定权限和程序行使权力、履行职责，健全行政执法责任追究制度，完善行政复议、行政赔偿制度。加强对权力运行的制约和监督，加强对行政机关、司法机关的监督。拓展和规范法律服务，加强和改进法律援助工作。深入开展法制宣传教育，形成全体公民自觉学法守法用法的氛围。

在司法上，会议特别提出，要完善司法体制机制，加强社会和谐的司法保障。坚持司法为民、公正司法，推进司法体制和工作机制改革，建设公正、高效、权威的社会主义司法制度，发挥司法维护公平正义的职能作用。要加强司法民主建设，健全公开审判、人民陪审员、人民监督员等制度，发挥律师、公证、和解、调解、仲裁的积极作用。加强人权司法保护，严格依照法定原则和程序进行诉讼活动。完善执行工作机制，加强和改进执行工作。维护司法廉洁，严肃追究徇私枉法、失职渎职等行为的法律责任。

在社会治理上，会议特别提出，要加强社会治安综合治理，增强人民群众安全感。依法严厉打击严重刑事犯罪活动，实施宽严相济的刑事司法政策，改革未成年人司法制度，积极推行社区矫正。完善政法保障机制，加强公安派出所、司法所、人民法庭等基层基础建设，改革和加强社区警务工作，打造服务群众、维护稳定的第一线平台。

社会主义和谐社会就是法治社会，它对法治建设提出了全方位的新要求。构建和谐社会离不开法治建设，加强法治建设又为和谐社会建设提供了有力的法治保障。

（四）科学发展观与法治建设

2007 年，党的十七大报告对科学发展观进行了全面阐述。它指出，科学发展观的第一要义是发展，核心是以人为本，基本要求是全面协调可持续性，根本方法是统筹兼顾。党的十七大将科学发展观写入党章。2012 年中国共产党第十八次全国代表大会又将科学发展观列入党的指导思想。

党的十七大报告将科学发展与和谐社会紧密地联系起来，进而将其与法治建设紧密地结合起来。它指出，深入贯彻落实科学发展观，要求我们积极构建社会主义和谐社会。和谐社会就是要“按照民主法治、公平正义、诚信友爱、充满活力、安定有序、人与自然和谐相处的总要求和共同建设、共同享有的原则,着力解决人民最关心、最直接、最现实的利益问题,努力形成全体人民各尽其能、各得其所而又和谐相处的局面,为发展提供良好社会环境。”于是,法治就成为构建和谐建设和坚持科学发展观的内在要求。党的十七大报告在阐述实现全面建成小康社会奋斗目标的新要求时指出,要“扩大社会主义民主,更好保障人民权益和社会公平正义。公民政治参与有序扩大。依法治国基本方略深入落实,全社会法制观念进一步增强,法治政府建设取得新成效”。这些要求既是全面建成小康社会的法治要求,也是贯彻落实科学发展观的法治要求。

四、社会主义法治的全面推进

2012 年 11 月,党的十八大召开,党的十八大报告提出全面推进依法治国,中国特色社会主义法治建设踏上了新的旅程。2014 年党的十八届四中全会作出了《中共中央关于全面推进依法治国若干重大问题的决定》,这一决定对依法治国事业作出了新的、全面的顶层设计,中国的社会主义法治建设进入了新时代。

(一)全面依法治国与新的法治方针

2012 年 11 月 8 日,党的十八大召开。这次大会是在我国进入全面建成小康社会决胜阶段召开的一次十分重要的大会。党的十八大报告对中国法治的未来发展做出了重要的规划,强调要坚持依法治国这个党领导人民治理国家的基本方略,最广泛的动员和组织人民依法管理国家事务、管理经济和文化事业、积极投身社会主义现代化建设,更好保障人民权益,更好保障人民当家作主。要在 2020 年全面建成小康社会的同时,依法治国基本方略全面落实,法治政府基本建成,司法公信力不断提高，人权得到切实尊重和保障。必须坚持党的领导、人民当家作主、依法治国有机统一，以保证人民当家作主为根本，以增强党和国家活力、调动人民积极性为目标，扩大社会主义民主，加快建设社会主义法治国家，发展社会主义政治文明。要更加注重改进党的领导方式和执政方式，保证党领导人民有效治理国家；更加注重健全民主制度、丰富民主形式，保证人民依法实行民主选举、民主决策、民主管理、民主监督；更加注重发挥法治在国家治理和社会管理中的重要作用，维护国家法制统一、尊严、权威，保证人民依法享有广泛权利和自由。党的十八大报告明确提出全面推进依法治国。法治是治国理政的基本方式。要推进科学立法、严格执法、公正司法、全民守法，坚持法律面前人人平等，保证有法必依、执法必严、违法必究。完善中国特色社会主义法律体系，加强重点领域立法，拓展人民有序参与立法途径。推进依法行政，做到严格规范公正文明执法。进一步深化司法体制改革，确保审判机关、检察机关依法独立公正行使审判权、检察权。深入开展法制宣传教育，弘扬社会主义法治精神，树立社会主义法治理念，增强全社会学法尊法守法用法意识。提高领导干部运用法治思维和法治方式深化改革、推动发展、化解矛盾、维护稳定能力等。

党的十八大报告提出的“全面推进依法治国”和新的法治发展方针“科学立法、严格执法、公正司法、全民守法”对中国法治发展具有特别重大的意义。它们是依法治国事业发展的必然要求和重要指针，为其后的法治建设指明了方向。

（二）全面依法治国的顶层设计

党的十八大提出“全面推进依法治国”之后，为贯彻落实这一战略部署，加快建设社会主义法治国家，党的十八届四中全会于 2014 年 10 月 20 日至 23 日召开。大会专题研究了全面推进依法治国若干重大问题,作出《中共中央关于全面推进依法治国若干重大问题的决定》。该决定要求坚持走中国特色社会主义法治道路,建设中国特色社会主义法治体系;完善以宪法为核心的中国特色社会主义法律体系,加强宪法实施;深入推进依法行政,加快建设法治政府;保证公正司法,提高司法公信力;增强全民法治观念,推进法治社会建设;加强法治工作队伍建设;加强和改进党对全面推进依法治国的领导。

该决定认为,依法治国是坚持和发展中国特色社会主义的本质要求和重要保障,是实现国家治理体系和治理能力现代化的必然要求,事关我们党执政兴国,事关人民幸福安康,事关党和国家长治久安。全面建成小康社会、实现中华民族伟大复兴的中国梦,全面深化改革、完善和发展中国特色社会主义制度,提高党的执政能力和执政水平,必须全面推进依法治国。

该决定特别强调了法治在当前的引领和规范作用。我国正处于社会主义初级阶段,全面建成小康社会进入决胜阶段,改革进入攻坚期和深水区,国际形势复杂多变,我们党面对的改革发展稳定任务之重前所未有、矛盾风险挑战之多前所未有,依法治国在党和国家工作全局中的地位更加突出、作用更加重大。面对新形势新任务,我们党要更好统筹国内国际两个大局,更好维护和运用我国发展的重要战略机遇期,更好统筹社会力量、平衡社会利益、调节社会关系、规范社会行为,使我国社会在深刻变革中既生机勃勃又井然有序,实现经济发展、政治清明、文化昌盛、社会公正、生态良好,实现我国和平发展的战略目标,必须更好发挥法治的引领和规范作用。

该决定将全面推进依法治国的总目标确定为建设中国特色社会主义法治体系,建设社会主义法治国家。这就是说,在中国共产党领导下,坚持中国特色社会主义制度,贯彻中国特色社会主义法治理论,形成完备的法律规范体系、高效的法治实施体系、严密的法治监督体系、有力的法治保障体系,形成完善的党内法规体系,坚持依法治国、依法执政、依法行政共同推进,坚持法治国家、法治政府、法治社会一体建设,实现科学立法、严格执法、公正司法、全民守法,促进国家治理体系和治理能力现代化。

该决定强调要实现这个总目标,必须坚持中国共产党的领导;坚持人民主体地位;坚持法律面前人人平等;坚持依法治国和以德治国相结合;坚持从中国实际出发。该决定特别指出,全面推进依法治国是一个系统工程,是国家治理领域一场广泛而深刻的革命,需要付出长期艰苦努力。全党同志必须更加自觉地坚持依法治国、更加扎实地推进依法治国,努力实现国家各项工作法治化,向着建设法治中国不断前进。

回顾新中国社会主义法治建设的 70 年历程,我们可以获得巨大的历史启示;它所开启的中国特色社会主义法治建设事业,还需要我们不断推进,也必将赢得它美好的未来。

【此文为谢春涛主编的《中国共产党如何改变中国》(人民出版社 2019 年版)一书第三部分,也即笔者写作部分的稿件,在辑录时笔者对原稿中与其他部分可能重复的内容予以了删节】

下篇　法治实践

11. 法治政府建设重在实践

法治政府正在如火如荼的建设之中，法治政府建设在不同时间段和不同时间点都会有不完全相同的要求，也有不完全相同的重点。当前，我国的法治政府建设，实践无疑是其当务之急、重中之重，而且任重道远。“实践、实践、再实践”是我国法治政府建设的行动口号和现实任务。

一、当务之急

加快法治政府建设是实现全面依法治国总体规划的需要，是适应法治协调发展的需要，是推进全面依法治国的需要，是推进法治中国建设的当务之急。

首先，重视法治政府建设实践是适应法治建设总体规划的需要。中国的法治化进程是建构型法治的典型代表。从 1978 年党的十一届三中全会发扬社会主义民主、健全社会主义法制，开启社会主义法治新里程以来，2017 年，党的十九大确定了 2035 年基本建成法治国家、法治政府、法治社会的法治目标。2020 年，党的十九届五中全会提出了“十四五”规划及

2035 年远景目标建议稿，再一次强调了包括法治政府基本建成在内的这一宏伟目标。2021 年年初，全国人民代表大会通过了相应的“十四五”规划及 2035 年远景目标纲要。从现在算起，到 2035 年还有不到 15 年时间。就是要在这一时间区间内，我们要基本建成法治政府，其时间之紧迫、任务之繁重是可想而知的。我们必须加快法治政府建设的进程，必须将相关的实践行动放到最为重要位置，加以特别强调。

其次，重视法治政府建设的实践是适应法治协调发展的需要。在法治建设目标之中，我们总是强调依法治国、依法执政、依法行政共同推进，法治国家、法治政府、法治社会一体建设。在实际中，法治国家、法治政府、法治社会三者也是紧密联系、不可分割的。它能否与法治国家、法治社会协调发展直接关系到一体建设的目标能否实现。如果法治政府建设滞后，就必然会影响法治社会建设，最终影响法治国家建设的进程，成为全面依法治国的薄弱环节和阻碍因素。因此，推动法治政府建设的实践，是适应法治协调发展的需要，是推进其与法治国家、法治社会一体建设的需要。

最后，重视法治政府建设的实践是适应推进全面依法治国的需要。全面依法治国就是全面的法治建设，它包括立法、执法、司法、守法等各个环节。1978 年，党的十一届三中全会强调的是“有法可依、有法必依、执法必严、违法必究”十六字方针。党的十八大将其更新为“科学立法、严格执法、公正司法、全民守法”。不论是原来的方针还是新的方针，都明确地告诉我们：执法必严或严格执法。执法正是政府的职责，严格执法是政府的法治使命。法治政府总是通过严格执法来建设、来实现的。从全面依法治国来考察，法治政府建设是其主要方面、核心内容，事关整个全面依法治国事业的成败，必须将法治政府建设付诸实践，并在实践中取得成功。

二、重中之重

法治政府建设需要相应的理论研究和普遍宣传，而理论研究的目的是指导实践，普遍宣传的目的是服务实践。法治政府建设必须以理论研究作指导，以普遍宣传为助推，落实在行动之中。这个行动就是法治政府建设的实践。所以说，法治政府建设实践是全面依法治国的重中之重。

首先，法治政府理论研究的重要目的是指导实践。对于法治政府建设进行理论研究始终是极为重要的，理论是行动的先导。理论的意义是不容否定的，必须高度重视。改革开放以来，我国的法治理论研究取得了一系列重要的成绩，法治政府的理论研究可谓一路领先。学术理论界的共同参与，为法治政府建设提供了丰富的理论资源，也使之得到了适合中国国情的发展。当我们将理论研究推进到一定程度并取得了相当的共识之后，实践就必然被升格为最重要的主题。关于法治政府所有的理论研究，除了应有的理论与认识价值之外，都应该体现在指导实践上。法治政府建设的实践实际上是其理论研究成果的现实化。只有通过实践才能完整展现理论的意义，并实现理论的伟大价值。

其次，法治政府普遍宣传的重要目标是服务实践。法治政府的宣传是普法宣传的构成部分，是其独特的部分，对于政府及其工作人员强化法治意识、确立法治思维、运用法治方式起到了良好的助推作用。法治政府的普遍宣传本身并不是目的，其追求的目标依然在于服务实践、推动实践。法治政府的宣传是为了更好地动员和组织法治政府的建设力量。法治政府的宣传工作对于政府工作人员、对于社会公众、对于整个法治发展的意义都是十分重大的。但如果仅仅或者始终停留在宣传上，那就只是纸上谈兵。法治说到底还是一种实践及其结果状态。没有法治政府建设的实践就没有建成法治政府的结果。法治政府建设必须要有普遍的宣传,使之为全社会所理解、接受、支持,更必须有其服务的目标,实实在在推动法治政府建设。

最后,法治政府建设的过程是一个不断递进的实践过程。法治政府建设也只有在一步一步前行中,才能将理论转化为实践,将宣传服务于实践,将理想转化为现实。作为一个历史过程、发展过程,其必然是一个实践过程。推动法治政府建设在实践上的进步,是最实际的行动,也是走向成功的根本保证。一个阶段的进步总是下一个阶段的基础,每一个进步都能使我们进一步靠近目标、接近理想。法治政府的实践状况就是衡量法治政府发展进程的标志。检验法治政府建设的成效,只能根据法治政府建设的实践及其状况进行。不断推进的法治建设就是在不断为法治政府的"大厦"添砖加瓦,就是在推动法治政府建设的发展。

三、任重道远

法治政府建设是一条漫漫长路,也是一个艰难历程。在其建设的过程中还会遇到各种困难,其发展的渐进性更为突出,还需要始终将实践放到最为重要、最为根本的位置加以强调。只有把实践放到第一位的法治政府建设才是行动中的法治建设。

第一,法治政府建设需要在实践中艰难前行。法治政府建设并不会一帆风顺,世界上也没有哪个国家的法治政府建设是一蹴而就的。政府的职责范围在整个公权力体系中,是最为广泛的。它涉及与广大社会公众之间的关系,与其他公权力之间的关系。由于政府的职能广泛,使得法治政府建设涉及社会生活的方方面面。其中必然会遇到经济、政治、文化、社会等各种因素的影响、制约,也会遇到各个方面的问题与困难。解决问题与克服困难的过程就是实践的过程,也是法治政府发展建成的过程。

第二,法治政府建设需要在实践中不断推进。法治政府是一个巨大的工程,涉及政府工作的各个方面,贯穿政府工作的始终。其每一个方面的成就、每一个时段的进步,都是具体的、现实的。这就对其提出了具体的、现实的发展要求。脚踏实地的努力才是法治政府建设力量的来源,才是其进步、发展的具体体现。法治政府建设就是一个庞大的系统工程。法治政府建设需要主体上的多元参与、空间上的方方面面、时间上的日积月累、行动上的不懈努力。循序渐进是法治政府推进的基本样态。法治政府建设的过程就是一个行动的过程、推进的过程、发展的过程。

第三,法治政府建设需要在实践中不断创新。法治政府建设的目标是统一的,但方式方法是多样的。这种多样性,依赖于各种探索和不断创新。中国的地域辽阔,法治政府建设尤其需要各级各地政府发挥出积极性、主动性、能动性、创造性,根据统一要求,瞄准统一目标,从自己本地的实际出发,将法治政府建设的各项任务具体化、本地化,建设成为人民群众所称道的、拥护的法治政府。多年来,各级各地人民政府在创建法治政府的活动中各尽其能、各显其能,将其体现为丰富多彩的创新活动,使法治政府建设充满活力,也使之具有了无限的生命力。经过多年的法治政府建设实践,人们欣喜地看到,全国许多地方在推进法治政府建设上充分发挥自身的区位优势,积极探索、不断进取,为法治政府建设创造了一幅幅绚烂图景。面对法治政府建设的繁重任务和紧迫时间,我们没有理由懈怠。实践是实现理想的最佳路径,是最鲜活、最丰富、最美丽的现实画卷。每一个层级和地方的政府都应积极行动起来,以更有力更丰富的实践,助推法治政府基本建成乃至最终建成的目标早日达成,为推进全面依法治国伟大事业,为法治中国建设作出自己的贡献。

【附记:本文发表于《中国司法》2021 年第 8 期】

12. 提高行政执法能力

提高行政执法能力，是推进全面依法治国的基础要件，是提高国家治理体系和治理能力现代化的必然要求。我们应当深入推进相应的各项工作及其改革发展。

一、整合行政执法队伍

随着国家治理体系和治理能力现代化及全面依法治国的推进，必须对行政执法队伍予以整体优化。

整合执法队伍是维护执法统一性的需要。多头执法由来已久，它是在历史发展中渐变形成的，对其必须要有清醒的认识。多头执法导致执法尺度的不统一，危害国家行政执法的统一性。执法部门太多就必然增加统一的难度，势必导致执法尺度上的不统一。然而，依法行政、建设法治政府已经是我们的急迫任务，国家的行政执法必须统一，行政执法必须具有统一的标准和尺度。

整合执法队伍是保持执法严肃性的需要。法律是严肃而神圣的。执法必须是慎重而严肃的行政行为,容不得执法机关及其工作人员随意和任性。多头执法必然导致政出多门,不同的执法队伍执法的手段、措施、方式相互参差、彼此冲突,严重损害行政执法的严肃性。行政执法是严肃的法律行为,在同一法律的适用范围之内,针对类似行政事项的法律适用应该是统一的、一致的。否则,执法就可能因不同执法队伍素质和认识的参差而成为儿戏,引发社会公众的误解,损害执法的严肃性和法律的权威性。

整合执法队伍是实现执法目的的需要。法治政府是服务型政府,执法必须服务于人民,这是当代民主政治的必然要求。多头执法很可能加重人民的法律负担,背离执法为民的初衷,导致侵犯公民和法人合法权益的现象发生。公民和法人是与政府相对应的主体,如果政府的执法行为花样百出,必然会使公民和法人无所适从。面对某种行为,有的执法机关认为合法,有的执法机关认为违法,公民和法人就会不知所措。一旦他们的合法权益受到侵害,也难以得到法律的有效救济。

二、推动执法重心下移

具体行政执法事务绝大多数都在基层,尤其是在国家幅员辽阔、各级行政辖区范围广大的情况下,更必须将执法重心下移。下移执法重心具有极为重要的意义,必须清楚认识并在深化行政执法体制改革中着力解决。

首先,执法重心下移是执法为民的需要。构建服务型政府是我们的重要目标,服务人民是人民政府行政执法工作的本质要求。执法工作作为政府工作的构成部分,必须服务于人民,满足人民群众的法律需求。执法需求在基层,其工作就必须落实到基层、扎根到基层。只有重心下移,减少中间环节、中间层级,执法工作才能消除梗阻现象,急人民所急,想人民所想。从当前的情形来看,高层级行政执法权限还是过大过多，必须进行全面梳理，分门别类地予以化解和下放。

其次，执法重心下移是顺利执法的需要。执法机关面对的当事人是多元的。但是农民大多是在乡镇、村组生活的，即使是进城务工的农民也是工作在一个个具体单位或工作岗位之上的。至于城市居民大多是在街道、社区生活的，各种行政事务、各种矛盾纠纷都与乡镇村组、街道社区分不开。执法机关只有置身基层、置身人民群众之中，才能更顺利地开展执法工作，其工作效果才能更顺民心、合民意，其执法活动也会因得到人民群众的支持而顺利开展。

最后，执法重心下移是及时执法的需要。行政执法本身就有效率要求。许多行政执法工作甚至有法定时限、时效规定，必须及时办理，在法定时限或者时效内办结。执法重心下移，是大幅度提高执法效率的重要途径。行政执法效率的提升对于经济发展、民生事业具有极大的促进作用，特别是对于及时化解矛盾纠纷、维护社会安全稳定具有特殊成效。社会的矛盾纠纷都是在具体的社会生活中产生的，有的事关重大，需要及时化解，大事化小、小事化了。有的问题看起来无足轻重，但若任其延宕，甚至会养痈遗患，酿成大祸，成为灾难。这些都是对及时执法的要求。

三、深化执法体制改革

提高行政执法能力必须深化执法体制改革。在行政执法主体、行政执法事项、行政执法环境相对确定的情况下，行政执法体制就是决定性的因素。要切实提高行政执法能力就必须深化执法体制改革。

深化执法体制改革必须减少执法事项。这是改革行政执法的釜底抽薪之举。执法事项如果不削减，行政执法的机构裁撤与人员精简都将成为空话。执法事项过多是减轻执法负担的拦路虎。在深化改革中必须将一些不当的执法转化为应有的服务。这是行政机构改革的根本性要求，也是行政执法中必须进行的最首要的考量。减少执法事项的改革是一项极为艰巨的任务，部分行政机关和领导干部对此并不热情，不想改、不愿改、不敢改的心理都会作祟，要克服阻碍，奋力推进。

深化执法体制改革必须优化权力配置。在中央、省市、县区、乡镇之间要有执法权的合理配置。哪些权力应该放在哪一个层级，由哪一个机构行使是非常重要的，必须科学配置。权力配置既要便于行政执法活动的开展，更要便于服务人民群众的生活和工作，激发社会活力。执法权限划分不当，必然会加大执法成本，浪费执法资源。对于执法过程中的越权行为必须予以有效的法律制约，防止行政执法权行使上的混同，否则就会加大执法成本，损害公众利益。

深化执法体制改革必须优化执法机构。必须探索实行跨领域跨部门综合执法。在推进综合执法改革中，对于冗余的行政执法机构，应该撤销的，坚决撤销；应该整合的，必须整合。通过撤销不必要的执法机构，减轻公民和法人的不当负担，给社会松绑、给政府松绑。通过整合机构进而整合执法队伍及其人员，做到"简政精兵"，提高执法队伍素质。确保各个机构的执法权责明确、各个执法岗位权责清晰，防止执法机构林立、旁逸斜出，防止执法人员人浮于事、越权执法。

深化执法体制改革必须优化执法方式。在近年的行政执法体制改革中，中央到地方的各级行政执法机关创设了信息公示制度、信用信息平台制度、失信联合惩戒机制，以及分类监管制度、行政检查的"双随机、一公开"制度、社会管理网格化制度、行政执法绩效考评制度等。随着互联网、物联网、大数据的应用和社会治理方式的创新，行政执法必须与时俱进。既有的这些制度还需要随着服务型政府建设和行政执法智能化的发展而不断完善。

改革行政执法体制，提高行政执法能力，问题是在行政或者行政执法，但它不仅仅是行政执法的事情，也不仅仅是行政的事情，它事关党组织、权力机关和立法机关、司法机关对其进行领导和监督的制度设计。没有党政机关的协调改革，没有人民代表大会制度的改革和完善，没有司法机关对于执法活动司法监督程序机制的改革，行政执法能力的提升就是一句空话。既要从国家治理体系和治理能力现代化的角度出发，对行政执法改革提出新要求，也要从提高行政执法能力的需要出发，相应地深化全面依法治国实践，深化政治体制改革，推进整个国家治理体系和治理能力的现代化进程。

【附记：本文以“提高行政执法能力　夯实国家治理现代化的法治基础”发表于《中国司法》2019年第12期】

13. 推动社会治理的社会化与法治化

党的十九大报告明确提出，要“提高社会治理社会化、法治化、智能化、专业化水平”。这一目标的确立必将对中国的社会治理产生重大影响，它将社会化与法治化相提并论，一起作为我国社会治理的新的目标，给了我们新的启示。

我们首先来看社会治理的社会化。它是社会治理科学发展的重要目标。社会治理本来就应该是社会的事情，就应该由社会公众包括人民群众发挥主导作用。但是长期以来，社会治理的任务被整体地交给了政府，甚至被认为完全是政府的责任，这实在是对社会治理的严重误解。我们必须从社会治理的政府管制模式中走出来，实现社会治理的社会化，这是当前社会治理改革的重要任务。

社会治理社会化，意味着要充分发挥社会主体的积极作用。要使各种社会主体天然地成为社会活动的发起者、组织者、决策者、参与者、享有者，成为社会治理中最活跃、最具有活力的因素。在社会治理中，要充分尊重各类主体的自主性、积极性、参与性，使之发挥出应有的效用。这是政府的责任,也是法律的使命。

社会治理社会化,意味着要充分发挥社会民主的重要作用。让人民群众对于自己的社会事务有发言权、决定权,在社会治理意义上实现当家作主。人民的事情交由人民自主决定。社会民主对于任何国家的意义都是重大的,只有具有充分的社会民主,人民才能切实地享有政治民主。社会民主是政治民主的根基和平台。社会民主要靠长期培养,渐进养成。一旦成熟,也就根深蒂固,既难以被改变,又能时时发挥效用,成为社会持续稳定的有力保证。

社会治理社会化,意味着要发挥社会自治的重大作用。社会从产生开始就有并不依赖政府的性质。就政府与社会的关系而言,甚至可以说是社会产生了政府,而不是相反。是社会的建立才产生了公共事务。因为公共事务需要专门的机构来处理,政府才具有了产生的必要性。是人民用行动来组建政府,政府的产生才具有现实性。社会自治,应该广泛存在并自主运行,唯有法律与道德才能设定其边界。社会自治广泛存在于农村的村社、村组、乡镇,存在于城市街道、社区、小区,等等。

社会治理社会化,意味着要发挥政府治理的保障作用。一般地说,政府都会给社会自治留下空间。这个空间是社会自我调节的空间。社会的自我调节与自我修复的功能发挥得愈好,社会就愈是安全稳定,人民的生活就愈是幸福美好。社会自治并不需要政府时时参与和处处介入,政府只是在社会治理失灵的时候,才具有独特的意义,它是社会得以良性运行的外在而必要的保障。政府是社会治理的制度设计者、积极协助者和秩序维护者,但是它并不代替任何一个主体参与社会生活,更不随意剥夺任何一个社会成员的社会权利。

社会治理的法治化是又一个重要的目标。社会治理的法治化,是社会发展的内在要求与必然结论。

社会治理的主体是多元的。多元社会主体之间得以协调行动、整合力量,都离不开法律作用的发挥。社会成员中的每一个都是当然的社会治理主体,都有权参加社会治理工作,承担相应事务。社会成员在社会治理中的权利义务,需要法律来加以规范;社会成员之间的矛盾纠纷需要法律加以解决。只有让法律的作用在社会治理上体现出来、发挥出来,才能说这样的社会是法治社会。

社会治理的方式是多种的。社会治理的方式、情形各异,但都需要相应的法治发展与之相适应。传统、习俗、道德、法律都在社会治理中发挥出应有的作用。各种社会治理方式之间的对立、冲突如何解决,一直是政治家们面对的超级难题。其实只要在尽力发挥传统、习俗、道德作用的基础上,坚持法律至上,许多问题都可以迎刃而解。社会治理需要解决社会与国家、政府、权力、个人之间的关系。这些关系必须首先从法律上加以厘清并确立。要运用法律来发挥政府作用,要运用法律来规范政府行为,还要运用法律来防止政府侵权,防止其作用的不当发挥。所有这一切都需要最好的、法治化的体制和机制。

社会治理的内容是多样的。多样的社会治理内容要求法治化。社会治理涉及方方面面,结果也是形形色色,不一而足。社会治理涉及个人生活起居、住宅小区、公共绿化、体育场所、晨练早操、广场舞蹈,涉及婚姻、家庭、财产、邻里、物业、户籍等各种各样的社会现象和社会关系,以及由此产生的矛盾纠纷。社会治理内容的纷繁,给人们提出了崭新的要求——法治化。只有将重大的社会治理或者社会治理中的重大问题交由法律来调整,人们才可能获得应有的社会预期,有效地促进社会的良性发展。

社会治理的社会化与法治化,既有各自的内涵,也相互联系和影响。应促使社会化与法治化同步推进,以形成良好的社会治理格局。

使社会治理因社会化而深刻，因法治化而稳定，将社会化与法治化有机地结合起来，是中国社会治理良性发展的必由之路和康庄大道。

【附记：本文发表于《中国司法》2017 年第 11 期（总第 215 期）】

14. 社会协商对话的特征初探

社会协商对话制是社会主义民主的崭新形式，它对政治民主化建设具有重大的现实意义。目前，社会协商对话制度的社会实践已在全社会普遍开展，然而对它的理论研究却十分薄弱，本文拟对我国社会协商对话的主要特征作一个初步探索。

我认为，我国社会协商对话制度具有如下主要特征：

(1)主体的多元性。协商对话的主体是多元的，为两个或两个以上。我们知道，要实现协商对话，仅是一方独自讲解、论证而无接受讲解、论证的听众，显然是不行的。这样的协商对话缺乏对象，最终也不过只是自己对自己的“自言自语”而已。可以说，主体的多元性，是社会协商对话得以进行的前提性特征。

在社会协商对话中，每一个主体至少需要一个人。但是每一个主体并不是一个独立的主体。有的主体可能是由多个人构成或代表的，如某市政府派市长、副市长与个体户对话。这一对话中，市政府这一主体就有两个代表人：市长、副市长，即市长和副市长共同代表一个主体。所以,协商对话的主体是多元的,并不完全等于说协商对话的主体是多个人的。社会协商对话的实践中,主体为三个、四个,甚至成百上千个的,也非常普遍。一般关于社会的普遍对话往往如此,如《人民日报》组织理论工作者与读者进行的系列"经济生活"对话等。

(2)主体的平等性。社会协商对话的主体是平等的,平等的基础在于协商对话主体各自人格的独立,即每个主体在社会协商对话的整个过程中都享有同等的权利,承担同等的义务。主体的平等性特征,在社会协商对话中是很值得强调的。部分领导干部缺乏坐下来与老百姓一道探讨协商的经验,很可能达不到协商对话的目的。主体的平等性这一特征,是协商对话的本质性要求。

(3)主体的自由性。主体的自由性,首先是指对话主体的人身是自由的。参加社会协商对话的每一个人都享有法定的人身权利。任何协商对话的参加者都不得非法剥夺其他参加者的人身自由或人身权利,即任何参加社会协商对话的公民与其他公民一样,非经人民检察院批准或决定,或非经人民法院决定,并由公安机关执行,不受逮捕。禁止对话者非法拘禁和用其他方式非法剥夺或限制其他对话者的人身自由,禁止非法搜查其他对话者的身体。

其次,主体的自由性这一特征,也包含着主体与主体之间没有人身的依附关系。每一个主体都有其自由的独立性。在协商对话之前,他们可以自由决定是否参加。对不愿参加的组织和个人,其他组织和个人可以建议、规劝,但无论如何也不能强制别人参加。当然,作为社会主体的国家机关、社会组织和公民个人都应本着巩固安定团结、促进相互沟通的愿望,自觉地参加社会协商对话。

协商对话主体的自由性特征,还包括协商对话的主体在对话中有表达自己意志与否,表达什么,用什么方式表达的自由。而且,协商对话参加者在协商对话中，与对话主题相关的任何言论，无论该言论是否与现行政策相抵触，都不应该承担任何法律责任。实际上这也是言论自由这一宪法权利在社会协商对话中的具体运用。充分保障对话者的这一自由，对话者才能做到畅所欲言。也只有这样，才能促进社会主义民主的发展。

(4)目标的共同性。这是协商对话的基础。协商对话的参加者所商讨的内容，首先是他们所共同关心的问题。谋求解决问题的方法或达到某种目的，是他们共同的愿望。例如，参加关于工资改革问题的对话主体，必然是与工资管理有关系的国家机关、企事业单位、社会组织、理论机构和有关公民。参加学习问题对话的主体，必然是有关的思想政治工作的领导、干部、教师，以及与此相关的国家机关、青年学生。这些人之所以能走到一起对话，就是因为他们同是社会主人，具有共同的利害关系和共同的目标追求。

明确了目标是共同的这一特征，也就能促使我们在组织协商对话时，选题更科学，讨论更集中，使短暂的协商对话能取得最佳的社会效果。

(5)信息的多向性。协商对话，是思想的交汇、信息的交流。社会协商对话的特点在于它的信息流动的多向性。这是以单向信息流动为主的报告会所不具有的特征。

协商对话中如果出现一味的单向信息流动，对话就很难成功。造成这种不正常状况的原因是多样的：也许是由于主体不自由或地位不平等，有的主体受到了某种不应有的强制；也许是由于主体是单元的，无接收信息并再输出信息的主体，形成单独一方的自言自语；也许是由于参加协商对话的主体没有共同的对话目标，而使接收信息者失去对话兴趣，不愿输出信息，使对话成为"一言堂"。

信息的多向流动，是协商对话的特点。在进行协商对话时，各方都应相互尊重,让各方都有机会和条件表述自己的观点和见解。在协商对话中,只要各方都平等、自由,并有共同关心的探讨话题,信息的多向流动是不难实现的。应尽力提高信息的质量和流动的频率,以追求协商对话结果的最优化。

【附记:本文发表于《社会科学》(上海)1988年第9期】

15. 中国“普法”二十年

本文从一个学者的视角出发，对已经进行的四个“五年普法”做一个简要的回顾，对未来的“五五普法”作一些粗浅的展望，和各位一起商讨。

一、“普法”二十年的回顾：推动法治发展

“普法”的效用，在社会实际生活中也许并没有被人们所否定过。但是在有的学者的见解中，似乎法律是不必普及或者是不能被普及的。这种看法是极其错误的。在后法治化国家，“普法”具有极为重要的意义。民众长期所见多为非法治的情形，并一直处于非法治的状态之中。要在整个社会推行法治，进行法律的普及工作应当是第一步。当然也应该注意到，具有法律意识并不必然会拒绝或绝对不违法犯罪。但是可以肯定地说，知晓了法律必然会减少违法犯罪。社会上许多法盲违法犯罪的案件就是这样产生的。如果这些法盲知晓了法律，其中的许多违法犯罪都可能不会发生。更为重要的是，在长期的非法治状态中发展形成的公共权力机构，如果不接受法治思想的洗

礼,就必然会在既有轨道上滑行,就可能为惯性所推动而成为法治化的阻力或者障碍。根据法无授权即非法的法治化权力运行规则,“普法”就更为必要。公共权力机关及其工作人员,必须依法办事——表现为必须依法立法、依法司法和依法执法,乃至依法执政,等等。知悉法律的规定,是其行为合法性的保障,是其正确作出立法行为、司法行为、执法行为,乃至执政行为、法律监督行为等的根据。对于他们来说,“普法”更具有必要性。这是立法、司法、行政、执政、法律监督等得以依法进行的前提。

其实,中国的“普法”实践,更用事实证明了“普法”的重要性与有效性。从 1985 年启动“一五普法”以来,中国的“普法”事业伴随中国法治的发展而发展。二十年来中国法治建设取得了前所未有的巨大进步,中国的“普法”也一路高歌。回顾二十年的历程,中国特色社会主义法治一路走来:从发扬社会主义民主,健全社会主义法制,到依法治国,建设社会主义法治国家;从政策性的健全法制、依法治国、推行法治、建设社会主义法治国家,到这些口号一一被转化为宪法和法律的制度性规定。中国的“普法”也伴随着中国法治的发展而不断进步,不断发展,以至成为长达二十年的浩浩洪流,与中国法治实践遥相呼应,为中国法治发展推波助澜,成为中国法治的重要组成部分。“普法”是法治的基础,而又伴随法治的发展而发展。纵观中国数千年的文明史,法律知识从来都没有像今天这样普及过。从法律宣传、法律出版、法学教育等各个方面来看,都可以说,中国国家主导的法律普及工作达到了史无前例的程度。

二、中国“普法”的前瞻:树立法治理念

回顾二十年的“普法”历程,我们感到欢欣鼓舞,同时也感觉到在继续推进的“五五普法”中,必须进行观念更新,内容更新,方式更新,目标

更新。从观念上讲,重点要解决的是树立现代法治理念问题。具体说来包括以下的几个方面:

第一,必须树立人民民主理念。这一理念从表面上看来,似乎与法治无关。其实,人民民主理念与法治具有极为紧密的联系。因为,人民民主是法治的基础,是法治的目标。法治是实践和实现人民民主的具体路径。人民民主理念对于法治具有重要的指导意义,它决定着法治的目的、本质与归宿。

第二,必须树立法律权威理念。法治的发展是以法律的权威作为基础的,树立法律权威的理念对于整个法治发展具有思想基础的意义,是确保法律权威乃至实现法治的认识前提。法律权威的问题,是涉及信仰的现实问题,对此问题必须予以应有的关注。一个时期以来,法律的权威,由于司法和执法中的种种问题而被削弱。这必须引起警醒,没有法律的权威,便没有真正的法治。

第三,必须树立依法治国理念。依法治国就是指人民群众要在中国共产党的领导下,依照宪法和法律规定来管理国家事务,管理经济文化事务,管理社会事务,实现社会主义民主的制度化和法律化,确保各项国家活动都严格依法进行。依法治国理念能否确立关系着法治能否被坚持。依法治国首先要求的就是国家公共权力的依法行使,使权力在法律的制约下运行。

第四,必须树立依法执政理念。这是时代赋予执政党的艰巨任务。依法执政是中国共产党的执政地位所决定的,为其使命所要求,也为国际共产主义的经验和教训所证明,同时也还是中国共产党自身的教训与经验的总结。依法执政决定着中国法治的发展与未来。因此,"普法"中全体党员和党的组织必须有依法执政的意识,全体人民也要提升依法执政的理念,推动中国共产党领导的依法执政和依法治国事业。

第五,必须树立依法行政理念。依法行政是法治政府的要求,是法治在行政上的具体化。树立了依法行政理念的政府机关和公务人员，才可能严守法治;树立了依法行政理念的公民和法人才知道，如何依法监督政府以确保政府的性质，确保政府的依法行政。依法行政，对于政府及其工作人员是重要的，对于公民同样是重要的。只有树立了依法行政的理念，政府才可能成为法治的政府，人民才可能有效地监督自己的政府，实现当家作主。

第六，必须树立执法为民理念。这是所有执法部门都必须具有的基本理念。这一理念对于国家机关来说，是基本的民主与法治素养;对于人民群众来说，则是实行依法监督的法宝。执法为民是实现人民当家作主的要求和体现，是所有执法机关及其工作人员最起码的思想认识。执法为民确定了执法的目的与使命，也为执法者提出了努力的目标。执法为民是政治化的法律口号，也是执法的政治归宿。

第七，必须树立权利保护理念。权利、义务、权力是基本的法律概念与范畴，对它们的认识对于树立法治理念具有重要的意义。如何保护公民和法人的法律权利，如何通过保障法律权利来维护社会稳定和社会秩序，是法治国家建设中必须解决的重大难题。在权利与义务、权利与权力的关系中，如何实现权利优先，如何使权利的保护和实现成为社会发展的动力和社会民主的体现，都是十分艰巨的任务。确立权利保护理念，目的就在于实现权利。

第八，必须树立人权保障理念。保障人权是现代社会最重要的法治理念之一。在当今世界，人权保护的水平已经成为衡量一个国家或社会文明进步程度的标志。人权与法治发展具有密切的联系，人权也需要足够的法律措施予以保障。树立人权理念对于法治是非常重要的。在现代法治构架中，保障人权已经成为法治的基本内容，也是现代法治区别于传统治理模式的重大特征和重要标志。

第九，必须树立罪刑法定理念。罪刑法定是重要的刑事法律原则，也是重要的人权保障原则,还是整个法治的重要理念。罪刑法定原则的提出和推行都以法治的发展为前提和基础。法治建设要为罪刑法定提供制度保障和观念基础,确保罪刑法定的实现。罪刑法定也制约和体现着法治,没有罪刑法定的有效推行,法治就没有保障。这一理念包含着极为深刻的内涵,在构建现代法治的过程中,必须对其予以充分的关注和特别的重视。

第十,必须树立无罪推定理念。无罪推定是十分重要的法治原则。它如同罪刑法定原则和理念一样,关系人权保障和法治发展。没有无罪推定理念的确立,法治就没有切实的保证。无罪推定不是要将有罪确定为无罪,而是要坚持法治化的证据原则、法治化的刑事政策、法治化的刑事司法,确保社会一直处于理性的状态之中。无罪推定意在有效地防止冤假错案发生,使刑法和刑罚的效用得到正当的发挥。

第十一,必须树立程序公正理念。程序公正理念是法治理念的构成部分,特别强调程序公正理念对于中国来说,具有独特的意义,它是对于中国传统公正理念的重要补正。在我们的传统文化之中,对于公正更多关注的是实体公正,对于程序公正常常予以了不应有的忽略。应当全面认识程序公正与实体公正,正确处理程序与实体之间的关系。这是法治建设中,必须予以注意的重要方面,也是针对中国传统文化所应当做出的重要工作。

第十二,必须树立法治状态中的社会和谐理念。构建和谐社会,推动社会和谐,是我们的社会发展目标。其实,和谐社会就是法治社会。社会和谐的实现需要立法、法律实施等各个方面的配合与支持。没有法治的实现,社会就没有和谐。在法治状态中的和谐社会才是持久的和谐社会,才能真正实现民主法治、公平正义、诚实友爱、充满活力、安定有序、人与自然和谐相处。我们要自觉运用法律来维护社会和谐,推动社会和谐,实现社会和谐。

第十三,必须树立公平正义理念。公平正义是一个健康社会最基本的特征,也是人类社会永恒的价值目标。公平正义与法律具有密切的联系,可以认为所有的法律都必须以公正作为自己的价值追求。就公平正义与法治的关系来说:一方面,公平正义是法治的理想;另一方面,公平正义也需要法律提供有效的保障。推进法治建设是实现公平正义的基本途径和重大动力,谋求公平正义则是法治发展的精神依据与力量源泉。

【附记:本文原题为"中国'普法'二十年:回顾与前瞻",发表于《探索》2006年第1期】

16. 进一步强化普法的实效性

实效是任何计划、规划、方案，在实践中得以落实的现实目标。强化实效性就是强化目标性、目的性，是用目标检测成效的重要方式。2021 年，“八五”普法正式启动。回顾过往，展望未来，在新时期，我们不能不深切感受到进一步强化实效性应是普法工作的当务之急。

一、普法工作必须强化实效性

普法工作必须强化实效性是由普法的目的追求决定的。1985 年，司法部在六届全国人大常委会第十三次会议上提交了“一五”普法规划草案。全国人大常委会会议审议通过了《关于在公民中基本普及法律常识的决议》，中共中央、国务院转发了中宣部、司法部《关于向全体公民基本普及法律常识的五年规划》，从此，全国“一五”普法拉开了帷幕。《关于在公民中基本普及法律常识的决议》指出：“为了发展社会主义民主，健全社会主义法制，必须将法律交给广大人民掌握，使广大人民知法、守法，树立法制观念，学会运用法律武器，同一切违反宪法和法律的行为作斗争，保障公民合法的权利和利益，维护宪法和法律的实施。”从这一法律文件中，可以看到，实效性是其最基本的属性。“保障公民合法的权利和利益，维护宪法和法律的实施”是其重要的目标。

1990年12月，中共中央、国务院批转了“二五”普法规划，从此每五年一次的普法规划得以延续和发展，形成了惯例。2021年，中共中央、国务院转发了《中央宣传部、司法部关于开展法治宣传教育的第八个五年规划（2021—2025年）》，与以往的规划相比较，该规划更加突出地强调了普法的实效性。它的第六个部分是“着力提高普法针对性实效性”，对其作出了具体部署。其内容包括：在立法、执法、司法过程中开展实时普法；充分运用社会力量开展公益普法；充分运用新技术新媒体开展精准普法。总之，就是要突出普法的实效，见成果，出成绩，以实际效果作为普法工作的评价标准。

普法工作必须强化实效性是由普法的历史发展决定的。到现在，普法工作已经推进了30多年，取得了很大的成绩。对于普法意义的认识，早已深入人心，已经成为全社会的共识。在此基础上，何以取得更大实效，必然成为新的期盼。强化实效观念、提高实效水平，是普法工作推进到现在的新要求。面对新的法治发展进程，面对新的社会实际，必须强化普法工作的实效性。我们必须身体力行、脚踏实地地推进普法工作，由此，也就必然会提出如何评价普法实效、如何提高普法实效的问题。

普法工作必须强化实效性是由法治的发展进程决定的。1978年，党的十一届三中全会公报中指出：“为了保障人民民主，必须加强社会主义法制，使民主制度化、法律化，使这种制度和法律具有稳定性、连续性和极大的权威，做到有法可依，有法必依，执法必严，违法必究。”1997年，党的十五大报告中提出了“依法治国，建设社会主义法治国家”的治国基本方略与法治发展目标。其中提到,建设有中国特色社会主义的政治,就是在中国共产党领导下,在人民当家作主的基础上,依法治国,发展社会主义民主政治。这就要坚持和完善工人阶级领导的、以工农联盟为基础的人民民主专政;坚持和完善人民代表大会制度和共产党领导的多党合作、政治协商制度以及民族区域自治制度;发展民主,健全法制,建设社会主义法治国家。2012 年,党的十八大报告明确指出:“全面推进依法治国。法治是治国理政的基本方式。要推进科学立法、严格执法、公正司法、全民守法,坚持法律面前人人平等,保证有法必依、执法必严、违法必究。”2017 年,党的十九大报告进一步要求“坚持全面依法治国”,认为:“全面依法治国是中国特色社会主义的本质要求和重要保障。必须把党的领导贯彻落实到依法治国全过程和各方面,坚定不移走中国特色社会主义法治道路,完善以宪法为核心的中国特色社会主义法律体系,建设中国特色社会主义法治体系,建设社会主义法治国家,发展中国特色社会主义法治理论,坚持依法治国、依法执政、依法行政共同推进,坚持法治国家、法治政府、法治社会一体建设,坚持依法治国和以德治国相结合,依法治国和依规治党有机统一,深化司法体制改革,提高全民族法治素养和道德素质。”从我国法治发展的历史进程中可以看出,普法工作随着时代的发展,并非已经完成了任务,而是任务越来越艰巨。我们必须承担更大责任,担负更大使命。我们更需要与时俱进地从普法的角度推进全面依法治国事业,普法的实效性问题被摆在更加重要的位置。

二、何以强化普法工作的实效性

一是强化普法主体的针对性。不同的社会活动主体,有着不同的法律需求。根据不同主体的需求开展普法工作,是强化普法实效的最为有效的措施。在社会生活中每一个主体都有自己的具体情况,都有着自己在法律知识上的需求,如果能针对不同主体,开展不同内容的普法宣传,就能够取得更好的实效。对于不同年龄阶段的公民如青少年、成年人、老年人,有必要根据相应年龄阶段的不同法律需求,有针对性地开展普法工作;对于不同职业、行业、部门的公民,可以有针对性地进行与其工作包括业务相关的普法工作;对于不同法律角色,诸如民事案件、行政案件、刑事案件的当事人、家属、亲友,也可以开展相应的民事、行政、刑事法律的普及工作。对于不同方面的违法者,可以根据其违法行为的种类、性质开展相应的普法工作。

二是强化普法内容的及时性。一般来说,人们对于颁布很久的法律知道的较多,对于这些法律的兴趣,也会相对较低。与之相反,人们对于刚刚颁布或者新近修改的法律知之甚少,则具有更大的兴趣。对于新的法律法规和新修改的法律法规,如果趁其“新”及时开展普法工作,必然会更多地得到社会公众的欢迎、提高他们的兴趣,相应增强普法工作的吸引力。2020 年,《民法典》顺利颁布,对于《民法典》的宣传成为重点。《民法典》内容重要、体系庞大、适用广泛、影响深远,必须切实有效地推进《民法典》的宣传普及工作,也应当通过关于《民法典》的普法工作进而推动整个普法工作的发展。一个时期以来,我们强化法治社会建设,强调全社会的依法治理,因此,围绕一些社会立法进行重点宣传就成为当务之急。当前,我们加大了企业合规性建设,加强依规治企包括依法治企的普法工作就变得更为急切。2021 年公布的“八五”普法规划也许正是基于这样的考量,作出了相应的规定。今后,我们要切实贯彻落实“八五”普法规划的具体要求,将其落到实处。

三是强化普法方式的普遍性。普法工作是群众性的工作,注重其普遍性是其群众性的必然要求。因此,普法就要公开地甚至大张旗鼓地进行,用群众喜闻乐见的方式开展工作。既有的普法工作中,我们成功地运用了报刊、广播、电视等媒介传播工具,取得了极好的效果。这些方式，必须继续使用和更好地使用。在当前，由于互联网的大量运用，尤其是移动互联网的普及，通过互联网、移动互联网的方式开展普法工作已经成为极为重要的选项。一个时期以来，自媒体、短视频成为新型的媒体样态，如何通过自媒体、短视频开展普法工作就必然成为新的选项。只有不断采用最贴近人民群众生活的方式推进普法工作，普法才能始终具有深厚的群众基础，普法工作才能取得更多更好的实效。

三、强化普法工作实效性的相关要求

强化普法工作实效性必须深化认识，转变观念；创新机制，改进方法；强化监督，有力推进。首先，要在普法工作上深化认识，转变观念。深化认识是转变观念的基础，转变观念是深化认识的成效。深化认识、转变观念是新时代推进普法工作的思想基础。不能再停留在以前个别单位或者组织仅仅把普法当作任务的层面上。如果还停留在这个简单的任务观上，就会敷衍塞责，以完成任务了事，认为能在年终总结上写上一些内容就万事大吉。做得比较好的，可能就是请专家做一场法治讲座，就像做秀；做得不好的，更是连法治讲座都不搞，美其名曰“自学”，实际上是“不学”，放任自流。开展普法工作不仅仅是完成任务，更需要取得实效。为此，必须树立务求实效的普法观。真正在普法上用心用力，切实采用各种有效的方式将本部门、本单位的普法工作抓起来。

其次，要在普法工作上创新机制，改进方法。在思想认识问题解决了的前提下，要想方设法，把普法工作开展起来。在普法实际工作中，许多单位创造了相当多的成功经验。其中一个极为重要的经验就是创新机制、改进方法。在“八五”普法开展中，我们可以更普遍地实行法律顾问制度，乃至在工作单位开设法律顾问室。在各个单位和组织的重大决策中，征询律师和法律专家意见，甚至依法依规邀请法律顾问出席相应的会议,出具研究报告,以至于为本单位干部群众购买并提供法律咨询服务等。我们也可以抓住一些相关的时间节点,适时开展普法工作。在新法问世时,立即开展新法普法工作;在重大时间节点开展相应的法律活动。每年抓住国家宪法日的节点,开展宪法宣讲活动,也可以继续和尝试在各单位内部进行法律知识测试、法律知识竞赛、法治演讲比赛、开展法律咨询等。抓住人大换届选举节点,强化对人民代表大会组织法、选举法的学习。一旦本单位出现重大违法苗头、现象、案件时,有针对性地开展法治宣传教育,开展法治警示教育活动,未雨绸缪,防患于未然。

最后,要在普法上完善强化监督,有力推进。一般地说,监督总是促进工作的重要推手,是必不可少的推动力量,有时甚至起着关键而重要的作用。在普法工作中,监督也同样是必要的、重要的。要对普法工作设置监督程序、开展监督活动。把监督寓于法治国家建设、法治政府建设和法治社会建设的具体实践之中。在普法工作本身,以及与之相关的法治政府、法治社会建设的检查、评估中,要改进检查、评估方式。要把普法与法治建设的实效作为重要的检验与评价标准,力戒形式主义。对于普法工作中的弄虚作假、欺骗组织的行为,要采取有效的处罚措施,追究相应责任人的政治与纪律责任。要确保普法工作上的实事求是、注重实效,使“八五”普法得到更加有力有效的推进。

【附记:本文发表于《中国司法》2022 年第 2 期】

17. 农村纠纷的法治化解决

随着农村体制改革、农村城市化或城镇化的发展,农村出现了继承、婚姻、抚养、赡养、宅基地等纠纷以及新型的村民自治、土地承包、农房拆迁、土地征用、农民工工资等纠纷。面对我国农村纠纷的复杂状况,急需建立的更应该是农村纠纷的法治化调处机制,将新农村建设与农村和谐建设、农村法治建设有机统一起来,整体协调,同步推进。

一、农村纠纷的特殊性质

1. 地域性

农村纠纷的地域性,是与大多数农民的生活和劳动区域紧密联系的。农村纠纷的区域性是在这样两个意义上成立的:一是农村纠纷的主体具有相关范围的地域性。纠纷的各方,他们往往居住与工作的空间距离并不遥远,均处于相对邻近的状态,以邻里、乡邻纠纷居多,也就决定了它的地域性特征。二是农村纠纷的性质具有地域性的经济、文化特征。纠纷的类别、利益的大小、解决的方式往往与一个地区的经济发展和文化传统有关。三是农村纠纷的影响具有地域性。农村纠纷往往在一定地域存在,并在一定地域内口口相传地传播。它的影响力一是会相对有限,二是容易失真。口口相传的纠纷信息,在传递的过程中很容易被加工、虚构,一些情绪化的、误解性的、迷信式的内容也会在其中得以体现。农村纠纷的地域性,要求我们必须深入各地农村的实际之中去寻求解决农村纠纷的具体方式,切不可简单套用,随意照搬。

2. 亲缘性

农村纠纷具有亲缘性的特征,并不是说其每个案子的发生都具有亲缘性,而仅仅是说,其相当一部分案件的当事人之间具有某种亲缘关系,或者在非亲属之间的纠纷也可能出现某种亲缘因素的介入。农村传统的继承、婚姻、抚养、赡养、祖传宅基地纠纷,无不是在亲属中发生的。当然,这些纠纷在城市里也是在亲属之间发生的,但是这类案件,在城市的发生率已经明显降低,而农村则十分突出。至于村民自治、土地承包、农房拆迁、土地征用、农民工工资等新型纠纷,乃至农村公共群体事件,无不与亲属相关或者有亲属因素的介入。有许多案件,同姓同宗的亲属就形成一个纠纷群体,与另一方,甚至与社会和国家相对抗。亲帮亲、邻帮邻的纠纷模式,使纠纷具有了更为复杂的性质。认识到农村纠纷的亲缘性属性,有助于厘清农村纠纷的内在脉络,尤其恩怨由来,准确地把握纠纷的实际情况。认识到农村纠纷的亲缘性属性,更有助于充分发挥亲属的相关作用,找到有效的解决途径,及时化解矛盾纠纷。

3. 利微性

农村纠纷争议的标的往往不大。所发生的各种纠葛,相对于城市来说,经济数额偏小。这与农村的收入状况和生活水平相对较低有关。大多数农民的家庭财产、生活需求相对较少,所以他们之间就会发生在某些城里人看来根本就不可能或者不必要发生的纠纷,争议不必争议的数额。值得注意的是,这里的利微性更多是作为局外人的评论,在他们看来或者对于他们来说,争议的数额也许并不微薄。认识到利微性,我们在面对农村纠纷时,就不能以城里人的眼光来认识,忽略对于“小问题”的解决。在调解矛盾纠纷时,就既要开导当事人从大处着眼,也要严肃认真地重视小问题。在设定解决程序时,就要力行简便,以达成快捷的目标。在设定诉讼费用收取标准时,就必须适度:既不可过低,过低就可能因诉讼的严肃与重大而扩大矛盾,影响自动修复性作用的发挥;也不可过高,否则就可能将许多诉讼拒之于法院之门外,影响农村安全稳定。

4. 修复性

这里的修复性,是指纠纷的当事人的关系具有自动修复的属性。它是指在纠纷发生后,经过一定时间期间,当事人之间的关系自动恢复到纠纷发生前的状态。这种修复性是与它的地域性和亲缘性相关的。正是由于当事人关系的地域性和亲缘性,使其相互之间的矛盾具有了自动修复的可能。就亲友来说,他们之间难免会发生纠纷。这些纠纷,有时是因家庭或亲属关系而产生的,有时也许是其他原因导致的。但无论什么原因,他们之间的冲突都可能在时间的流逝之中得以修复。断绝来往也许是他们之间化解矛盾的手段。但是经过一段时间,一方的主动修好(包括婚丧、生日、节日时的礼尚往来、给予帮助),都可能使相互之间化干戈为玉帛。就邻里来说,他们之间发生了纠纷,也许一直没有获得解决,但是事过境迁,他们也许就自动淡忘或者故意忽略了,而又相互帮助、和睦相处。如果隔阂较深,过去的纠纷成为一种时而被忽略,时而又被想起的伤痛。只要没有新的纠纷发生,便不会再被公开提起。一旦发生新纠纷,旧的问题就可能成为新的纠纷的导火线,或者作为陈年旧账被提及。

当然对于这种修复性,也不能过度的依赖。它是在认识农村纠纷时必须注意到的现象和性质,既不能寄希望以此来化解所有的农村纠纷,但也不能忽略这些特性,而适得其反地激化矛盾。

二、农村纠纷应依法解决

1. 依法解决纠纷是法治发展的要求

中国法治发展提出了依法解决农村纠纷的社会要求。1997 年党的十五大确立了依法治国,建设社会主义法治国家的治国方略与社会发展目标之后,1999 年宪法修正案又对其予以了确认。中国全面开启了走向法治的新时代。依法治国是依法治理国家,显然包括广大的农村在内。占 74%人口的农民,占 80%以上土地面积的农村,如果没有他们的法治化,如果他们不参与中国的依法治国和法治国家建设,必然没有全中国的依法治国,也没有全中国的法治国家建设。运用法治化的解决机制解决农村纠纷,是历史发展的必然要求,是法治发展的必然要求。需要特别说明的是,运用法治化的机制解决纠纷,并非都要经过诉讼来解决。法治化的解决方式所反对的是违法的解决方式,并不是非法律的解决方式。恰恰相反的是,法治化的解决机制除了对于诉讼的解决方式予以充分的肯定之外,还特别强调和重视非诉讼的协商、调解、和解、行政裁决等解决方法。法治化的解决方式就是要将诉讼的和非诉讼的解决方式熔于一炉,使各种解决手段各尽其力,各显其能,相得益彰,共同构成化解农村纠纷解决机制的整体。

2. 依法解决纠纷是纠纷本身的要求

依法解决是农村纠纷数量与影响的要求。中国有 7 亿多农民,每天都有大量的纠纷产生。在历史上我们对许多纠纷放任自流,有的因为时间的延续而得以缓解或者消除,也有许多纠纷被长期化进而演变为老问题而更难解决。此外,农村城市化的发展,以及工业和城镇用地的扩展,也引发了新的纠纷。有关统计资料表明,我国非农建设占用耕地每年约250万亩，按照1人1亩算，每年的失地农民就有250万人至300万人。这些农民与开发商、与政府、与社会之间的纠纷如果没有一个法治化的解决机制，其后患是难以想见的。中国现有1.2亿农民工在城镇劳动，他们的工资需要获得足够的保障。工资对于他们来说意味着新房、结婚、家庭用度、疾病医疗费用，以及儿女的学费等，但是我们的保护手段却是十分有限的。这些问题，如果采取非法治化的方式解决，就难免导致灾难性的恶果。

3. 依法解决纠纷是彻底化解矛盾的要求

建立新型的适应市场经济体制、适应新农村建设、适应民主法治需要的法治化的纠纷解决机制，是解决农村纠纷的必需。在新的形势下，依法解决农村纠纷更能化解矛盾，促进农村的和谐与发展。

一是纠纷依法解决具有最大的彻底性。在解决纠纷的若干手段之中，唯有依法进行的解决手段，才具有明确地分清是非，切实地划分权利义务的特性。在所有的矛盾纠纷之中，不分是非地解决，就是“和稀泥”，就有可能在暂时压住矛盾之后，酿成更为严重的社会矛盾。所以依法解决纠纷是最彻底的解决。

二是纠纷的依法解决具有最大的强制性。在法律、道德、乡规民约、传统、习惯等众多的解决方法之中，唯有法律的解决方法，最具有外在的国家强制性。一旦由法律机构特别是人民法院作出裁判，就具有必须执行的性质。依法定程序作出的解决，更有利于有效地制约或处罚违法行为，切实保护受害人的合法权益。

三是纠纷的依法解决中包含着调解方式。在依法解决的同时，甚至在诉讼解决之中，都可以运用协商、调解、和解等解决手段。在行政裁决与民事诉讼的过程之中，人民政府包括公安机关，以及人民法院可以主持调解。一旦达成协议，纠纷就彻底解决了。我国目前农村诉讼案件的调解结案率还是太低，应该加大农村民事案件的各种调解力度。

村民都是本土本乡、祖祖辈辈生活在一起的，并且还将继续生活在一起，他们能够和解或调解，对于他们未来的相处与互助，对于维护农村的和谐都是至关重要的。

三、建立法治化解决机制

1. 依法防止纠纷的发生是首要环节

农村纠纷，如同其他任何纠纷一样，防患于未然，总是最首要的。为了防止发生纠纷，必须在农村采取有效措施：提高村级管理部门依法办事的意识和能力；普及领导和群众的法律常识，培养法律观念；引导农村社会普遍的法治化运行。在农村推行基层民主、实现村民自治、实行村务公开、搞好普法教育都是减少纠纷所必需的。农村纠纷在总量上减少了，我们才可能有足够的精力和能力来解决已经发生的纠纷。否则，我们就可能不堪重负，面对过多的纠纷而束手无策、无所作为。农村干部、农村各级组织只要严格依法办事，包括依法行政、依法管理、依法裁决，农村纠纷就会较少发生，即使发生了也能得到及时解决。

2. 以调解化解纠纷是解决纠纷的关键

法治化的调处机制就是要在运用严格法律程序依法解决农村纠纷的同时，充分注意民间调解、基层组织调解、行政调解和司法调解的作用。有的人认为，调解的解决方式，是对权利的漠视，是反法治的。其实这种看法是极其错误的。调解的解决方式，并不是反法治的。因为农村纠纷大量的是民事纠纷。民事权益的可放弃性正是基本的法治原则——权利可以放弃，义务必须履行的要求。自己同意放弃自己的民事权益或者在相关权益上让步，并没有任何违法之处。它不但不违反法律，相反它正是符合法律和法治精神的，正是行使民事权利的体现。农村纠纷的当事人往往生活在一个村庄或者相距不远的地方，对于他们来说，纠纷的调解解决，肯定比司法解决更快捷，更不伤害感情，更有利于当事人之间的近邻生活，更有利于建立起真正和谐的社会主义新农村。

四、发挥各种因素的积极作用

在法治化的调处机制之中，农村法律机构的作用是不容低估的。但是，我们还必须充分发挥以下因素的积极作用。

1. 基层组织的作用

农村基层组织始终是解决农村纠纷最重要的组织基础。解决农村纠纷的重点应该在县级及其以下的基层组织的调解以及司法裁判。基层组织的领导土生土长，具有良好的群众基础和威望威信，他们易于了解真实情况，具有解决纠纷的本土知识。这是其他外在机构或人员所不具有的优势。第一，从纠纷产生环节来讲，纠纷本身就是在基层发生的，不着眼于基层就等于是舍本逐末；第二，从对纠纷的了解来讲，只有基层最了解情况，最有利于问题的彻底解决；第三，从成本耗费来讲，只有解决在基层，不论是政府还是农民都是成本最低的；第四，从信任关系上讲，必须提高基层组织的可信任度，因为人们所感受的组织是身边的组织，如果基层民众普遍认为只有远处的组织才是可信可靠的，就必然会降低基层组织的威信、责任感和有效性，甚至会动摇党和政府的社会基础。所以充分发挥基层组织解决农村纠纷的作用，必须引起高度重视。

2. 家族领导的作用

对于家族领导的作用，要客观面对。几千年的家族主义的思想文化传统，以及家族力量在农村的现实影响，我们是无法禁绝的。如果强行禁绝，还会导致更大的社会矛盾。与其如此，还不如充分引导和发挥他们在化解纠纷中的作用。一是对家族领导调解民间纠纷的行为，应持支持的态度；二是在基层组织主持的调解中，可以考虑吸收家族领导参加,充分发挥他们的影响力。其实我们的有关法律制度已经注意到了这一点,只是没有能够很好地突出这一点。

3. 亲友配合的作用

中国是一个特别重视亲情的国家,在中国农村尤其如此。农村纠纷如果是发生在亲友之间的,亲友的调停作用就不容忽视和低估。在传统社会中,亲属之间的纠纷往往就是由亲友之中的德高望重者出面调解的。这一作用,是不容否定的。如果说在家族领导介入问题上,还可以有不同认识的话,在亲友配合这一点上是不应该有任何疑问的。我们所需讨论的,不是应该或不应该发挥亲属的作用,而是如何发挥他们的作用。

五、建立机制与突出重点

1. 建立纵横结合的纠纷解决机制

在我国农村要整合各种力量,在县以下形成纠纷解决的纵横结合的双重机制,严格将所有的纠纷控制在县级以下,依法加以解决。需要突破县级的解决,应当是个案或特例。只有这样,才能保证社会的长治久安。要在县以下建立起一个较为完善的纵横结合的纠纷解决机制。从纵向看,要建立村民组(自然村)、行政村、乡或镇领导的纠纷解决机制;从横向看,要建立司法助理员、公安派出所、基层人民法庭的横向纠纷解决机制。可以考虑结合农村基层政府的职能转换,强化农村纠纷解决机制,设立一定规模的纠纷调解委员会或设立调解中心,开展调解工作。调解无效者,则劝其通过行政裁决或诉讼方式解决,防止恶化和长期化。

2. 抓住工作重点与解决现实问题

建立法治化的农村纠纷调处机制,必须抓住维护农民合法权益,维护农村社会公正,乃至整个社会公正这个根本。目前也许应该解决以下 4 个重点问题：保护农民合法权益；打击坑农违法犯罪；打击农村黑恶势力；公正解决农村纠纷。这需要多个部门的通力合作。但是值得注意的是，这种合作一定是在法律范围之内的，而不是职权的混淆或者违法用权。各个部门、组织之间的合作与分工都只能是以法律作为根据的。

3. 强化农村各种纠纷的依法调解

为了建立法治化的纠纷调处机制，应当着力采取以下几个现实措施：一是确定并强化农村基层组织的纠纷调解功能，完善调解组织机构与机制。二是加强相关人员的调解技能培训，提升调解的效能。三是将农村纠纷的调解结案率作为评价乡镇工作与农村司法工作的重要指标，引导农村基层组织对于纠纷解决的思想认识与工作路径。

经过努力，我们应当建立起以法律为根本准则，以调解为重要方式，并注意发挥其他因素积极作用的，县级以下为重心的，纵横结合的农村纠纷双重解决机制。相信随着我国农村法治化纠纷调处机制的建立，新农村建设必将因此而推进得更加顺利和快速。我们应该迅速建立起农村纠纷的法治化调处机制，将新农村建设、农村和谐社会建设和农村法治建设结合起来，使亿万农民和广大农村能够因此而享有和谐、法治、富裕和幸福。

【附记：本文系原农业部 2007 年委托课题的研究报告，笔者就此研究报告做过相应的会议交流】

18. 创新型城市与法治

建设创新型国家是我们的现实目标。通过创新型城市带动作用的发挥,来达成创新型国家建设的目标,是建设创新型国家的路径选择。创新型城市是创新型国家最重要的构成部分,甚至是创新型国家的主导部分。作为区域创新体系的龙头,城市发挥着极为重要的作用。城市是国家创新活动的重要基地,也是国家创新活动的引导力量。国家的创新必须要有法治的支持,城市的创新也同样离不开法治。创新型城市与法治建设具有密切的内在联系。

一、推进法治发展以引导创新型城市建设

法治在一个国家首先是以整体状态存在的。任何一国的法治都是一个整体状态。一国范围内的每个城市的法治都是国家整体法治的构成部分,必将受到整个法治的制约和影响。

(一)法治营造城市的创新环境

依法治国,建设社会主义法治国家是我国的治国

方略和社会发展目标。在宏观的根本意义上,依法治国表现为依法执政和依法行政等;在微观的一般意义上,依法治国也表现为依法治理和依法办事等。在后一种意义上,也可以说,依法治理就是依法治国的具体化。

近代以来,"工业化带动城市发展,它不仅使城市数量增加,规模扩大,城市人口急剧增加,而且使城市的地位、作用、性质和功能发生根本性变化,使城市发展进入城市化时期"〔1〕。到了现代社会,"科学技术的迅猛发展与经济的高速增长,大大加快了世界城市发展的过程,城市化在规模、速度和范围上大大超过了以往的各个时期。"〔2〕对于城市来说,它本身并不是创新的主体。城市创新的主体依然只能是城市政府管理机关、部门、公务人员,公民个人与组织。在公权力机构之下,就是从事创新活动的公民、科研单位或其他科研组织。如何使这些个人、单位或组织具有创新的积极性和创造性,这就有一个在政府主导下如何构建法治化创新体制与机制的问题。

如何提供一个鼓励创新的城市氛围是非常重要的。这需要依赖创新的城市文化、科技、经济的发展,同时这些都需要良好的城市管理。走向法治的城市管理问题,在很大程度上也就是城市的依法治理问题。

在创新型城市那里,创新应该是那个城市恒久的标志与属性。能否依法治理,是影响特定城市能否始终具有强大创新力的外在因素。要使一个城市始终具有创新的活力,就必须提供一个稳定的法治化的创新场景。创新型城市需要有进行创新的自由、调控创新的规则、保护创新的机制,以及激励创新的措施。这一切需要多个元素的共同作用,但是法律的作用是不容忽视的。没有完备法治主导下的对于城市及其

---

〔1〕 向德平主编:《城市社会学》,高等教育出版社 2005 年版,第 37 页。
〔2〕 向德平主编:《城市社会学》,高等教育出版社 2005 年版,第 40 页。

创新的依法治理,创新的活力就难以激发,更难以保持,创新型城市就难以建立。

(二)法治制约城市的科技发展

如前所述,一国法治是一个统一的整体,任何国家的任何城市都不过是一国的构成部分。不论是在单一制国家,还是在联邦制国家,任何城市都不过是一国的构成部分。任何城市的建设都将受到其国家法治整体状态的影响,其科技发展必然在一定程度上受制于该国的法治状态。凡是一国法治主导方向为抑制创新或不利于创新的,其所属城市的法治也不可能是鼓励创新的。反之,凡是一国法治的主导方向为鼓励创新的,其所属城市的法治也应该是鼓励创新的,否则就是对整个法律体系价值目标的违反。在权力结构、宪治体制、法律效力等级等意义上,任何城市的法治都是其国家法治的构成部分。

城市的科技建设在整个国家的科技发展中居于领先地位。城市汇聚了大批的科研人员,设立有大量的科研机构,产生了丰富的科研成果,是科技发展的中心。从近代工业革命以来,在世界各国的经济与社会发展中,城市一直处于领先的地位,对整个社会的科技进步起着重要的先导作用。与科技情形相似的是,城市法治也是一国法治中最具有代表性的部分。无论人们是否认同,法治也同样是以城市作为中心来建设的。立法机关、政府机关、司法机关都在城市设立其主要的办公地点,开展立法、执法和司法工作。尽管立法、执法和司法的触角必然会延伸到乡村,但是其以城市作为核心的运行方式与工作方式是不言而喻的。

基于现代法治在国家和社会中的重要作用,城市的科技发展必然会首先受到整个国家法治状况的制约。

二、发展地方性法规是建设创新型城市的重要措施

“制度环境对城市发展的影响显现出越来越重要的作用，这种影响主要作用在城市发展质量的提高方面，它影响着以生活方式、价值观念、文化素质水平为标志的城市文明的构建和传播。”[1]有研究报告表明，发挥地方政府的作用，重要的是推动地方政府把科技创新深入地融到地区发展战略之中，让地方在前沿科技的产业化过程中唱主角。从20世纪80年代开始，美国的州一级政府就在前沿技术的商品与产业化过程中，扮演着重要角色。近年来这种趋势有增无减。美国的许多州政府进一步加大了对前沿技术商品化的投入，如得克萨斯州设立“新兴技术基金”，2005年投入3亿美元推动产、学、研合作，促进新兴技术商品化。华盛顿州设立生命科学基金，每年投入3.5亿美元，推动生命科学研究和相关成果的商品化。美国州政府和企业对纳米科技的投入现在每年已达20亿美元，大大超过了联邦政府的投入[2]。美国各州的立法对此发挥了重要的作用。地方立法是大国推进科技创新的重要手段。

（一）地方性法规是建设创新型城市的特殊规范

地方性法规是一定地区的地方立法机关依照法定的职权或程序制定的规范性法律文件。为了与中央立法相对应，地方性法规有时也被称为地方立法。制定地方性法规目的在于立足地方实际来确立相应的行为规则，它是各个行政区划实现其区域管理的必需，是对其政治、经济、文化建设的权威性安排，是贯彻地区发展战略的重要措施。在创新成为时代使命的时候，制定地方性法规同时也是建设创新型城市，实现

---

〔1〕 孙久文、张佰瑞等编著：《城市可持续发展》，中国人民大学出版社2006年版，第38页。

〔2〕 参见科学技术部专题研究组：《世界前沿科技发展报告》。

其创新目标的重要措施。

地方立法对于所属区域和城市来说,比中央立法具有更大的适应性。与地方立法相对应的是中央立法,与中央立法相比较,地方立法就是为了使法律具有更大的适应性而产生的。在一定意义上说,地方立法是为弥补中央立法之不足,以更好地实现法治目标而产生的。随着社会发展的无限延展,统一的中央立法愈来愈难以适应各地发展的具体情况,地方立法的意义得到了凸显。由于我国地域辽阔,地方立法的作用更加特殊。“在政府采购政策上,建立财政性资金采购自主创新产品制度,以及激励自主创新的政府采购和订购制度;改进政府采购评审办法,对自主创新产品给予优先待遇。在知识产权政策上,依法严厉打击各种侵犯知识产权的行为,为知识产权的产生与转移提供法律保障;重视掌握关键技术和重要产品的自主知识产权,支持以我为主形成重大技术标准,等等。”〔1〕所有这些,全部依赖中央立法是难以办到的,地方立法应该在其中发挥重要的作用。

(二)地方性法规更能促进具有地方特色的创新

地方立法更能促进具有地方特色的创新。创新具有普遍性,也具有特殊性。如果从地域的意义来讲,创新的特殊性主要存在于多个方面。一是表现在各地包括各个城市创新的基础不同。不同的地域,有着不同的自然环境、能源资源、生产力状况、民族结构、文化传统等。地域差异当然地会影响和制约创新的发展。二是表现为各地或者各城市的创新需求不同。各地的地理、物产、产业、经济发展程度与技术发展水平不同,对于创新的需求也就不一样。就其主要方面来说,有的表现

---

〔1〕 吴忠泽:《大力推动企业自主创新,加快建设创新型国家》,载《中国软科学》2006年第5期。

为对农业创新的需求，有的表现为对手工业创新的需求，有的表现为对工业创新的需求；各地特别需要发展的科技领域或专业也会有所差异，等等。三是表现为各地包括各地城市促进创新的法定措施不同。由于创新的需要不一样，法定的创新激励手段和措施也有所差异。这些措施差异既是由许多客观因素决定的，也受许多主观因素的影响。相关地方立法机构及其组成人员的认知也会在一定程度上影响地方立法中创新激励措施的设置。

由于各个地方包括各个城市在创新问题上的独特性质，地方立法在创新上的意义也就显得十分突出。如何具体地推进更切合地方或城市经济和社会发展实际的创新，尤其需要地方立法来加以特别关注，并采取有效的措施加以推进。

三、保护创新成果是创新型城市的显著标志

（一）城市是创新成果诞生与运用的中心

创新成果是创新的直接目的，是创新的产物，是创新的表现。从严格的意义上说，没有创新成果就没有创新。城市对于创新有着极为重要的意义。城市是创新成果诞生、交易、运用的重要场所，甚至也是被侵权的主要场所。有资料表明，即使是关于农村和农业的科技创新，也主要是以城市作为中心来产生、交易、推行的。

因此，城市对于科技成果的保护也就十分重要。由于创新的诞生、交易、运用或者侵权都是十分复杂的问题，简单地处置可能会导致严重的后果，所以，强调城市对创新成果的依法保护就特别重要。法律就可以用明晰的规范来调整创新的社会关系。

（二）创新成果是创新型城市的支撑力量

创新型城市的建设需要产生大量的创新成果作为基础。创新型城市是由大量的创新成果支撑的。一个创新型城市一定是拥有大量创新成果诞生的城市。城市的创新能力，是可以从其成果的种类、质量和数量方面来予以说明的。

创新型城市的创新成果应当是涉及各个方面的。在经济、政治、管理、环卫、交通、能源、规划、教育、文化、卫生、体育等各个方面，都应该不断产生各种各样的创新成果。创新型城市的创新成果应当有很多的数量。科技发明、专利申请、新兴产品都应该不断涌现，直接推动社会经济文化的各种进步。

四、保护创新人才是创新型城市的根本途径

（一）创新人才是创新型城市的重要基础

人才是创新的根本动力。从我国自身的社会实践可以得出极为重要的结论："人才发展与经济发展有着高度的相关性。从年均增长速度方面考查，1978 年至 2003 年，人才总量的增长速度年均为 7.34%，实际经济总量 GDP 的增长速度年均为 9.38%，经济增长对人才总量增长的弹性系数为 1.28%。"[1]

有人才未必就有创新，但是缺乏人才就必然缺乏创新。广义的人才是创新人才的数量基础。如果可以认为现代科技水平是一个城市发展程度的决定性因素，那么同样可以认为人才是一个城市根本的生产力主体。人才的数量和质量，在根本上决定着一个城市乃至一个国家

〔1〕 连玉明、武建忠：《中国国力报告》，中国时代经济出版社 2006 年版，第 9 页。

的创新能力与水平。在现代社会,人才尤其是高级人才主要聚集在城市。对创新人才的特别保护,城市具有更大的责任。在所有的保护措施中唯有依法保护才具有更大的有效性。

从严格意义上说,人才都应当是具有创新能力并能够推出创新成果的人。但是实际的情形并非如此,有的人才未必具有足够或强大的创新能力,也未必能产生出重大的创新成果。于是,人才之中能够做出重大创新成果的人才就更为难得。那么,对于创新型人才就必须予以特别的关爱与重视。但是创新型人才是生活在众多人才之中的,在对创新型人才予以关爱的同时,也不能对其他人才歧视或者虐待,因此,如何对待创新型人才就成为极为重要而又艰难的课题。对创新型人才的法律保护成为保持创新活力的重要需求。

(二)城市创新人才保护导致的两个转变

城市要实现对于创新人才的保护,即人才政策应该有两个主要方面的转变,即从对一般人才的保护扩展到强化对创新人才的保护,从对创新人才的道义肯定转化为运用法律的实际保护。

第一,强化对创新人才的特别保护。改革开放 20 多年来,我们逐步认识到了人才的重要意义。重视培养、发现和保护人才,是社会进步的要求与反映,也是应当具有的现代观念。但是历史发展到现阶段,仅仅具有这样的认识还是远远不够的,我们要从以前那种普遍的人才保护观念转化到强化对创新人才的保护上来,这是时代发展的需要。各个城市在拟制有关政策或者制定相关法规的时候,就必须注意对于创新人才的特殊保护,注意创设关于创新的政策性的、法律化的保护制度与机制。

第二,注重对创新人才的法治化保护。长期以来对于人才的保护主要还是政策性的、政治性的,法律意义上的保护虽然取得了很大成绩，但是与前两者相比较还是稍微逊色了一些。随着创新要求的增长，随着法治化发展进程的推进，我们不能再局限于过去的政策性、政治性的保护，更应当将政策性、政治性的保护措施，经过立法程序上升为地方立法的规定，并且在法律化的过程中，通过立法的程序加以科学化，使不切实际、不甚妥当的措施得以修正，使临时性的个别措施得以制度化和法律化。

客观地说，在我国目前人才保护是极为重要的，但是清除现存的人才保护的制度性障碍却是迫在眉睫的事情。我国（原）人事部人事科学研究院的《2005年中国人才报告——构建和谐社会历史进程中人才开发》表明，我国人才市场发展存在的四大问题是：户籍制度的制约，人事档案制度改革的滞后，人事制度改革尚未完全到位，人才市场管理体制没有完全到位[1]。这些制度和体制的问题，无一不与现行的法律制度相关。要建立良好的人才保护制度，必须首先清除现存的人才保护的制度障碍。只有这样，才能真正建立起良好的人才保护的法律制度与体制，实现人才保护的法制化。

（三）如何实现对创新人才的特殊保护

城市对于创新人才的保护，既要区别于一般的社会保障，也要区别于一般的人才保护。对创新人才的保护应当侧重从创造创新条件和保护创新权益两个方面来展开。

创新型城市对于人才的保护，最需要的是一种“人尽其才”的特殊保护。这种对创新人才的特殊保护，与对一般弱势群体的救助是截然不同的。大多数创新人才，不应该是为衣食所忧的人才。即使是为衣食所忧者，其衣食之困也应该在一般公民所能获得的社会救助中得到

〔1〕 参见连玉明、武建忠：《中国国力报告》，中国时代经济出版社2006年版，第10页。

帮助。他们最需要帮助的还是何以能够施展其才华,实现其能力。为创新人才能力的施展提供机会、创造条件、营造环境,是地方立法、地方政府应该承担的责任,也是建设创新型城市所必需的。

对于社会的弱势群体中贫困人口的保护,主要是予以就业的帮助,甚至直接的经济救济;对于残疾人,更多的是给予物质帮助,以及一定的适合其身体状态的就业帮助。而对于创新人才的保护并不依赖简单的物质给予或者一般的就业帮助。对于创新人才的保护一个很重要的方面就是通过对其创新条件的创设,来实现对于创新人才的特殊保护。保护创新人才,根本的就是要保护创新人才的创新条件。中国的思想家们一直梦寐以求的理想就是人尽其才。《礼记》就写到未来社会的理想是"老有所养,壮有所用,幼有所长",其中的"壮有所用"也就是"天生我材必有用"的期待。"人尽其才,物尽其用,货畅其流。"马斯洛将人的需要划分为六大类,其中最高的境界就是"自我实现"。对于创新人才来说,让其实现自我,既是对人才的爱护与保护,也是对社会进步动力的直接保护。保护创新人才实现其价值的事业是对社会进步最有成效的事业。

创新型城市对于人才的保护,是一种确保创新权益的特殊保护,以区别于对一般人才的保护。

首先,创新人才的创新权益是其劳动被社会承认和尊重的体现。真正的创新人才,并不需要享有特权,他们所需要的是其创造性的劳动能够得到社会的承认,他们的合法权益能够得到社会的尊重并真正实现。如果他们的权益不能获得应有的保障,也就相当于他们的劳动被抹杀,被社会所否定。城市法治建设努力的目标应该是充分保护创新人才创新劳动的合法权益,以激发其创造热情,催生更多的创新成果。

其次,创新人才的创新权益是其劳动收入的表现。创新权益对于创新者而言,如同工人、农民的收入一样。其创新成果所应获得的物质利益也就相当于工人、农民的工作报酬。创新人才的创新权益是其收入的方式与来源。如果其创新权益不能被切实享有,也就意味着,他们的劳动没有获得劳动报酬,他们的物质生活就会遭遇困难。生存尚且困难,创新必然更难以获得。

最后,创新人才的创新权益在法律上表现为知识产权。必须建立良好的知识产权的法律制度以保护创新人才的创新权益。因为"知识产权制度是保护技术创新和技术交易的一种权利制度,是在市场经济条件下配置技术创新资源的有效机制。同时,知识产权制度是实现国家技术发展战略的重要工具"。[1]

【附记:本文发表于《法学杂志》2007年第3期(总第166期)】

---

〔1〕 王梦奎主编:《改革攻坚30题:完善社会主义市场经济体制探索》,中国发展出版社2003年版,第358页。

19. 西部大开发与法治建设

西部大开发已经成为国家发展的重大战略。对于西部省市区来说，既是机遇更是挑战。在西部大开发中，人们最关注的是经济的发展，这固然没有错误。但经济的发展是有条件的，它离不开必要的法治准备、法治辅佐、法治保障，甚至可以说西部大开发，法治应先行。在此我拟对西部大开发与西部法治建设之间的关系谈一些粗浅的看法，以利于相关问题的讨论和对于有关问题的重视。

一、西部大开发的法治背景

西部大开发是在中国法治化进程中，为适应中国经济社会发展要求而作出的重大战略决策。1999 年 6 月 9 日，中央扶贫开发工作会议指出，加快中西部地区发展步伐的条件已经具备，时机已经成熟。在继续加快东部沿海地区发展的同时，必须不失时机地加快中西部地区的发展。从现在起，这要作为党和国家一项重大的战略任务，摆在更加突出的位置。会议还指出，加快开发西部地区，是全国发展的一个大战略、大思路。西部大开发也就被正式提出。1999 年 11 月 15 日至 17 日在北京召开的中央经济工作会议,从 8 个方面具体部署了 2000 年的经济工作,其中一项就是:抓住时机,着手实施西部地区大开发战略。2000 年 1 月 19 日至 22 日国务院西部地区开发领导小组在北京召开了西部地区开发会议。会议的主要议题就是学习、领会党中央关于实施西部大开发战略的重要决策和指示精神,统一思想,提高认识,研究加快西部地区发展的基本思路和战略任务。2000 年 3 月在九届人大三次会议上,政府工作报告对西部大开发进行了论述提出了要集中力量抓好的几个方面:加快基础设施建设;切实搞好生态环境保护和建设;根据当地的地理、气候和资源等条件,着力发展有自己特色的优势产业,有条件的地方要发展高新技术产业;大力发展科技和教育,加快科技成果转化,积极培养各级各类人才,全面提高劳动者素质;进一步扩大对外开放。现在西部大开发已经进入了实质性的操作阶段。各地关于西部大开发的宣传和鼓动可以说是此起彼伏。许多地方纷纷进行西部大开发问题的招商会、研讨会。

我们考虑西部大开发的方案的时候,必须考虑其所处在的时代背景与社会条件。1978 年中共十一届三中全会倡导“健全社会主义法制”,1999 年 3 月宪法修正案将建设社会主义法治国家作为目标写进我们的宪法。从十一届三中全会,到目前推行的“依法治国,建设社会主义法治国家”,已经历时 20 年有余。20 多年来,中国从“健全社会主义法制”,到“依法办事”(有法可依,有法必依,执法必严,违法必究),再到“依法治国,建设社会主义法治国家”经历了一个逐步发展的历史过程。现在,依法治国,建设社会主义法治国家已经成为了我们的时代口号和行动指南。

从立法上讲,我们已经拥有了全国人大及其常委会的近 400 部法律法规,国务院约 800 部行政法规,各省、自治区、直辖市约 8000 部地方性法规和数以万计的各类规章。2000年3月，我们制定了《立法法》，标志着中国立法进入了一个新的历史时期。

从司法上讲，人民法院已经在国家社会生活中发挥着重要的作用。以前许多纠纷发生了，人们总是去找领导。领导们也乐于出面解决各种纠纷，但是到了现在，各级各类领导再也不是这样考虑问题的，而是直接建议，去法院。人民法院也在人们的社会生活中发挥愈来愈重要的作用。

从民众法律意识的角度上讲。广大人民群众的法律知识和法治意识正在增强。大家看过电影《秋菊打官司》。秋菊的法律意识令人欣慰，千百万个秋菊正在成长之中。

二、西部大开发必须有法治作保障

西部大开发的时代背景除了依法治国，建设社会主义法治国家之外，至少还有中国的经济市场化和政治民主化。西部大开发也担负着农村城镇化的重要任务。在我看来，西部大开发的过程也是一个“四化”过程。这“四化”即经济的市场化、政治的民主化、农村的城镇化和社会的法治化。这四个方面没有任何一个方面可以脱离法治而独行。中国社会正经历着经济改革和政治改革等全方位的社会变革。市场经济体制的建立和政治体制改革的顺利进行都要求法治作为保障和以法治作为社会发展的目标。

从市场经济的角度看，市场经济需要在法治条件下生成和发展起来，市场经济本身就是法治经济。西部大开发必然也必须是在市场经济的条件下进行的。它必须借助市场经济的舞台，通过市场经济的途径，运用市场经济的手段才能得以最有效的推行。就市场经济与法律和法治之间的关系来说，首先市场经济的主体的法律地位需要法律的确认，市场经济的运行需要法律调整，市场经济的宏观调控需要法律来进行,市场经济的环境需要法治来营造,市场经济中的冲突也需要法治来解决。我国西部大开发的过程,实际上是西部现有自然经济、半自然经济或农业经济走向市场经济的变革过程。通过这个过程,在西部必将由市场经济取代自然经济、半自然经济或农业经济,实现西部经济的市场化。

从民主政治的角度看,政治民主化的过程是以法治为前提和保障的,甚至也就是法治化的过程。任何民主政治都必然是法治政治。中国政治体制改革的途径在哪里,我以为在法律和法治。这是因为,法律具有稳定性的特点,运用法律来推进改革就会具有更大的稳妥性。法律具有全面性的特点,运用法律来进行改革就可能在各个社会方面进行有条不紊的改革。西部的民主问题更多地涉及民族、宗教、地方习惯、宗法家族势力等因素。民主建设远比东部复杂。如果没有政治民主化或民主政治作为保障,西部大开发一定是不健康的,不全面的。

中国西部大开发的时代背景使其必然也必须依赖法治,并以法治作为其获得成功的重要途径、保障,和基本内容。西部大开发必然包含西部法治的大发展。西部大开发的过程应当是西部法治化的过程。在目前西部法治建设的滞后,与西部大开发迫切需要法治之间的冲突是十分强烈的。

有人认为,中国东南部的开发并不是在法治的发展中发展起来的。这种说法我不认同。中国东南部的发展中同样离不开东南部法治的发展。可以肯定地说,东南部经济的发展与东南部法治的发展是分不开的。不论是南部的广东,还是东部的上海,它们在法治建设上都走在了西部的前面。不仅是其地方立法的数量远比西部为多,执法状况、法律服务也要比西部要好。根据司法部门提供的资料,西部 10 个省区市基层司法所和法律服务所的建所率比全国平均水平分别低 13.1 和 15.8 个百分点,全国没有开通 148 专线的 6 个省区中西部占了 4 个,这显然与西部大开发对于法律服务的要求极其不相称。

可以说没有东南部法治发展，也就没有东南部经济发展的现状。即使说东南部的发展是一边开发一边规范的。在西部大开发中并不能采用这种边开发边规范的模式。因为，西部大开发与东南部大开发的时代背景不同了。有了东南部的经验和教训，我们没有任何理由重新经历东南部曾经经历的那些“摸着石头过河”的失误。否则，东南部付出的代价，对于西部大开发来说就毫无意义。

从西部大开发的方式来看，也不允许它再走东南部“摸着石头过河”的老路，它必须实现跨越式的发展。只有跨越式的发展，才可能尽快缩小东西部的差距，实现我国西部大开发的战略目标。如果西部不能进行跨越式的发展，就意味着西部还将经历东南部所经历的曲折历程还将拉大与东南部的差距。西部要跨越就必须用法治来引导和规范开发的过程，使开发过程最为经济、高效。

结合西部大开发的情形来看，会更为明确，可以说整个开发环境都急需法治。2000 年 3 月 14 日，中国法学会邀请一些专家学者举行座谈会，呼吁全国广大的法学工作者和法律工作者为西部大开发营造良好法治环境作出应有的贡献。他们认为，实施西部大开发战略，必须进行一系列的“环境改造工程”。其中，营造良好的法治环境是一项极为重要的“核心工程”。西部大开发中，政府必须依法决策、依法行政，才能建立起民主和科学的决策机制，保障地区的持续稳定与健康发展，有效防止有令不行、有禁不止、违背规律、一哄而上。具体说来，依法行政水平的提高，保障行政权力的正当行使需要法治；重点工程建设、设备材料的采购需要法律调整；土地征用、搬迁安置需要法律服务；国有企业的改革，建立现代企业制度需要法律；招商引资、招标投标需要法律，植树造林、退耕还林还草也需要法律保障等，最后司法公正的法治环境也还需要法治。就植树造林方面来说，林业的股份制、股份合作制和民营、私营的问题,林业企业在法律上的主体身份问题,林地所有权问题,林地转让中的程序与纠纷解决问题,无不与法律紧密相关。再说退耕问题。全国 25 度以上的坡耕地共有 9100 万亩,西部占了 70% 以上。(原)国家林业局、(原)国家计委、财政部等部门反复酝酿的西部退耕方案已经出台,西部 174 个县在 2000 年就有 515 万亩的退耕任务。这里面的法律问题太多,首先是林草的种苗怎么供应?退耕农户如何予以补偿?退耕补偿粮食按什么标准和程序发放?根据现行的情况看,长江上游地区每亩退耕地每年补助 150 公斤,黄河上游地区为每亩 100 公斤,每公斤按照 1.4 元折算,由中央财政承担,以省为单位统一算账。国家还给退耕农户现金补助,每亩退耕地每年补助 20 元,期限根据试点情况确定。国家向退耕农户无偿提供种苗,由林业部门统一采种,育苗单位向农民无偿提供。种苗费按照建设生态林的标准每亩补助 50 元,由中央基建投资安排,提供给种苗生产单位。退耕还林还草实行个体承包,“谁造林、谁管理、谁受益”的原则 30 年不变。没有这些,法律何以保障,何以取信于民?

三、必须完善人才与教育的法治机制

在任何地区的开发中人才都是最为重要的资源。对于这一点可能不同的人会有不同的看法。有的人就认为资金比人才更重要。我认为,资金固然重要,但人才应当说比资金更为重要。因为:一是资金的获得需要人才,没有人才无法招商引资,无法立项以获得项目;二是资金的利用也需要人才。资金有了,项目有了,但没有人才,就可能资金还是资金、项目还是项目。

如果没有足够的人才资源,西部大开发必然会受到严重的阻碍,更不可能实现跨越式发展。跨越式发展的动力来自科学技术,来自良好的社会运行。而这两个方面都需要必要的人才,而且是数量极大的人才。我所了解的情况是,广东省一年的专利申请数量为3万多件,每个月约2700件;而重庆直辖市一年的专利申请总量才2000件。这不仅仅是一个专利的数量问题,这是一个人才的数量和质量的问题。以这样的人才悬殊,西部要发展谈何容易。

在西部面临的人才矛盾是:一方面,西部大开发需要大量的人才;另一方面,西部自己的人才留不住,外面的人才引不来。为什么?这非常值得深思。主要的问题有四:一是承诺多兑现少。人们并未树立真正的人才观念。在吸引人才时,作出种种承诺,一旦人才到来,这也舍不得,那也舍不得。近年各地推出了吸引外来人才的办法,但是由于兑现比承诺艰难,给外来人才以不好的印象,甚至导致他们离开。二是对本地人才的忽视与歧视。一个博士,外面来了有科研启动的费用,有住房,但自己的博士却没有这些。有时有人就开玩笑说,干脆先调出去再调回来,这样还可以享受外来博士的待遇。所以,这里又有一个正确对待外来人才与本地人才之间的关系问题。三是缺乏人才生存与发展的环境条件。人才的生存环境有物质的也有精神的。工作起来不愉快,再高的待遇恐怕也不行。人才的生存环境中最重要的是发挥其作用的环境,但是西部常常不具备这种物质和精神的环境。四是人才认识有误区。有的人认为,有学历就是人才。有的人认为,有大学问、有大本事就是人才。

目前西部面临的人才竞争态势是,东南部已经得到了很大的发展,已经具有了良好的人才资源,而且具有远比西部更优越的吸引人才的物质条件和文化条件。对于人才来说,他们也会有必要的物质和文化需求。在东南部,经济文化相对发达,人才们的愿望更可能获得满足;而在西部,经济文化相对落后,人才们的愿望相对更难获得满足。东南部为了自己的持续发展,他们仍然保持着对于优秀人才的优惠政策。西部连留住自己现有人才的机制都缺乏,更不用说,更好地吸引外来人才的措施了。如果西部现有的人才不能留住,外来人才更无法吸引,培养人才的机制又没有建立,西部的发展就必然会受到严重的局限。

西部大开发最首要依赖的是开发的人才。西部的政策首先就是要能留住自己的现有人才,进而才是吸引外来人才,培养未来人才。但是要建立一种有利于人才留住和人才吸收,乃至人才培养的机制,绝非易事。要建立这样的机制靠什么?靠什么样的人才机制才能坚定不移地贯彻有利于人才的政策,靠什么样的人才机制才不会为旧的习惯思维和习惯势力所干扰而真正地营造有利于人才生长、生存、发展的环境。其方法只有一个,那就是法治,真正的法治。用法律来保障人才的合法权益,吸引外来人才,培养未来人才。

只有法治化的人才机制才具有不可随意变更的性质,只有法治化的人才机制才可能对人才作出最庄严的承诺而实实在在地保护人才、培养人才和发挥人才的聪明才智。

在目前,全国,尤其是东南部,甚至北方省市区,都出台了种种对于人才的引进措施。其内容涉及户口、工资、住房、子女入学等各个方面。而西部的许多省市区还按兵不动,即使有所动作的,也十分保守,其措施还不及现在东南部的人才政策。旧的妨碍人才的因素还在发挥作用,甚至演变成了制约西部发展的障碍。要改变这种状况,必须依靠相应人才立法的健全与切实施行。

人才的来源是教育,科技的基础也是教育。如果没有教育的发展,即使你能够在一定时期吸引人才,但一个时期以后,就又会遇到人才匮乏的危机。

教育立法已经取得了重大成就,目前我们有了作为基本法律的《教育法》《教师法》《高等教育法》《职业教育法》等,但是教育立法的实现还有一个极为困难的过程。从纸上的法变成现实的法有一个困难的过程。

西部的教育基础较为落后。1998 年和 1999 年中央财政已经拨款

16亿元用于支持西部地区的义务教育。2000年再拨付6亿元，支持西部贫困地区和民族地区的教育。在全国开展“对口扶贫支教工程”，支援西部的中小学。在东部发达省市选择100所左右条件较好的学校，对口支援西部省区贫困地区的100所左右的学校。还利用世界银行的贷款及国际组织的捐款支持西部改善中小学办学条件。西部的教育发展问题，首先当然是受制于经济发展的速度，但无疑也受制于法治发展的水平。

四、必须重视知识产权的法律地位

西部大开发并不是刀耕火种式的开发，而应当是西部的现代化。知识在西部大开发中的地位和作用是最为重要的。

前面我们论及了人才立法。对于知识产权的依法保护，是吸引人才的重要措施。人才是知识产权的拥有者。他们作为知识分子，往往并不会将物质的因素考虑得比现实成就更加重要，但对于他们的智力成果却是特别珍视的。那是他们的心血的结晶，是他们人生价值的体现。如果他们的知识产权得不到尊重和保护，他们的劳动就被否定了，他们当然难以接受这样的现实。要吸引人才，为人才们的知识产权提供充分的保障是其重要的条件。

保障了知识产权，也就在很大程度上保障了人才的物质需求。人才的物质需要是可以通过其知识产权的价值得到实现的。他们也许并不一定需要额外的优惠。许多人凭着他们的智力成果就完全可以满足衣食住行的需求，甚至可以得到非常多的物质财富。对于他们，必须有法可依或有法必依地保障其应然的“按劳分配”。

保障知识产权也就在一定程度上保障了人才自我实现价值的实现。许多人才都把自己的知识产权得到社会的承认并发挥应有的社会作用作为自己的理想。对于知识产权的尊重和保护正是满足其自我价值实现的途径。

我国目前有着一些保护知识产权的立法,东南部一些省市用自己的地方立法来加以补充。这对于西部来说是更为重要的。在西部知识产权的保护上,一是在许多人的观念中还认为知识产权的投资是“软投资”,好像地位就要比实物或货币投资低,知识产权的价值没有得到人们观念上的认可;二是知识产权的保护不力,其原因或者是行政机构知识产权意识不强,或者是司法机关的知识产权保护水准不高,使一些知识产权的侵权者逍遥法外,使被侵犯者得不到法律的应有保护;三是知识产权的价值太低,知识产权在投资中的应有价值被法律的既有规定所约束,所占份额偏低,调动不了知识产权拥有者的积极性。

五、必须重视西部地方立法

西部大开发是经济的发展,也是政治、文化和社会生活的发展。西部开发必然会对西部的地方立法提出具体的新要求,西部各个省市区必须运用自己的地方立法权,制定出适合本地区具体情况的地方性法规。从这个意义上讲地方性法规比中央立法在一定意义上更具有适合本地具体情况的特点,适应西部大开发中的具体法律需求。西部大开发中的依法办事当然包括依照地方性法规办事的含义。加强地方立法尤其需要加以特别的强调。

也就是说,法的含义中,不仅有中央制定的全国性立法,而且应当包括各个省市区地方立法机关制定的地方性法规。它们同样是法的构成部分。它们在特定意义上甚至比中央立法更适合本地的具体情况和客观需要。只要它们不违背作为上位法的中央立法,就应当具有足够的法律效力。各级地方政府都必须坚决地执行。在许多地方,只有中央立法才必须遵守的观念还很有影响。其实这是对法律体系的误解。地方性法规本身就是我国法律体系的重要构成部分,而且拥有宪法所确认的不可动摇的地位。

西部大开发中,大量具有西部特色的地方立法将应运而生。一个国家一个地区的法治状况,并不完全取决于这个国家或地区制定了多少法律和怎样的法律,而在于那些制定得很好的法律被执行得如何。如果法律始终未被实施,再好的法律,再多的法律也是没有用的。然而长期以来,司法机关并未树立起实施地方立法的观念。面对许多地方立法,常常是不闻不问或者视而不见。地方立法的司法问题远未受到应有的重视。一些在全国性立法中没有,而在地方立法中十分明确的法律规定,一些司法机关并不在司法实际中予以采用。随着西部大开发的推进,根据西部具体情况拟订的地方立法必然有一个何以实施的问题。西部的司法机关应当把地方立法的实施问题摆上议事日程,确保地方立法的实现。

地方立法的实施并不仅是司法机关的问题,行政机关,以及社会各个部门也同样有一个对于地方立法的适用或遵守的问题。由于行政机关和社会大众对于法治同样具有重大的影响,甚至更为重大的影响,因此,对此问题不可小视。对于地方立法的忽视现象不能再继续下去了。

全国性的立法全国都在实施,如果仅以全国性立法为限,那么何以适应西部大开发的具体情形,何以将最切合西部实际的地方立法转化为社会的现实?地方立法不能被实施,不仅是立法意义上法律资源的浪费,更会直接影响西部大开发的发展进程。那些本被认为符合西部实际,确能推进西部大发展的地方立法被无端闲置,西部需要的、现实的地方立法成为一纸空文,西部也会因此而延缓应有的发展进程。

【附记:这是在西南政法大学工作时,大约 2000 年上半年,为学生青年法学会所作的讲座。其中部分文字以“西部大开发与法治建设”为题,发表于《现代法学》2000 年第 2 期;也有部分文字以“西部地方立法的意义及其司法运用”为题,发表于《重庆行政》2005 年第 8 期】

20. 市场经济与法治建设

我们正在发展的市场经济是法治发展中的市场经济,正在进行的法治建设是市场经济下的法治建设。它们之间具有怎样的联系,还将怎样发展,是我国法学界正在思考的问题,我谨就此问题谈谈一些初步的想法。

一、市场经济与法治建设的有机联系

市场经济与法治是紧密联系的。没有法治就不可能有市场经济的建立。市场经济对于法治的依赖是由市场经济的本质决定的。市场经济要通过市场来进行社会的资源配置。在现实社会中,社会资源总是相对有限的。要对有限的资源进行配置,人们可以选择多种方式。依靠道德,依靠行政,依靠法律都可以进行程度不等的资源配置。但是运用道德配置资源,只能是在简单商品经济之中,或者在自然经济之中。道德的调控具有极大的不确定性或模糊性。它不利于进行大范围、大规模、大数量的资源配置。在现代化的生产过程中,道德的经济调控能力远不如其

他调控方式有效,而且还非其力所能及。至于行政手段,当然可以运用于现代生产,但它必须是整个社会的经济、政治、文化都发展到相当高的程度以后才可以采用的调控方式。中国在1949年后的三四十年的历程中,经济的资源配置都主要依靠政府来进行。高度的计划经济必然要求高度的政府控制。市场经济在范围上远比简单商品经济和自然经济复杂,它不能脱离道德作用的发挥,但它不能仅仅依靠道德,甚至不能主要依靠道德。市场经济是通过市场来调节经济体制或经济运行机制。行政的过多介入,不仅无助于经济的发展,甚至会成为经济发展的严重桎梏。市场经济的复杂性、广泛性都要求有统一的制度化的规则作为共同的准则,成为经济良性发展的保障。

法治也同样依赖市场经济。法治强调民主作为自己的政治前提,没有民主就没有法治,而市场经济正是最要求民主的经济。市场经济要求最大限度地调动和发挥各个市场经济主体在经济活动中的主动性、创造性,市场经济是民主最广泛、最深刻的经济基础。如果认为,产品经济也会有民主,甚至可能有更高层次的民主,那也一定是建立在市场经济充分发展的历史前提之下的。没有市场经济的高度发达,建立不起真正的产品经济,否则就可能欲速则不达。法治以保障人权作为自己的重要特征和使命。市场经济是所有经济体制中最强调人权保障的。因为市场经济要具有活力,必须首先保障市场经济主体拥有真正的主体权利。居于第一位的主体权利就是主体的自由。有了自由作为基础,才会有市场中的投资自由、契约自由、劳动力的自由、商品生产与商品交换的自由等。居于第二位的也许就是平等,平等地享有自由权利本身就是平等的要求。没有平等就没有等价交换,就没有价值规律发挥作用的社会场景。而自由与平等的协调互动就构成了人权的核心内容。法治所要求的人权,其最深刻的基础在市场经济之中。市场经济为法治所要求的人权提供最根本的依据和最恒久的支持。法治作为一种普遍的规则,法律至上是根本原则。市场经济的利益机制是法律至上原则被普遍化要求的客观前提。市场经济中的主体都希望自己的利益能够最大程度地得到保障。法治是这种愿望得以实现的保证。人人都希望保障自己的利益,人人都得服从共同的规则,在规则面前人人平等。众多的规则中,法律规则是最具有权威性和外在强制力的规则,因而法律就可能得到最大多数的尊崇,法律至上就会成为现实。这正是法治的根本原则和表征之所在。

我们要认识清楚市场经济与法治之间的不可分离的性质,把握二者之间的内在联系。

二、市场经济需要加强法治建设

市场经济是法治经济,市场经济离不开法治建设,法治建设也同样离不开市场经济。可以说市场经济是法治建设的基础,法治建设是市场经济的保障。这是包括中国在内的全世界市场经济建设的经验总结和共同要求。为什么说市场经济是法治经济?原因有以下几点。

(一)主体资格需要法律确认

市场经济首先有一个谁是市场经济的主体的问题。有人会说,市场经济的主体不就是自然人和法人两类吗?而作为自然人来讲,其市场经济主体资格没有什么太大的问题,法人只要具有法人的身份也就行了。这话轻描淡写地把市场经济主体给描述了。但问题并非如此简单。作为自然人有一个行为能力的问题,在特定的情况下也还有是否具备相应的权利能力的问题。作为法人,其法人身份的取得也就更为复杂。首先是具备怎样的条件才能设立法人?其次是法人具有什么样的权利和义务?最后是法人应当怎样作出自己的法律行为并承担相应的法律后果乃至法律责任?法人一旦成立后,其哪些资讯应当公开,作为工商管理机构应当怎样向社会公开？对此，掌握着法人市场经济主体资格主要确认权的工商机关，需要适应市场经济发展需要，转变观念，变革服务方式。

（二）活动方式需要法律指引

市场经济活动中，行为是多种多样的，市场经济主体面对各种需要作出的行为会感到彷徨、迟疑，犹豫不决，这就需要法律予以指引。如果当事人鲁莽行事就可能导致意想不到的法律后果，结果事与愿违。

有一个朋友曾咨询我：一公司颇有余钱，无项目可以投资。忽然，其老板吴某在酒桌上得知，某国营水泥厂已经资不抵债，主管部门极想将其转让。有人建议他去兼并该水泥厂，他当即在酒桌上就指派手下一个部门经理田某负责此事。几天后田某汇报说，兼并工作进展顺利。又过数月，田某又说兼并合同已经签订，需要第一期付款 200 万元。钱付出后数月，田某又说还需付尾款 50 万元。财务部门要求其出示兼并合同，田某顾左右而言他。无可奈何的情况下出示了合同。兼并方的名称居然写的不是公司而是田某本人。老板得知情况后，一方面拒绝再付款，另一方面要求田某对兼并人名称予以纠正。田某又去给工商管理部门做工作，将兼并人改为公司，公司协助办理了相关手续。被兼并方的主管部门鉴于兼并方迟迟不付尾款，就向法院起诉要求解除兼并合同，将该公司告上法庭。在这个案件中，公司的行为完全没有考虑法律的要求与规定，而是凭老板个人的想当然，其后果是相当严重的。

（三）正当利益需要法律保护

市场经济主体的行为往往是由经济利益驱动的。在行为时，很少甚至根本就没有顾及法律，或者考虑到了法律也因利益的驱使而无视法律的存在。在这种情况下，市场经济中受害主体的利益保护就必须依赖法治才可能得以保障。

我曾经作为仲裁员主持仲裁了“某某娱乐城房产预购合同纠纷案件”。娱乐公司购买了某开发商一大厦十三、十四两层作为营业用房，提出在其外墙建一专用观光电梯。要求开发商提供电梯安装位置和从其大厅进入电梯的入口门厅。开发商为了销售房屋慨然允诺，并将此写入合同条款。其后不到3个月，开发商便将外墙卖给一音像公司做广告，低层大厅全部出售给一个银行作中心营业点。经过仲裁娱乐公司胜诉，但就是无法得到执行，眼看银行的装修接近完成，娱乐公司更加着急，于是请了一大卡车民工，手持钢钎、铁锤，将银行的装修大部毁坏，造成严重的群体事件。娱乐公司的合法权益得不到及时保护时所采用的措施，显然是错误的。但不可否认的是，娱乐公司的合法权益应当得到法律的保护。

（四）经济秩序需要法律维护

任何社会都需要一定的秩序，否则社会就会陷入混乱之中。在市场经济的状况下，社会经济活动纷繁，每一个个人、每一个企业组织、社会团体都获得了前所未有的行为空间。在这种情况下，还要依靠行政的高度控制来维持秩序，显然是不行的。这时，就迫切需要一种新的秩序维护方式，它就必然是法律。只有法律才可能提供一个供人们遵守的行为规则。使人们不至于为了自己的利益而不顾别人的利益、社会的利益。

在1997年裁决的“××大厦重复出售案”就是典型的例证。在重庆闹市区有一豪华大厦，开发商在1996年12月以每平方米13,000元人民币的价格卖给了某银行作为营业用房。在1997年1月又以每平方米10,000元的价格将同一标的出卖给了另一银行作为营业用房。依照有关的银行法规，专业银行设置网点必须报相应的中国人民银行的管理机构审批，都将购房合同报到同一级中国人民银行的审批机构那里审批。人民银行将两家银行找来一问，方知此系开发商“一房二卖”。第一个购买者依据合同向仲裁委员会提出仲裁申请。一仲裁才发觉，开发商居然在收取了第一购买者80%的购房款（多达800多万元）后又将同一房屋卖给了第二家。开发商又收了第二家200多万元，而且将与第二家的预售合同向房地产管理机构办理了预售合同登记。在1997年到1998的一年左右的时间，我作为一个地区的仲裁员居然就裁决了三个“一房二卖三卖”的案件，可见市场秩序已经被严重破坏。

（五）竞争机制需要法治保障

市场经济是竞争的经济。没有竞争也就没有市场经济。中国联通与中国电信之间的竞争是目前国内的一个典型范例。正当竞争的受益者是消费者。许多通信设施价格比较适当的城市也就是竞争得以进行的城市。

竞争必须被控制在适度的范围内。竞争不足可能使经济缺乏活力、动力，使市场经济主体缺乏主动性与积极性。然而过度的竞争也可能导致垄断，而使竞争消灭。因为过度的竞争同样会使竞争消失而归于垄断。垄断一旦出现，竞争也就化为乌有，社会经济的发展也同样会受到阻碍。将竞争规范在适度状态的最重要措施只能是法律，甚至只能是既能约束社会也能约束政府的法治。

竞争如果被滥用，出现不正当竞争，就可能使经济发展受到阻碍，必须实行严格的法治。不正当竞争的最常见主体是企业。例如，重庆某企业经过多年的努力推出了“雨水”化妆品系列，多次获得国际国内的大奖，而且多次在国内销售排行榜上名列第一。然而刚有名的“雨水”立即被一个名叫“×水”的产品仿冒。“×水”将“×”字写成繁体，再做变体处理，使消费者将“×水”误认为“雨水”。有趣的是，当消费者使用“×水”受到伤害后却去投诉“雨水”。

（六）宏观调控需要法治规范

市场经济并不是绝对自由的经济，绝对自由的经济必然会遇到挫折。自由经济也需要宏观调控。所谓宏观调控，就是指国家从国民经济的全局出发，引导国民经济持续、快速、健康发展，推动社会全面进步，采取一系列符合市场经济发展规律的手段，实现对国民经济活动所进行的总体调节和控制。宏观调控的主体是国家，主要是通过政府来行使宏观调控职能。政府怎么行使才是真正的宏观调控而不是非法干预，这就必须依靠法律。

没有宏观调控是不行的。我国的快餐饭盒生产线和墙纸生产线就是例子。改革开放之初，我国盲目引进了大量的快餐饭盒生产线，现在，随着环境保护意识的增强，和加强环境保护的客观需要，原先引进的饭盒生产线在远未开工生产的情况下，又要被关闭了。墙纸生产线也同样令人痛心，引进的生产线尚未完全开工就已经落后于装饰材料的发展，没有了市场，只得被迫停产。这些都是我国经济在改革开放之初缺乏宏观调控，尤其是缺乏依法进行的宏观调控所导致的，我们必须吸取其教训。

【附记：这是任教西南政法大学时，所作的学术讲座。该讲座时间在 1999 年前后】

21. 21世纪中国法治展望

在21世纪临近的时候,人们急切地想透过现实,瞭望未来,设计未来,这是人类普遍的心态。对于法治,我们抱有同样的心态。本着这种心理,我对21世纪中国法治的发展、特征和制约因素进行了一些粗略的探究,谨以此抛砖引玉。

一、21世纪中国法治的时段预期

中国法治于20世纪初启动,经过了长达100年的由兴到衰,由衰到兴的历程。这100年的时间都可以说是整个中国法治化的准备。在21世纪即将来临的时候,中国法治开始了第二次勃兴,这是中国法治最具有现代意义和实践意义的勃兴。21世纪的中国法治,按照基本的历史轨迹,如果能够顺利发展,可以预期将经历两个阶段而得以完成:一是前50年左右的时间为形成阶段;二是后50年的时间为完善阶段。如果要更具体地加以区别,我更愿意称前半个世纪为"法治国家建设时期",后半个世纪为"法治社会建设时期"。

(一)法治形成阶段——法治国家建设时期

中国法治将在未来的50年内逐步形成,法治国家将在这一时期得以建立。之所以如此认为,主要的思考是:中国现代化的历程将再需要50年左右的时间,中国民主化的过程将再需要50年左右的时间,中国法治化的发展也许再需要50年左右的时间。

中国的现代化已经开始了一个世纪,在这长达100年的现代化历程中,中国人民历尽苦难。中国法治建设启动的原因是与现代化启动的原因联系在一起的。中国最初的现代化并不是自觉的现代化,而是迫于帝国主义的压力,为了民族的独立而开启的。这种现代化是在外力重压下被提出和推行的,因此,这种现代化对于中国本身来说就缺乏社会根据和社会动力,缺乏自觉意识和心理根据。中国法治也是在中国现代化的过程中,甚至被作为现代化的重要内容被提出并推行的。初级阶段的社会主义在经济、政治、思想、文化各个方面都表现出了不成熟性。整个20世纪中国的现代化,使中国人民认识到了现代化及其法治化是必由之路。

中国的民主化已经起步,然而民主的进步并不是一蹴而就的事情。几千年的专制统治、专制文化都留下了深深的烙印。在专制文化的基础上绝对建立不起现代的民主。民主如何从无到有,从少到多,不是轻而易举的变化,而是深刻的社会变革。这个变革的过程需要时间。民主的发展不仅是思想的进步,更重要的是要有制度的变革,要有社会现实的变革。考虑中国民主的历程,再过50年的时间,中国民主的发展必将达到远比现在高的水平。然而这个发展变革的过程是法治国家所必须经历的。

中国的法治建设从自发发展逐步过渡到自觉发展,从少数人的自觉到大多数人的自觉,再到全体人民的自觉,需要时间。到现在,中国的法治化发展正在由自发转向自觉,但自觉程度依然有待提高。就社会普遍的大众来说,法治依然是不自觉的,还需要启蒙。因此,21 世纪的到来并不意味着法治的实现,而是法治由准备转向形成。中国经济要达到中等发达国家的水平将是在 21 世纪的中叶,政治的民主化的完备发展也应当在 21 世纪中叶,现代化的基本完成也应当是在 21 世纪的中叶,因此,中国法治的形成也将会在 21 世纪的中叶。

(二)法治完善阶段——法治社会建设时期

中国法治经 21 世纪前 50 年的发展以后,到 21 世纪的后半叶,将会由形成走向完善,由法治国家向法治社会转化。这个发展历程是与中国的经济、政治、思想、文化乃至整个现代化联系在一起的。到那个时候,中国法治已经经过了长达 150 多年的准备和形成过程,应当说已经发展到比较好的程度。但是社会还在发展,一些新的问题还会提出来,而且在中国法治发展的同时,世界各国的法治也在发展。中国法治要不落后于时代并与世界同步发展就必须立足于社会发展的实际,逐步完善。只有这样才能使中国成为世界先进的法治国家,营造出良好的法治社会。

从法治国家到法治社会的历程将是中国 21 世纪后半叶的历史使命。法治国家阶段,是以权力法治化,包括权力组织、权力行为等的法治化为主要内容的法治建设。在 21 世纪的后半叶,中国法治建设的重点将从法治国家建设转向法治社会建设。那时候,法治建设将担负起新的使命。其主要的努力方向将是使法治不再仅是一种社会管理方式,而且更是一种社会活动方式和社会秩序状态。法治以一种社会整体状态存在和发展。那时不是没有不法,而是任何不法的事件一旦产生,都可以循着法治的轨道和途径加以解决。法治成为中国社会的一种最普遍的社会现实。

二、21 世纪中国法治的基本特征

（一）以自觉认知为前提

在理论上也许应当认为，任何一个国家的法治建设都会是理性的选择。但是就每一个具体国家的情况进行讨论，情况也许就大相径庭。

21 世纪中国法治建设的社会环境，与 20 世纪末期有很大的不同。在 20 世纪的最后 20 年左右的时间里，中国法治建设处于自发到自觉的过程，这个过程到现在也还没有结束，甚至才刚刚开始。但可以肯定的是整个 21 世纪的中国法治建设再也不会如同过去那个世纪那样大多数人都对于法治是无知的或漠然的。即使有本身数量就极少的法学家或法律家们能够理性而自觉地追求法治，也是他们的理想，无法得到社会普遍的认同。在 21 世纪，情况就会不同，主张法治的法学家、法律家们将不再寂寞。他们对于法治的思考和呼吁，都可能在更大程度上得到社会的回应。经过 20 世纪几乎一整个世纪的洗礼和法治的萌动，中国社会大众已经在一定程度上认识到了法治的意义。尤其是在最广泛的农村人口中，法治的意识已经超过了历史上的任何时代，具有无限增长的生命活力。国家权力层面也会更加理性地对待法治，更加自觉地追求法治。民众的意识觉醒与起而追求的脚步伴随 21 世纪的钟声在中国的大地上震响。自觉认知的法治将以史无前例的速度向前发展。这是 21 世纪法治建设与 20 世纪法治建设的重大差别之一，也是 21 世纪中国法治的重要特征。

（二）以市场经济为基础

法治都是以市场经济作为基础的。但是中国的法治并不是在市场经济已经建立的基础上形成的。而是在改革自然经济和计划经济，走向市场经济的过程形成的。中国法治的启动点，不同的学者会有不同的看法。在我看来，中国法治的启动点，可以认为有两个，最早一个应当确定在清朝末年，即 20 世纪初。那时的经济是以农业为主的自然经济。那时为什么会有启动法治的动机呢？那是内忧外患所决定的。在内在方面，专制制度已经走到了尽头，所以必须对包括法律制度在内的整个专制制度进行变革。在外在方面，从鸦片战争以来，经甲午战争，饱受了西方资本主义国家的侵略，力图“师夷长技以制夷”，变法以自强。其中也就包括要学习和借鉴外国的法律制度，走法治之路。中国法治在清末启动后，并没有自发地走下去。清末、北洋军阀、国民党各个时期无不处于极其激烈的政治冲突乃至国际冲突之中，法治建设无可奈何地让位于战争。

在 1949 年以后，中国的法治建设又有了新的希望。但是当时的中国经济又在恢复重建中走上了计划经济的道路，它同样不能为法治提供必要的经济基础。1978 年《宪法》和中国共产党十一届三中全会提出进行社会主义现代化建设，发扬社会主义民主，健全社会主义法制后，走向市场经济的经济改革在摸索中开始启动，法治的火炬才在倡导“法制”的基础上被重新点燃。也正是基于“文化大革命”给人民和国家带来的灾难性后果，中国人民才意识到必须走市场经济与依法治国的道路，法治才在一片废墟中重新启动。

到 20 世纪末，中国宣布市场经济体制已经初步形成，如果说这一估计是正确的，那么它也不意味着中国市场经济体制已经全面建立或十分完善，更不意味着市场经济已经完全建立。21 世纪的中国必然担负着进一步完善市场经济体制，发展市场经济的任务。法治的启动是以市场经济为基础并与市场经济的启动大体同步的，中国法治的发展也必将以市场经济为基础并与中国市场经济的发展大体同步。

可以预期的是，加入世界贸易组织后的中国，其市场经济必将因与国际经济的一体化交流而得到重大的发展。与之相适应,中国法治也必将随之发生一系列新的变化。如果说中国20世纪的法治是缺乏市场经济基础的法治或者是在启动市场经济建设中的法治,那么21世纪的中国法治必然是在市场经济体制得以初步建立的基础上的法治。这就是与20世纪的法治建设形成鲜明的对照的,21世纪中国法治发展的明显特征。

(三)与民主政治相共生

政治民主是法治的基础。法治建设并不一定要在完善的民主的基础上开始。它完全可以而且也正是与民主政治同步推进的。其实,在世界各国,法治的形成过程,也是民主政治建立的过程。中国20世纪的法治是在与专制进行斗争的过程中起步的,它与专制结下了畸形的"不解之缘"。其发展基本上是在政治民主创立的过程中进行的。21世纪的情形将与此截然不同,政治民主将与法治同在。

深入历史,我们可以清楚地看到,在20世纪上半叶,中国清朝末年虽然建立了大量的法律制度,但是由于其政治上的专制统治,必然严重地制约民主政治的发展,法治只能是梦想而不会成为现实。在北洋军阀和南京国民政府时期,专制统治同样成了中国法治发展的桎梏。在20世纪下半叶,改革开放以后,中国的法治才获得了新生。民主政治逐步露出端倪,并蓬勃发展。一些在历史上不可想象的民主现象成为社会现实。应当认为,近20年来,中国民主政治取得了重大的成就,法治建设也结出了极为可喜的果实。

21世纪中国的民主政治将以20世纪末的民主政治作为基点,进行新的发展。随着中国对于国际社会事务的积极参与,以及在国际社会中作用的加强,中国的民主政治必将吸收包括西方资本主义国家的民主政治的积极因素在内的政治文化,而形成社会主义新的民主政治。

21世纪的中国法治,既以20世纪的民主和法治成就为基点,也以21世纪民主政治的新发展作为动力,可以相信必然会得到更加理性的发展。中国在21世纪的法治建设与民主政治建设是同步共生的,它们相互促进、彼此互动、协调共振。

（四）与世界法治相沟通

20世纪前半叶中国的法治建设呈现出固有与继受的二元分立与冲突。机械固守中国法律传统的人,坚持传统的法律文化,拒绝来自西方的法治。其典型的代表就是对于法治本土资源的过分强调,并将传统法律文化视为解决中国法治问题的最佳良方,有意无意地忽略了传统法律文化的现代化问题。简单继受西方法律文化的人,又自觉不自觉地忽略了西方法律文化的中国化问题。使西方的法治观念无法在中国立足。两者都主张法治,他们都是以拯救中国作为自己的出发点,以中国的法治化为归宿。与世界进行应有的、正常的法治沟通与交流就被忽视了。因此,可以说过去中国的法治建设主要是封闭地进行的,即使是那些借鉴西方立法而建立起来的法律制度,也是封闭于自身所认知的需要,满足于为我所用的。

三、21世纪中国法治的影响因素

（一）改革与发展

到现在,中国的经济和经济体制的市场化,已经启动了许久。“社会主义市场经济体制初步建立,市场机制在配置资源中日益明显地发挥基础性作用,经济发展的体制环境发生了重大的变化。”[1]我国进而

---

〔1〕《中共中央关于制定国民经济和社会发展第十个五年计划的建议》,人民出版社2000年版,第1、9页。

提出了“进一步深化改革,完善社会主义市场经济体制”的任务。[1]“要大胆探索,勇于创新,突破影响生产力发展的体制性障碍,逐步完善社会主义市场经济体制。”[2]市场经济体制的完善程度制约着经济发展的速度,经济发展的状况又影响着市场经济体制的完善进程。市场经济体制与经济发展状况又分别或共同地决定着法治发展的速度与进程。中国经济和经济体制对于法治的影响,在未来的21世纪可能得到更大的显现。

如果认为经济对于法治的决定作用主要是根本上的,那么政治对于法治制约却是十分直接的。法治总是与民主政治相伴随,不民主的政治之树上一定开不出法治之花,也结不出法治之果实。中国法治对于许多政治生活现象的规范,都得以政治民主化的程度作为基点。而法治对于政治生活的规范程度和水平又是一个国家法治状态的表征。中国21世纪的政治体制改革的任务还十分艰巨。近20年来,中国一直在谋求政治体制改革。政治体制方面也的确发生了重大的变化。政治民主已经成为国家与社会的目标。

(二)冲突与互动

世界经济一体化的进程愈来愈快,世界各国经济体制与相关法律规则之间的协调日益成了必需和现实。中国自从改革开放以来就有了自己的经济体制与相应法制怎么与国际社会的普遍规则相适应的问题。在21世纪之初这个问题会更加凸显。因为,21世纪正是在中国加

〔1〕 参见《中共中央关于制定国民经济和社会发展第十个五年计划的建议》,人民出版社2000年版,第29页。

〔2〕《中共中央关于制定国民经济和社会发展第十个五年计划的建议》,人民出版社2000年版,第29页。

入世界贸易组织的时候到来的,中国的市场经济体制与世界贸易组织规则的冲突必然会现实化和表面化。其冲突与协调都会客观存在,法治建设就会出现与之相应的外在表现。如果这些冲突能够顺利地解决,法治就可能得到顺利的发展;如果这些冲突的解决受阻,法治就可能出现暂时的停滞不前或内在矛盾。

中国与世界的互动与冲突并不仅仅表现在经济的层面,而是表现在以经济为主的多个层面,政治、文化的相互影响会逐步加大。中国与世界在各个层面或者方面的冲突与互动情形将直接影响中国法治的发展。

(三)和平与稳定

现代世界愈来愈一体化,政治、经济、文化的联系愈来愈紧密。国际环境的和平与否直接影响着一个国家的发展速度。任何时候,战争给人民带来的都只能是灾难。维护世界和平是中国的基本国策。维护和平不仅对于整个世界有利,对中国更是有利的。中国尤其需要一个安全稳定的国际环境来发展自己的经济,推进自己的民主,完善自己的法治。

如果认为国际环境对于一国的法治化具有重要的影响的话,一国自己国内的秩序状况更是与其法治的发展息息相关。在一个动荡的国家,是不可能进行法治建设的。任何国家一旦陷入混乱与动乱之中,国家和社会的注意力都会转向混乱或动乱本身。经济建设、民主政治、法治发展都无一例外地会被搁置起来,等到国内的秩序恢复,才可能被重新提起,那些因混乱或动乱而破坏的法治还必须加以重建。中国要推进自己的法治建设,国际社会乱不得,国内秩序更乱不得。如果说我国不介入的国际纷争,对于我国法治建设的影响还未必巨大的话,国内的混乱或者动乱必将极大程度地妨碍法治化的进程,阻碍法治的发展。中国21世纪法治发展的情形与中国21世纪所处的国际环境和国内的秩序状态具有十分密切的联系。

【附记:这是2000年前后,在西南政法大学工作时所作的讲座】

代跋　新时代法治国家建设论纲

依法治国是党的十五大确定的全国人民在中国共产党领导下治国理政的基本方略；全面推进依法治国是党的十八大确定的法治建设任务。坚持全面依法治国是党的十九大确定的法治要求。本文拟就法治国家建设再发表一些不成熟的意见，以求教于法学界的同仁。

一、依宪治国，强化宪法实施

坚持依法治国首先要坚持依宪治国，坚持依法执政首先要坚持依宪执政。宪法在治国与执政上的作用不言而喻，它是党领导人民治国理政的法宝，也是中国共产党执政的根本遵循。必须健全宪法实施制度，为人民的治国理政，为中国共产党的依法执政提供有力的宪法支撑。党的十八大以来，我们将每年的12月4日设立为国家宪法日，开展纪念活动。在2014年、2015年、2016年，我们开展了三届国家宪法日纪念活动，取得了良好的法治效果，使宪法意识及其影响力得以加强。党和国家领导人的重要讲话、电视媒体的文娱宣传、法官检察官的入职宣誓、有关部门的普法活动等，对于在全社会普及宪法知识、开展宪法教育、弘扬宪法精神都发挥了重要作用。同时，我们还建立了宪法宣誓制度。到现在，全国人大及地方人大，国务院及地方各级人民政府选举或者任命的官员，普遍进行了入职宣誓。宪法宣誓制度的实施有力地强化了相关人员和社会公众的宪法意识。

下一步我们还要做更多的努力，具体说来，要进一步健全宪法解释程序机制，为宪法实施创造条件。通过宪法解释让宪法活起来、动起来，具有更大的可操作性、可实践性，以发挥出更大的实际效用。我们要加强人民代表大会的备案审查制度和能力建设。将所有规范性文件纳入备案审查范围，对于违宪违法的规范性文件坚决地依法撤销和纠正，这是维护宪法权威的需要，也是保障政治民主的需要。因为宪法是人民民主的产物，也是人民意志的集中体现。在未来，依宪治国的任务异常艰巨，进行合宪性审查将成为全国人大的重要工作。为此，我们可以甚至有必要在全国人大设立专门的合宪性审查机构，制定合宪审查程序，开展日常的合宪审查工作，有效地维护宪法权威，推动宪法实施，确保国家的法制统一。在这里特别需要指出的是，我们需要设立的是全国人大的合宪性审查机构，而不是全国人大常委会的汇集情况与收集材料的部门。进行合宪性审查的主体是人民代表大会而不是其办公的事务性机构。

二、科学立法，完善法律体系

立法必须科学。在我国现阶段，科学立法的直接目标就是使我们的立法能够更好地体现客观规律，反映广大人民的共同意志；使我们的法律体系科学起来、完善起来，形成完善的法律体系。为此，必须抓好以下几个方面的工作。

首先,完善立法体制。一要加强党对立法工作的领导,完善党对立法工作中重大问题的决策程序,使之担负起对立法工作的领导任务。中国共产党与立法机关之间在长期的国家治理实践中已经建立起了一套良性的互动机制和程序,但是这些机制和程序并未法律化、制度化。随着法治的发展,很有必要将其转化为制度规范。二要健全有立法权的人大主导立法工作的体制机制,发挥人大及其常委会在立法工作中的主导作用。改变人大立法由政府部门起草的现状,一些基础性、全局性的重要立法要由人大的法制工作委员会或专门委员会组织起草。人大觉得难以胜任的,应该请有关专家参加起草工作或者委托第三方起草。三要明确立法权力的边界,从体制机制和工作程序上有效防止部门利益和地方保护主义法律化,体现法律的人民意志性和国家意志性,有力地维护法治统一和国家统一。

其次,推进民主立法。增加人大尤其是常委会的开会时间,逐步尝试实行人大常委会委员的专职化,使立法机关活动日常化。加强人大对立法工作的组织协调,健全立法起草、论证、协调、审议的程序机制。上级人大要健全向下级人大征询立法意见的程序机制,建立基层立法联系点制度,推进立法的科学化和精细化。健全立法机关和社会公众沟通机制,开展广泛的立法协商,对立法中涉及的重大利益调整设立论证咨询机制。拓宽公民参与立法的途径,广泛听取人民群众的意见和建议,凝聚社会共识,努力使立法成为最大多数意志的体现。健全法律法规规章草案公开征求意见的制度化机制,建立起公众意见采纳情况的反馈机制。要完善法律草案表决程序,对重要条款可以单独表决,确保法律规范最大限度地体现人民意志。

再次,加强重点立法。公民权利保障应该始终是立法的重点,要强化公民权利立法。要依法保障公民权利,加快完善体现权利公平、机会公平、规则公平的法律制度,实现公民权利内容法治化,为公民权利提供更好的法治保障。推进公民权利保障的法治化进程,保障公民人身权、财产权、基本政治权利等各项权利不受侵犯,保障公民经济、文化、社会等各方面权利得到落实。对于市场经济、民主政治、先进文化、民生保障、国家安全、生态维护等方面的法制建设,要作为重中之重加以特别重视。

最后,以立法促改革。法律的趋向是稳定和不变,改革的趋向是变革和突变,要实现变与不变的协调统一。稳定的法律与突变的改革如何协调是一个极为困难的问题。自古以来的政治家、改革家都发现并运用了一个法宝,就是变法。通过变革法律制度的方式来实现改革——将改革措施制定为法律,将不适应改革需要的法律加以修改,将阻碍改革的法律予以废止,继而通过法律的实施来实现改革的目标。要实现立法和改革决策相衔接,使其若车之两轮、鸟之两翼一般地协调共振。要做到重大改革措施于法有据,使立法主动适应改革和经济社会发展需要,采取法律上的立改废来推进改革发展和适应改革需要。要使改革发展的过程也是法治发展的过程,反之亦然。

三、严格执法,建设法治政府

建设法治政府是我们既定的目标。法治政府与法治国家、法治社会本身就是相互关联的,必须进行一体建设,因此,其中的任何一个方面都不可能离开另外两个方面而率先建成。

第一,确定法治目标,实现政府职能。法治政府是职能科学、权责法定、执法严明、公开公正、廉洁高效、守法诚信的政府,这就是法治政府的基本要求和主要目标。这一目标需要法律来确认,继而需要法律将其具体化和现实化。为此就必须推进政府在机构、职能、权限、程序上的改革而实现行政责任法定化,推行政府权力清单制度。就政府的法定职权而言,政府既不可缺位,也不可越位,只能是到位。是否到位的标准就是法律的职权设定与职责要求，也就是法律的具体规定，只能根据法律的规定来衡量与评价。

第二，健全决策机制，推动依法决策。一是要把公众参与、专家论证、风险评估、合法性审查、集体讨论决定确定为重大行政决策的法定程序。目前，国务院正在拟制相关的规范性行政法规。二是要建立行政机关内部的合法性审查机制。凡是未经合法性审查或经审查不合法的重大决策，不得提交会议讨论，以免导致不可收拾的后果和不可估量的损失。三是积极推行政府法律顾问制度。既要设立政府法律顾问，更要让其确实地发挥作用。要使法律顾问的制度建立起来，作用发挥出来，有力地推动政府的依法行政。四是建立重大决策终身责任追究制度及责任倒查机制。对决策严重失误或者依法应该及时作出决策但久拖不决造成重大损失、恶劣影响的情形，严格追究行政首长、负有责任的其他领导人员和相关责任人员的法律责任。谁决策谁负责，是确保决策得以科学作出的机制保证。行政责任制度，是依法行政的保障力量，必须予以法治化。

第三，改革行政执法，着眼体制更新。行政就是执法。人民政府的全部工作就是执行法律、实现法律。针对我国目前的执法状况，要通过推进综合执法，改变当前执法队伍杂乱参差的现状，大幅度减少市县两级政府执法队伍种类。通过组织机构及其人事制度的改革，推进执法队伍规范化、法治化。严格实行行政执法人员持证上岗和资格管理制度，使行政执法具有更大的合法性，防止违法行政行为与事件的发生。严格执行罚缴分离和收支两条线管理制度。这是财经制度和行政清廉的双重需要，严禁收费罚没收入同部门利益直接或者变相挂钩，防止行政执法人员变相贪腐，保护社会各类主体的合法权益，确保行政执法的合法性与公正性。

第四，完善执法程序，确保严格执法。程序对于执法来说是其基本规程，是严格执法的制度保障，必须完善。要通过法律的具体规定，明确具体操作流程，重点规范行政许可、行政处罚、行政强制、行政征收、行政收费、行政检查等执法行为，以点带面。科学而严格的执法程序是执法正确性的制度保证。要建立健全行政裁量权基准制度，防止行政权力行使的随意性。细化、量化行政裁量标准，规范裁量范围、种类、幅度。严格执行重大执法决定法制审核制度，预防政府违法行政。进一步建立行政执法全过程记录制度，全面落实行政执法责任制。必须明白，严格执法必须有法定的责任保证，没有责任追究就没有严格执法。

第五，强化行政监督，确保依法行政。对于行政来说，完备的监督制度是依法行政的制度保证。从行政机构外部来讲，要加强对行政工作的党内监督、人大监督、民主监督、行政监督、司法监督、审计监督、社会监督、舆论监督的制度建设，努力形成科学有效的权力运行制约和监督体系。从行政机构内部来讲，要进一步完善政府内部层级监督和专门监督，改进上级机关对下级机关的监督，建立常态化监督制度。此外，还要进一步完善纠错问责机制，健全责令公开道歉、停职检查、引咎辞职、责令辞职、罢免等问责方式和程序，使问责制度成为依法行政的有力保障。随着下一步国家监察体制改革的推进、监察立法的发展，对于行政的监察监督一定会有新的发展。

四、公正司法，维护公平正义

公正司法目的在于维护社会的公平正义。为此，必须进一步深化司法体制改革，推进司法体制的综合配套改革。

第一，完善依法独立行使职权制度。司法机关依法独立行使司法权是对司法机关的基本要求，也是司法机关发挥职能作用的基本要求。必须排除各种干扰，强化司法官员的保护机制。具体说来，我们已经建立了领导干部干预司法活动、插手具体案件处理的记录、通报和责任追究制度。对那些干预司法机关办案的,给予党纪政纪处分;造成冤假错案或者其他严重后果的,依法追究刑事责任。我们已经建立了司法机关内部人员过问案件的记录制度和责任追究制度。同时还建立健全了司法人员履行法定职责保护机制。非因法定事由,非经法定程序,不得将法官、检察官调离、辞退或者作出免职、降级等处分。这些措施有力地保证了司法权的独立行使,保证了司法的独立性与公正性。但是这些制度要被全面贯彻实施还有一个客观的过程。

第二,优化司法职权配置。司法机关良好的职权配置,是确保其有效而良好运行的基础。要健全公安机关、检察机关、审判机关、司法行政机关各司其职,将侦查权、检察权、审判权、执行权等的各项权力重新配置,对侦查权、羁押场所管理权、逮捕权、公诉权、审判权、执行权、行政事务管理权进行理性梳理和科学分配。重点是要推动羁押场所监管权、逮捕决定权、民商事裁判执行权的重新配置,各归其位。完善司法机关人财物管理体制,进一步探索实行法院、检察院司法行政事务管理权和审判权、检察权相分离的体制机制。进一步探索人民法院和人民检察院跨行政区划设立问题,使司法管辖与行政区划适度分离。

第三,完善司法责任制度。司法机关必须首先严格地坚持以事实为根据、以法律为准绳。这是司法的根本原则,必须坚守。要从制度上确保事实认定符合客观真相、办案结果符合实体公正、办案过程符合程序公正。明确各类司法人员工作职责、工作流程、工作标准。实行办案质量终身负责制和错案责任倒查问责制,确保案件处理经得起法律和历史检验。进一步探索错案责任追究的制度与程序,将其具体化和科学化,使之从原则要求转化成为制度措施。要让司法责任制这一达摩克利斯之剑发挥出应有效用,确保司法公正能够获得有效的制度保证。

第四,构建阳光司法机制。推进司法公开,用公开促进公正,用公开倒逼公正。完善人民陪审员制度,甚至可以探索陪审团制度,保障公民陪审权利，扩大参审范围。对于陪审员的选择要完善随机抽选方式，提高人民陪审制度的公信度。逐步实行人民陪审员不再审理法律适用问题，只参与审理事实认定问题。加大司法公开力度，构建开放、动态、透明、便民的阳光司法机制，推进审判公开、检务公开、警务公开、狱务公开等。依法及时公开执法司法依据、程序、流程、结果和生效法律文书，杜绝暗箱操作，防止暗箱舞弊。进一步充分利用网络手段，建立生效法律文书统一上网和公开查询制度，防止烂尾现象和敷衍塞责。

第五，加强司法人权保障。人权的重要，不言而喻，司法作为一个整体是保障人权的重要手段，在司法过程中也有重要的人权保障问题。要强化诉讼过程中当事人和其他诉讼参与人的知情权、陈述权、辩护辩论权、申请权、申诉权的制度保障。在刑事诉讼中，要健全落实罪刑法定、疑罪从无、非法证据排除等法律原则的法律制度。将人权保障制度、诉讼制度、信访制度改革加以对接协调，对不服司法机关生效裁判、决定的，逐步实行由律师代理申诉的制度；对聘不起律师的申诉人，纳入法律援助范围予以帮助和救助。要着力引导公民运用法治方式化解矛盾纠纷，推动信访的法治化发展，直至完全通过法治化的方式解决矛盾纠纷，不再采用信访方式解决司法问题。

五、全民守法，构建法治社会

首先，树立法治意识。法治意识是法治社会化的思想基础。要坚持把全民普法作为依法治国的基础工作，健全普法宣传教育机制，深入开展法治宣传教育，引导全民自觉守法、遇事找法、解决问题靠法。特别要强调领导干部带头学法、模范守法，牢固树立有权力就有责任、有权利就有义务的观念。这是全社会树立法治意识的关键。完善国家工作人员学法用法制度，把法律列入党委（党组）中心组学习内容。同时加强公民道德建设，增强法治的道德底蕴。要把法治建设与市场经济建设、精神文明建设结合起来,强化规则意识,倡导契约精神,弘扬公序良俗,使法律、经济、道德有机结合,良性互动。

其次,推进依法治理。依法治理是依法治国的社会化和具体化。要推进全社会多层次多领域依法治理。其中的系统治理、综合治理、源头治理等都要体现出法治的精神,实现依法治理。各类社会主体要依法自我约束、自我管理,自觉守法。充分发挥市民公约、乡规民约、行业规章、团体章程等社会规范在社会治理中的积极作用,使之成为依法治理的构成部分和必要延伸。充分发挥人民团体和社会组织在法治社会建设中的积极作用,依法妥善处置涉及民族、宗教等因素的社会问题,依法、科学、智慧地构建民族关系和宗教关系。

再次,完备法律服务。完备的法律服务是依法治国所必需。在法治下的政府必须推动完备的法律服务体系建设。这一体系要覆盖城乡居民的公共法律服务领域,重点是完善法律援助制度,健全司法救助体系。党组织、政府、社会组织,都可以参与法律服务工作,使法律服务网络全覆盖、无遗漏,成为社会安全稳定的保障机制。

最后,化解矛盾纠纷。中国社会正处于转型期、改革期,这个时候矛盾多发突发。要强化法律在维护群众权益、化解社会矛盾中的权威地位,引导和支持人们理性表达诉求、依法维护权益,解决好群众最关心最直接最现实的利益问题。要建立健全社会矛盾预警机制、利益表达机制、协商沟通机制、救济救助机制。全方位地畅通群众利益协调、权益保障法律渠道,推动信访法治化,保障合理合法诉求依照法律规定和程序就能得到合理合法的结果。完善调解、仲裁、行政裁决、行政复议、诉讼等有机衔接、相互协调的多元化纠纷解决机制,矛盾纠纷一旦出现就有化解路径和救济手段。

六、强化监督,建立监察体制

2016年11月7日,中共中央办公厅印发了《关于在北京市、山西省、浙江省开展国家监察体制改革试点方案》。经过将近一年的试点,2017年10月,中共中央办公厅印发《关于在全国各地推开国家监察体制改革试点方案》。2017年11月4日第十二届全国人民代表大会常务委员会第三十次会议通过了《全国人民代表大会常务委员会关于在全国各地推开国家监察体制改革试点工作的决定》。该决定指出,为了贯彻落实党的十九大精神,根据党中央确定的《关于在全国各地推开国家监察体制改革试点方案》,在认真总结北京市、山西省、浙江省开展国家监察体制改革试点工作经验的基础上,第十二届全国人民代表大会常务委员会第三十次会议决定:在全国各地推开国家监察体制改革试点工作。

首先,在各省、自治区、直辖市、自治州、县、自治县、市、市辖区设立监察委员会,行使监察职权。将县级以上地方各级人民政府的监察厅(局)、预防腐败局和人民检察院查处贪污贿赂、失职渎职以及预防职务犯罪等部门的相关职能整合至国家监察委员会。各级国家监察委员会由本级人民代表大会产生。监察委员会的主任由本级人民代表大会选举产生;监察委员会副主任、委员,由监察委员会主任提请本级人民代表大会常务委员会任免。监察委员会对本级人民代表大会及其常务委员会和上一级监察委员会负责,并接受监督。

其次,监察委员会按照管理权限,对本地区所有行使公权力的公职人员依法实施监察;履行监督、调查、处置职责,监督检查公职人员依法履职、秉公用权、廉洁从政以及道德操守情况,调查涉嫌贪污贿赂、滥用职权、玩忽职守、权力寻租、利益输送、徇私舞弊以及浪费国家资财等职务违法和职务犯罪行为并作出处置决定;对涉嫌职务犯罪的,移送检察机关依法提起公诉。监察委员会可以采取谈话、讯问、询问、查询、冻结、调取、查封、扣押、搜查、勘验检查、鉴定、留置等措施，这些措施涵盖了以前党的纪委、国家监察部门甚至人民检察院的相关手段。

最后，根据有关方案和决定，在试点工作中，暂时调整或者暂时停止适用《行政监察法》《刑事诉讼法》关于检察机关对直接受理的案件进行侦查的有关规定，以及《人民检察院组织法》《检察官法》《地方各级人民代表大会和地方各级人民政府组织法》的有关规定。至于法律中规定由行政监察机关行使的监察职责，一并调整由监察委员会行使。

中央要求各地区、各部门按照改革试点方案的要求，切实加强党的领导，认真组织实施，保证试点工作积极稳妥、依法有序推进。可以想见，随着我国新的宪法修正案的制定，国家监察委员会制度必将得以全面建立。

七、强化队伍，培养法治人才

加强法治工作队伍建设，是法治建设的基础工程。法治工作队伍的素质、法律服务队伍的水平制约着法治发展的程度。它们都与法律人才培养机制密切相关。人才从最基础的意义上严重地影响着依法治国的进程。

首先，建设高素质的专门队伍。法治总是需要一大批人才，没有法治人才，便无良好法治。法治队伍是推进依法治国的基本力量，尤其是法治专门队伍具有更为重大的影响与作用。法治专门队伍包括立法队伍、行政执法队伍、司法队伍三大组成部分。立法机关、执法机关、司法机关都要加强其领导班子建设。在干部的选任上，在突出政治标准的同时，一定要把善于运用法治思维和法治方式推动工作的人选拔到领导岗位上来，加以重用。通过人事制度包括遴选制度的改革推进专门队伍的正规化、专业化、职业化，提高职业素养和专业水平。完善法律职业准入制度，完善司法考试制度，使之成为法律人才成长的主要途径。建立从律师、法学专家中招录立法工作者、法官、检察官制度。对各级人民法院和人民检察院的法官、检察官推行逐级遴选制度,提升司法裁判在社会心目中的公信力和权威性。

其次,加强法律服务队伍建设。法律服务队伍对于法治建设具有独特的不可替代的意义。要加强法律服务队伍建设,建立起社会律师、公职律师、公司律师等优势互补、结构合理的律师队伍。律师的地位,是法律人社会地位的重要标志。要充分运用法治原则、市场方式、行政措施、社会力量、志愿服务、慈善救助等来加强法律服务队伍建设,最终是强化法律服务,使人民受益,提升社会的法治化发展水平。

最后,创新法律人才培养机制。法律人才是法治的力量所系,他们来自各类法学院校,必须加大对法学教育机构的支持力度和政策关注。法学院校是法律人才的根本来源,为此,就要创新法治人才培养机制,形成完善的法学理论体系、学科体系、课程体系,促进法律人才培养的现代化。要培养造就一大批德才兼备的优秀法治人才及后备力量,为法治建设提供源源不断的人才支持。法学教育必须被认真对待、科学设置,从整体上提升其教学、教育与人才培养水平。

八、依法执政,加强党的建设

中国共产党是法律上的执政党,还是政治上的领导党。它对全面推进依法治国的影响是至关重要的。没有党的正确领导就没有依法治国的成功建设。加强和改进党的领导,是全面推进依法治国的重要保障。

首先,坚持党的依法执政。依法执政最首要的要求就是中国共产党必须带领广大人民依照宪法法律治国理政。中国共产党的依法执政是依法治国成败的关键。一是要确立依法执政的意识,深化对依法执政的理性认知;二是要健全党领导依法治国的制度和工作机制,建立依法执政的法治渠道与路径;三是完善党内的依法决策机制,这是依法治国、依规治党在党内的具体体现和基本要求;四是人大、政府、政协、审判机关、检察机关的党组织要领导和监督本单位模范遵守宪法法律,坚决查处执法犯法、违法用权等行为,减少和防止违法犯罪案件的发生。

其次,加强党内制度建设。党内规章制度是党内法规。它是管党治党、全面从严治党的重要依据,也是建设社会主义法治国家的有力保障。我们要完善党内规章制定体制机制,建立配套完备的党内制度体系。要特别注意将党规同国法相衔接,提高党规执行力。全党要运用党规把党要管党、全面从严治党落到实处,以党规来促进党员、干部带头遵守国法。依照党内规章管党治党是依法治国、依法执政对于中国共产党党建工作的基本要求和实际活动。依规治党是加强党内制度建设的重要目标,它们都是依法治国的重要构成部分。

最后,提高干部法治能力。领导干部的法治能力是党在法治建设中发挥重要作用的主体基础。各级领导干部是全面推进依法治国的重要组织者、推动者、实践者,他们的法治能力直接决定着党政机关的法治能力。所有领导干部必须自觉提高运用法治思维和法治方式深化改革、推动发展、化解矛盾、维护稳定能力。党的组织要把法治建设成效作为衡量各级领导班子和每个领导干部工作实绩的重要内容,纳入其政绩考核指标体系,在干部考核中实际运用。在干部选拔上,要把能不能遵守法律、依法办事作为考察干部重要内容加以重视,在相同条件下,优先提拔使用法治素养好、依法办事能力强的干部,通过组织人事和干部选任制度,强化法治能力的重要意义并推动领导干部法治能力的切实提升。

【附记:本文发表于《现代法学》第 2018 年第 1 期】

“卓泽渊法学文论系列”后记

历时数年,终于编辑完这一系列文稿。欣慰、羞愧、联想,可谓五味杂陈,感慨系之。作为个人作品,曾经出版的有“卓泽渊法论系列”三卷、“卓泽渊法治文论系列”四卷,几卷单行本以及两部教材,一些法学与非法学的文字。这次编辑的“卓泽渊法学文论系列”六卷,使自己的学术成品又有一个归结,也是令我特别欣慰的。

这次辑录的著作,细看其内容,也令我羞愧。面对大时代,静下心来审视自己的著作,联想自己的学术人生,稍觉欣慰。心头榜样的力量是那么无穷,让我充满了坚定与神圣的情怀。激励我的是先辈的诗句:

为人进出的门紧锁着,为狗爬走的洞敞开着,一个声音高叫着:爬出来吧,给你自由!我渴望着自由,但也深知道——人的躯体哪能由狗的洞子爬出!

在进行文稿辑录时,难免联想到相关著作被过度引用乃至抄袭之事。一些著作多次被抄袭,甚至有的被不加引号、不作说明地引用几万字;有的著作被大篇幅抄录,只是将我的“法的价值”置换成了“××法的价值”等。这些问题我原本想等退出行政岗位后通过诉讼途径解决。随着岁月流逝,马齿徒增,考虑到相关人士的成长与发展也定然不易,也就越来越淡然甚至不想谈及了。

收集文稿的过程,也是自我反思的过程。尽管颇为幸运,却既无“求善价”的世俗奢望,也没有“待时飞”的人生理想。自身的无知、愚笨和鲁莽时常使自己尴尬。面对大时代,一己确实卑微,难免苟活。面对人类与民族、民众的兴衰否泰,任何个人委屈都不足挂齿。虽然于天下无助,但心有不甘。幸好磨砺心志以酬天志,还是我的期盼;尊崇大道以存世道,还是我的追逐;振作余生以为苍生,还是我的梦想。“夜阑卧听风吹雨,铁马冰河入梦来”。

感谢法律出版社孙志华、孙东育等领导以及每一位责任编辑的各种帮助,感谢许多朋友在文稿的收集和转录中给予我的帮助。编辑完这一丛书,更多的稿约已经积压在案头,我不知道还能写些什么,但是为了不辜负这个魔幻、挫折、巨变、无奈而又蕴含希望的时代,我愿意奋力前行:

原本山居无所思,随风来北未曾期。
报国呓语非能道,梦马神飞不可骑。
归拢书文羞梓印,满怀愧怍耻人知。
窗前伫立凝神望,恰见夕阳大有西。

卓泽渊

2024 年秋

附录　卓泽渊个人著作

书　　名	出版单位	出版时间
我们与法治	商务印书馆	2022 年 11 月
法学导论(藏文版)	民族出版社	2022 年 9 月
法学导论(第 3 版)	法律出版社	2021 年 8 月
法治通识课	中共中央党校出版社	2021 年 5 月
我们与世界	商务印书馆	2020 年 10 月
法治期待	法律出版社	2019 年 8 月
法政讲堂	法律出版社	2019 年 8 月
法之言说	法律出版社	2019 年 8 月
法眼园窥	法律出版社	2019 年 8 月
中国的法治之路	外文出版社	2018 年 11 月
Rule of Law in China	外文出版社	2018 年 11 月
法的价值论(第 3 版)	法律出版社	2018 年 1 月
法政治学研究(第 3 版)	法律出版社	2018 年 1 月
法治国家论(第 4 版)	法律出版社	2018 年 1 月
法理学(第 2 版)	法律出版社	2016 年 2 月

续表

书　　名	出版单位	出版时间
法学导论(第2版)	法律出版社	2014年8月
法理学	法律出版社	2009年7月
法治国家论(第3版)	法律出版社	2008年1月
法政治学研究(第2版)	法律出版社	2008年1月
法学导论	法律出版社	2007年9月
法的价值论(第2版)	法律出版社	2006年8月
法政治学	法律出版社	2005年3月
法治国家论(第2版)	法律出版社	2004年7月
法治国家论	法律出版社	2003年9月
法治国家	中国方正出版社	2001年12月
法的价值总论	人民出版社	2001年9月
法治泛论	法律出版社	2001年6月
法的价值论	法律出版社	1999年7月
法律价值	重庆大学出版社	1994年9月